百 年 诞 辰 纪 念 版

璞玉编

田余庆先生文稿拾遗

田余庆 著

中华书局

图书在版编目(CIP)数据

璞玉编:田余庆先生文稿拾遗:百年诞辰纪念版/田余庆著. —
北京:中华书局,2025.1.—ISBN 978-7-101-16964-5

Ⅰ.C53

中国国家版本馆 CIP 数据核字第 2024MV9007 号

书　　　名　璞玉编:田余庆先生文稿拾遗(百年诞辰纪念版)
著　　　者　田余庆
责任编辑　孟庆媛
装帧设计　毛　淳
责任印制　管　斌
出版发行　中华书局
　　　　　(北京市丰台区太平桥西里 38 号　100073)
　　　　　http://www.zhbc.com.cn
　　　　　E-mail:zhbc@zhbc.com.cn
印　　　刷　北京盛通印刷股份有限公司
版　　　次　2025 年 1 月第 1 版
　　　　　2025 年 1 月第 1 次印刷
规　　　格　开本/920×1250 毫米　1/32
　　　　　印张 13⅜　插页 2　字数 300 千字
印　　　数　1-6000 册
国际书号　ISBN 978-7-101-16964-5
定　　　价　78.00 元

编者说明

　　田余庆先生"以学术为宗教",直到生命最后一天仍在读书写作;他又欣赏"宁恨毋悔"之说,谨于著述,慎于发表,出版的专著与论文集不算多,却都是精品。田先生去世之后,家属与弟子发现他的十几本笔记与若干篇文稿,大多写作于1980—2010年代,也有少数写于1980年代以前。经过初步整理,我们感到这些笔记和文稿有很多不见于或不同于已刊论著的内容,可以更细致地展示先生的学思历程,对后学或仍有裨益。"良工不示人以璞",田先生正是这样的良工。今大匠已逝,而半理之璞,方琢之玉,仍有待良工。我们不揣鄙陋,对这批遗文加以整理和校对,在先生诞辰百年暨辞世十周年之际,由中华书局出版,呈现给广大读者。

　　本书第一部分《读书丛札》,就是整理上述十几本笔记的结果。我们首先剔除一些早年理论学习以及与近现代史备课相关的笔记;其次,纯粹摘录他人论著或史料的笔记也都舍弃。剩下各条,按内容分为"秦汉三国史"、"两晋史"、"南北朝隋唐史"、"《高僧传》笔记"、"《旧唐书》笔记"、"其他"六个板块。两部专书的笔记按卷次排列,其他各断代史笔记则按时代先后排列,"两晋史"部分仍兼顾了《晋书》的编次顺序。为便于阅读,给两部专书以外的笔记逐条拟出标题,同时也将一些分散在各处但内容相关的笔记移到同一标题之下。对于笔记本上天头地脚、左右空白、字里行间随处追加的内容,整理时则以附注形式插入文中。此外我们也做了诸如补全简写、校对史料、纠正笔误之类的整理工作。这样处理之后,《读书丛札》距离笔记原貌已经很远。限于我们的水平,一定有很多标题不够恰当,或者归类、排序不甚合理,抑或录入、排印中出现讹误,这些都是整理造成的问题,由我们负责,望读者明鉴。

第二部分《讲稿文稿》,主要由学术会议或讲座的讲稿、以及未写定的文稿组成。其中《东胡的时代——关于乌丸的几个问题》《东胡的时代——拓跋史中的几个问题》《关于杂胡化的思考》《定襄之盛乐与云中之盛乐》是未定的文稿,而且都有多次誊抄修改的复本,我们尽力辨别并选取最晚的一稿,并将手稿上随处可见的批注予以保留。其他诸篇均为会议或讲座的发言稿,其中有许多不见于已刊论著的内容。这些会议和讲座大多是在海外进行的,从讲稿中也能看到前辈学人对于学术交流的认真态度。

第三部分《治学自述》由多篇不同时期的自述和访谈组成,有些曾经刊布于《田余庆先生九十华诞颂寿论文集》(中华书局,2014年),有些则是初次发表。第四部分《师友杂忆》,曾经由海豚出版社在2014年结集出版,但十年以后该书已不易得,遂一并收入本书,与前几部分合观,或能得到新的认识。

本书整理由罗新发起,具体编务工作由胡鸿承担执行,北大历史学系十余名研究生同学先后参与了文稿校对。最后还要特别感谢中华书局和书局编辑孟庆媛女史,没有书局的全力支持与协作,本书绝无可能在如此短的时间与大家见面。

目　录

第一部分　读书丛札

第二部分　讲稿文稿

第三部分　治学自述

第四部分　师友杂忆

第一部分

———— * ————

读书丛札

秦汉三国史

吴燕堂《历代史案》论秦朝

　　吴之基本观点,对始皇全面肯定,唯责其不用扶苏为嗣。若扶苏为嗣,则"宽以济猛,文以守成,与儒生诵法孔子,搜括遗书,表六经而征四皓,薄税敛而黜刑名,更张者数载,休养者数载,陶淑者数载,礼乐教化之隆胥将拭目而俟也"。

　　《史案》对商鞅持否定态度("刻削为国")。对陈胜亦未甚褒。

　　《史案》谓坑儒所坑者盖侯、卢、韩、徐之辈。纵有儒,亦不过叔孙通之流。孔孟之徒不西向秦。

　　"秦祚之不永"条,甚有见地(参"汉儒坏于叔孙通"条)。谓天下久分,久则难合,合亦难持久。反之亦然。六国小者千里,大者五千里,近者二百余年,远者八百余年。六国非乌合之众,新造之邦,遗臣孽子,盘根错节,强宗世族亦为之。故秦二世而亡,非法制不可与守成,功业不可以久大,盖久分难合,合亦不持久。然若无秦之统一,则汉初统一亦难。然则秦为汉驱除,亦犹隋为唐驱除耳。或曰秦不用儒，故速亡。然则汉高不用儒（叔孙通非真儒）则永，隋文用儒亦不永，又当何言！

"卿子冠军"条谓宋义壁安阳而遣子相齐，为奇正之术，有此始能有羽之钜鹿之胜，不可以此责宋义。

"文信侯"条大赞吕不韦，谓不韦在，秦治未可量，且不致有焚坑之祸。并谓秦统一亦不韦崇儒术之效。邯郸姬有身而嫁事，谓好事者之词，创于赵，传于秦，成于汉，不足信也，文中诸证甚辩。杀成蟜及报母家怨事咸得新解。

"宦者嫪毐"条不信始皇母弟为嫪种之说。徒以嫪得宠幸，助母后废长立爱，故诛之。始皇弟成蟜被杀亦阴图废篡之故。至于嫪自命为皇帝假父，仅见于《说苑》，皇帝二字亦嫪时所未有，可见不足据。纵有假父之称，亦"张常侍是我父，赵常侍是我母"之比。

"王将军翦"条：李信二十万之败，非败于兵少，败于信之轻举冒进。翦六十万而胜，非胜于兵多，胜于楚之误。翦以六十万空国而战，使齐得以扫境伐秦，则关中危。故翦之胜，乃齐国偷安旦夕，坐以待毙，翦不备齐代，胜则侥幸。

秦焚书杂说

汉卫宏《古文奇字·序》："秦改古文以为篆隶，国人多诽谤。"
伏生，秦焚书时藏书于壁，与孔鲋弟子襄一样。（《尚书·序》）

秦始皇与运河

《越绝书》卷二有秦修江淮水道材料及修江南水道至钱唐材料，甚可贵。又《通鉴》卷一五九胡注："破岭，在今镇江府丹杨县，秦始皇所凿，即破冈也。"皆可证秦皇对江南运河有修治之功。

《书钞》地理部、《初学记》地理部皆云京口有龙目湖，秦始皇改名为丹徒。《御览》地部丹徒县女山暨阳县秦履山……均与秦始皇有关。

释张楚

马王堆三号墓帛书《五星占》及帛书中关于刑法的一封古佚书，干支表中皆列有张楚，引起一些辩论。与古籍参照，更见陈胜立号的意义。从法统立论，不如探究历史意义。

1. 反秦。

2. 以什么反秦？楚王—秦帝，即以楚反秦，以王反帝。

3. 这反映一个几百年历史过程中斗争的延续。春秋周王，诸侯称公。战国时周王只是名义上的天子，诸侯称王。故孔子的政治追求是尊王攘夷，战国孟子则鼓吹诸侯（已称王）行王政——地方发展了。

4. 前4世纪出现东帝西帝（齐秦），是预兆，但不能稳定下来。

5. 1800国—数十国—七雄—两帝—秦统一，这是一个激烈斗争的过程。每灭一国，都伴有灭其公族、社稷，潴其宫室，夷其民人。（历史的进步是以灾难换来的。这种进步是耕地相连、关市相通的结果。）动乱的过程，其动乱的最后一幕是灭六国。

6. 秦统一,最后敌人是楚。楚人反秦最烈,所反者,则①楚→秦,②王→帝。

7. 不只楚。陈胜起事后,六国之后均已立国。陈胜立楚,是藉以号召,但既能立楚,就不能不允许别人立燕赵韩魏齐。

8. 二世亦明此理,子婴立,即去帝号。

9. 楚汉之约,先入关中为王,非立为帝,项羽分十八王,传统作用之大,刘邦灭项羽后,始改汉王为汉帝。

10. 汉初异姓王均先与刘邦同称王者。

11. 可见张楚之立,后果如此,历史背景如此,要两点论。

12. 复楚是共同倾向。但项羽立楚怀王孙心;而陈胜则自称张楚,不借楚后,亦不借项氏(立诸侯后者亦有后患,如项羽之于义帝)。

《汉书》卷三一《陈胜传》:陈胜至陈"'……复立楚之社稷,功宜为王。'胜乃立为王,号为张楚"。按"张楚"有三解:

1.《胜传》注引刘德曰:"张大楚国也。"补注王念孙曰:"张耳陈余传:陈王今以(已)张大楚。"(《史记集解》引李奇亦作"张大楚国",见《始皇本纪》,亦见《涉世家》索隐引李奇)

2.《胜传》张晏曰:"先是楚为秦灭,已弛,今立楚,为张也。"

3.《补注》先谦曰:"张楚,即大楚也,《广雅·释诂》:张,大也。"

《史记·天官书》:"秦始皇之时,十五年彗星四见,久者八十日,长或竟天。其后秦遂以兵灭六王,并中国,外攘四夷,死人如乱麻,因以张楚并起,三十年之间兵相骀藉,不可胜数。"(并起,言有楚则有韩赵魏……也。)

案:陈胜号张楚,匆遽间事,数月即败,谓为国号、年号,皆无不可。关键是称王。如延续有年,则称楚元年、二年……如刘邦之称汉元年、二年……。刘邦之汉既是国号，又为年号，从无疑义。设若汉以数月而灭，正不知汉是年号，还是国号。

《南康军图经·纪游集》："康王者楚怀王之子也。秦灭楚时王避难谷中，秦将王翦追之急，天忽大风雨，翦人马不能前，康王得脱，遂隐居谷中不出。"按怀王之子真假难辨，犹义帝为怀王孙也。（《北京晚报》1988年1月10日，转自《信息日报》。案怀王死于秦，在前296年，王翦伐楚在前223，其间73年，故知"怀王之子"之说有疑。）

按《元丰九域志》附《新定九域志》卷六"南康军"，有《图经》之名。但《中国地方志联合目录》未著录《南康军图经》，不知《信息日报》引自何书。查王象之《舆地纪胜》、《玉海》、《册府》、《御览》引书有《南康图经》而无《南康军图经》。（《元丰九域志》卷六《江南路东路》：南康军，太平兴国七年以江州星子县置军，治星子县。《御览》卷五四引《寻阳记》："庐山西南有康王谷……天欲雨，辄闻鼓角箫笳之声。"）

《史记》范增说项梁曰："秦灭六国，楚最无罪。自怀王入秦不反，楚人怜之至今，故楚南公曰：'楚虽三户，亡秦必楚也。……'"因请立怀王孙心为义帝。此项羽所谓"天下初发难时假立诸侯后以伐秦。然身被坚执锐首事，暴露于野，三年，灭秦定天下者，皆将相诸君与籍之力也"。于是徙义帝于郴，阴令衡山临江王击杀之江中。

《容斋随笔》卷九谓《史记》当立楚怀王本纪。汉高诏以秦始皇楚隐王亡后，为置守冢，并及魏齐赵三王，独缺义帝，"岂简策脱佚乎"。按：此为汉初重张楚之重要证据。

反秦必张楚，立汉必宗秦。此为《说张楚》的点睛之句，应加入该文。

三日戍

汉代有三日戍,疑为古律相因袭而未改者,如挟书律(至惠帝时始除)。古者地狭,国中三日戍非不可能。睡虎地秦律秦时徭役筑墙,墙倒者重征再筑,盖服役者近。贾山至言"昔者周盖千八百国,以九州之民养千百国之君,用民之力不过岁三日,什一而藉……"

天马

元鼎中,新野人暴利长遭刑,屯田于渥洼水边,得天马。《武帝纪注》引文与张澍辑《凉州异物志》引《御览》之文微异。

扬雄论桑弘羊

《法言·寡见》篇:"或曰:'弘羊榷利而国用足,盍榷诸?'曰:'譬诸父子,为其父而榷其子,纵利,如子何?卜式之云,不亦匡乎!'"

东汉选举之弊

《潜夫论》卷二《考绩第七》:"……今则不然,令长守相不思立功,贪残专恣,不奉法令,侵冤小民。……侍中博士,谏议之官,或处位历年,终无进贤嫉恶拾遗补阙之语,而贬黜之忧。群僚举士者,或以顽鲁应茂才,以桀逆应至孝,以贪饕应廉吏,以狡猾应方正,以谀谄应直言,以轻薄应敦厚,以空虚应有道,以嚚暗应明经,以残酷应宽博,以怯弱应武猛,以愚顽应治剧,名实不相副,求贡不相称。富者乘其材力,贵者阻其势要,以钱多为贤,以刚强为上。……"

秦汉官制杂记

《续汉志》注引《汉官》:长乐厩:员吏十五人,卒驺二十人,苜蓿菀官田所一人守之。

皇帝四书:策书、制书、诏书、诫敕。策书,皇帝以命诸侯王、三公;制书,帝者制度之命;诏书,诏告也;诫敕,敕刺史、太守。见《后汉书·光武纪》注引《汉制度》。

秦汉爵:《汉旧仪》(卫宏)下"秦制二十爵。男子赐爵一级以上,有罪以减,年五十六免。无爵为士伍,年六十乃免者,有罪,各尽其刑(下述刑名,略)。令曰:秦时爵大夫以上,令与亢礼"。按文句难解,似有爵者有罪得减罪,无爵者尽其刑;又无爵者为士伍六十乃免,有爵者五十六得免。同书同卷有"材官楼船年五十六老衰,乃得免为庶民"(《汉书·高祖纪》如淳注引此)。

汉三独座:尚书令……与司隶校尉、御史大夫(二字疑衍,《六典》、《御览》无此二字)中丞皆专席坐,京师号曰三独座,言其尊重如此。(《六典》一,《初学记·职官部》,《御览·职官部》,《艺文类聚·礼部》引《汉官仪》,孙星衍辑卷上)

三台:秦汉"尚书为中台(在殿中主发书),谒者为外台,御史

为宪台,谓之三台"。(《汉官仪》上,孙辑)

《史》《汉》无目录

《史》、《汉》原以自序、叙传为目录,今目录为后人所补,见《汉书补注》目录引卢文弨曰。

姓氏

僮氏:张氏二酉堂辑应劭《风俗通·姓氏篇》"僮氏,汉有交阯刺史僮尹(孙愐《广韵》,《通鉴注》)""澍按《(元和)姓纂》,童氏出老童;路史谓童僮出童律也;东汉循吏童恢,谢承书作僮恢,《东观记》作种恢"。按《童恢传》,《补注续》(侯康)引谢承书作董种。

第一氏至第八氏:其先诸田徙园陵者多,故以次第为氏,见《汉书注》及《姓纂》《潜夫论》。

东汉纸

东汉纸:张氏辑《三辅决录》二:"张芝笔,左伯纸及臣(韦诞)墨。"张澍曰……左伯字子邑,东莱人……又甚能作纸。汉兴,有纸代简,至和帝时,蔡伦工为之,而子邑尤得其妙。见《书断》。

侯康《后汉书补注(惠氏)续·蔡伦传》亦引《书断》此文。

后汉诸子多主形名法术

诸子思想为儒家体系，但主用重刑，用重兵，主循名责实，此与董仲舒不同，盖时势变异，2世纪之东汉，破绽百出，国家有瓦解之象，诸子旨在安边疆，重吏治，去宦官，慎选举。此种思想，实启曹操政治之端。（参阅《潜夫论》各节）

汉委奴国王印

光武帝建武中元二年（57）赐倭奴国，事见《后汉书·东夷传》，使臣自称大夫，在倭国之极南界。据闻出土于福冈县境，约在18世纪。大庭修赠我，大径寸。初疑复制品缩小尺寸。嗣阅洪颐煊《读书丛谈》四"秦汉印小"条，《严助传》"陛下以方寸之印，丈二之组，填（镇）抚方外"云云，《后汉书·徐璆传》："昔苏武……不坠七尺之节，况此方寸印乎！"《皇甫规传》："可不烦方寸之印。"应劭《汉官仪》曰汉武元狩四年令通官印五分。今世所得秦汉印皆如此。印小，故可玩弄于手。此汉倭奴国王印当是原尺寸复制。大庭修逝世已久，此盖存手之纪念品，惜失于猪年孟秋月蚀之日酉刻。记此以志沮丧之心。

刘二牧

《蜀志·刘二牧传》："焉内求交阯牧，欲避世难"，广汉董扶言益州有天子气，"焉闻扶言，意更在益州"。此见刘焉入益州亦在避难,非图进取者,焉遣鲁往汉中,断绝谷阁,杀汉使,盖亦保境自立也。

《焉传》注引《英雄记》:"刘焉起兵,不与天下讨董卓,保州自守。"可见断阁道者不与于中原混乱也。

《焉传》,焉杀益州豪强王咸、李权,又击杀贾龙(州从事,校尉,蜀郡人,有家兵数万)、任岐(犍为太守,蜀郡人),但刘焉入益州乃贾龙所迎,刘璋亦州大吏赵韪(巴西人)所立,可见益州人物中无有可自立如扬州孙权者,不得不立有名望之外来人,始能自保自立也。

赵韪连州中大姓反璋,蜀、广汉、犍为皆应,赖东州兵以安。又,焉用青羌败贾龙任岐;璋又致敬于曹操,并送叟兵300人。

河南庞羲、赵韪将李异(袭杀韪者)恃功骄豪又欲有外意,法正以此劝璋迎刘备。按:庞羲当作庞乐,亦赵韪将。

《考证》何焯谓:"二牧不从董、袁群雄之例而列《蜀志》首,非夷昭烈于割据也。王者之兴,先有驱除。……遗臣故主之思渊矣哉!"按,此为迂论。

蜀地人口问题

《蜀志》多出羌叟为兵,兵员始终枯竭,可见汉人大族及夷人首领控制人口。二牧及刘备欲强兵,必须置汉夷大族于武力控制状态而羁縻之。蜀汉之民族斗争问题亦似与豪强斗争问题。但汉人豪强与夷人大族,其控制人口之方法不同。

刘备

《备传》注引《江表传》，鲁肃逆备于当阳，曰："豫州今欲何至？"备曰："与苍梧太守吴巨有旧，欲往投之。"按此在隆中对之后，隆中对取蜀之意此时尚未被备采纳，故备言拟奔苍梧就吴臣也。刘备反复无常，恒寄人篱下而少独立，奔苍梧之说可信也。

《备传》评："机权干略，不逮魏武。"下云"非唯竞利，且以避害云尔"，或以入蜀非竞利而为避害，孔明北伐，盖虚张声势以攻为守者也。

蜀汉政治散记

《宋书》卷六二《王微传》："诸葛孔明云：'来敏乱群，过于孔文举。'"

黄权、孟达事值得注意。孟达为法正之副以迎刘备，是"旧人"中之降备者，自不为备所容。夷陵战中置之于江北山地，而又以刘封督之，降曹后得殊荣，旋又反魏，懿急行军灭之，事甚曲折。《御览》卷二九三引《通典》懿灭孟之文，可与《魏志》对参。（《水经注引得》有孟达、黄权材料。）

《御览》卷三五九引司马彪《战略》，亮遗孟达玉玦、织成、郫汗、苏合香，玉玦者已决，织成者言谋已成，苏合香者言事已合。

章学诚《知非日札》："蜀先主传，建安二十四年，群下推先主为汉中王，上表汉帝，乃以马超冠首，许靖、庞羲、射援诸名皆列于诸葛亮前，殊不可解。"按此中正可做义章。

孙策

卢弼于《孙策传》评注引王懋竑："孙策创业江东,自藉攻战之力,而于张昭、张纮、虞翻俱待以师友之礼,委而用之,所谓爪牙信布,腹心良平,不专以武力也。至权时,张昭、张纮虽见尊礼,而不复任用,昭且几不免,而翻竟以窜死,惟顾雍、潘濬辈从容讽议,得安有位。陆逊有大功,而以数直谏愤恚而卒。周瑜、鲁肃幸已早死,不与陆逊同祸,而亦恩不及嗣。有所爱重者,惟吕蒙、凌统、甘宁、周泰辈……"

《孙策传》袁术常叹曰:"使术有子如孙郎,死复何恨。"《权传》曹公喟然叹曰:"生子当如孙仲谋。"术之叹策,操之叹权,何其相似。窃意术叹策之语为当世所闻,操盖仿此而叹权也。

孙策临终,托弟权于张昭,据《吴历》,"策谓昭曰:'若仲谋不任事者,君便自取之。正复不克捷,缓步西归,亦无所虑'"(缓步西归,谓归于江右。策自江右入吴会,张昭亦江北彭城人)。刘备托孤于诸葛,亦言:"若嗣子可辅,辅之;如其不才,君可自取。"……"先主又为诏敕后主曰:'汝与丞相从事,事之如父。'"(《诸葛亮传》)东晋简文帝遗诏桓温:"'依周公居摄故事。'又曰:'少子可辅者辅之,如不可,君自取之。'侍中王坦之自持诏入,于帝前毁之,帝曰:'天下,傥来之运,卿何所嫌!'"(《通鉴》晋咸安二年[372],按此不见《简文纪》,桓、王等传以及《魏书》昱传,《斠注》亦不著,《通鉴》当有所本。按,见《建康实录》。)似托孤于人而言任人取之,汉魏以来只此三例,事虽相同,背景不一样,结果也不一样。简文托孤慑于权臣,估计桓温有可能取晋自立,故形之于言,其言也哀。《通鉴》又言:"温望简文临终禅位于己,不尔便当居摄。既不副所望,甚愤怨,与弟冲书曰:'遗诏使吾依武侯、王公故事耳。'"翌年七月温卒,矛盾遂得解决。孙策托权于张昭,以昭贤也,论者谓策有是语,昭又曾请策以兵属孙翊(《翊传》),此二事遂使权耿耿于心,故昭终身不得为相(参《集解》),唯备托孤于亮,以肝胆相照;亮辅禅,亦肝胆相照。

江北人与吴大姓

《孙策传》临终托孙权于张昭,有不可辅则取之之言。我意时策新临江东,与江东大族尚未结好。《后汉书·陆康传》康不礼于策,袁术命策攻康(庐江太守),陷城,陆氏多死,故策来江东,吴大姓,据《太史慈传》注引《江表传》谓多不附策。故策语昭,意在如孙权不足以对付吴大族,则昭团聚淮上群臣,自取之。此与刘备托孤于亮,理由一样。(孙策刘备托孤,前者怕孙权入吴姓,后者怕入旧人手。)

暨艳张温一案,艳区别人物,触及江北人,首先是丞相孙邵,孙权祖邵,杀艳。按邵北海人,为孔融功曹,似亦浮华交会之徒。孙权为何要用孙邵?浮华问题,孔融问题,三国政治中皆有影响。可撰文论之。此事我1958年已有所见。胡守为近有文章,未见,方北辰《魏晋南朝江东世家大族述论》一文亦点到。(孙邵、孙劭、孙绍、孙长绪皆一人,见《张昭传》注引《吴录》,《集解》引赵一清。)

孙权晚年二宫构争,反映吴姓与北人之争,方北辰有论。

魏吴战争

吴黄武元年（222），9 月魏命曹休、张辽、臧霸出洞口，曹仁出濡须，吕范等督五军，以舟军拒休。11 月吕范败还江南。《张辽传》谓辽与曹休至海陵，《王凌传》谓至广陵，海陵即广陵。224 年 9 月遂有魏文帝出广陵，曰：“彼有人焉，未可图也。”225 年冬，《吴录》谓：“魏文帝至广陵，临江观兵，兵有十余万……有渡江之志……见波涛汹涌，叹曰：‘嗟乎！固天所以隔南北也！’遂归。”按：张辽等至广陵，盖为魏文帝探路，乃有魏文帝两度至广陵之事。窃以为魏文帝战略，拟先灭孙权。权于赤壁战胜当年（208）攻魏合肥，不利，退，此为合肥地区首次交锋（参《魏武纪》）。212 年权闻曹公将来侵，作濡须坞（是年城石头以备陆，作濡须坞以备水。何焯说）。213 年 1 月，曹攻濡须，相持月余，退，操令滨江民内移，十余万户皆东渡，合肥以南惟有皖城。214 年权克皖城，又于与刘备瓜分荆州后，权遂十万众征合肥（《张辽传》），未下，为张辽所袭。216 年冬操攻濡须，旋退。至此时为止，巢湖地区孙权均占优势，但此时争荆州问题出现。217 年孙权请降曹，拟全力取荆州，219 年权又笺与操乞讨关羽以自效，于是袭杀关羽（219）；受封吴王（220）；又取得夷陵之战的胜利（222），是年改元黄武。旋以拒送任子，吴魏破裂，《权传》谓“时扬、越蛮夷多未平集，内难未弭，故权卑辞上书，求自改厉，‘若罪在难除，必不见置，当奉还土地民人，乞寄命交州，以终余年。’”魏答诏强硬，“权遂改年，临江拒守”。前此 222 年 9 月曹休、张辽、臧霸等军出洞口，吕范拒之，魏答诏破裂后，吴战不利，遂有臧霸攻徐，曹休、张辽至海陵临江之役，更有 224、225 年魏文兵至广陵欲渡之事，魏文意图拟全力灭吴，合肥战场既因吴守濡须坞而难获胜，故转而图于广陵渡江。如能成功，由京口取吴郡，则孙权老巢倾覆（吴于208年由吴徙治京，211年徙建业，220年徙武昌，229年又回建业）。这是魏军绕过吴军正面战场，由后路进攻的战略决策。但是京口渡形成了最大难关。

《读史方舆纪要》卷二三："初自广陵扬子镇济江，江面阔，相距四十余里。唐立伊娄埭，江阔犹二十余里。宋时瓜洲渡口犹十八里。今瓜洲渡至京口不过七八里。"《徐盛传》谓"武骑千群，无所用也"，魏文慨叹"固天所以隔南北也"。吴国"以洲渚为营壁，江淮为城堑"（《艺文类聚》卷五九《曹植与司马仲达书》），用水师防守，并于沿江要地设督驻军，遍置烽燧，"一夕可行万里，孙权时合暮举火于西陵，鼓三竟，达吴郡南沙"（关于京口地位，详见《京口与襄阳》）。所以魏文几次试探后，放弃了从京口渡江打算，但吴无骑兵，亦不能远攻。魏吴战争暂时沉寂，吴乘此机会向山越进攻，及展开寻找马匹的活动。孙权于229年即位于武昌，并于是年迁都回建业。

吴赤乌十三年（250）"遣军十万，作堂邑涂塘以淹北道"。胡三省曰"魏吴在两界之间为弃地"，即213年江北民十余万户皆东渡，故为弃地。杜佑曰："淹北道以绝魏兵之窥建业。"庆按，晋武五路伐吴时，以司马伷一路向涂中，即此，而孙皓印绶亦遣送于伷，盖以其军当建康之冲，且为司马宗室也。

赐复人

《陈武附表传》，嘉禾三年诸葛恪领丹阳太守，讨平山越，以表领新安都尉（吴时当作新都，太康三年改新安），与恪参势。初表所受赐复人得二百家，在会稽新安县。表简视其人皆堪好兵，乃上疏陈让，乞以还官，充足精锐。诏曰："先将军（陈武）有功于国，国家以此报之，卿何得辞焉？"表乃称曰："……空枉此劲锐以为僮仆，非表志也。"皆辄料取以充部伍。所在以闻，权甚嘉之，下郡县料正户羸民以补其处。按：

1. 建安十三年（208）贺齐讨黟歙，以黟、歙、新定、黎阳、休阳、始新六县为新都郡（《权传》）。按《贺齐传》，此战斗很激烈，"歙贼帅金奇万户屯安勒山，毛甘万户屯乌聊山，黟帅陈仆、祖山等二万户屯林历山"。林历山一段，"斩首七千"。所以这次贺齐得户数量当很多，当亦仍惯例强者补兵，羸者补户。

2. 陈武死于建安二十年（215）从击合肥之役，权命"复客二百家"。《表传》谓"所受赐复人得二百家，在会稽新安县"。至表领新都都尉（234），时已十九年。原来作为羸者充赐之户，至此当又有强丁增长，故"表简视其人皆堪好兵"，乃"上疏陈让，乞以还官，充足精锐"。或原来赐户之时即以强者当作弱者。

3. "赐复人"在国家看来即免除租徭，不列入国家户籍。在受赐者，则属于私人僮仆。僮仆在当时可以是奴，也可以是客。依吕蒙、蒋钦等传观之，当为复客。

4. 以复客堪兵者还官为兵，而官家又"下郡县，料正户羸民以补其处"，则正户羸民——复客——兵身份并无太大差别。

论鼎足

《吴志·陆抗传》注引习凿齿曰："自今三家鼎足四十有余年矣。吴人不能越淮沔而进取中国，中国不能陵长江以争利者，力均而智侔,道不足以相倾也。"《陆逊传》谓吴之守,在德不在险,陆机《辨亡论》亦同此论。

中渎水

中渎水:前486年夫差于邗江筑城穿沟,东北通射阳湖,西北至末口入淮,通粮道也。(《左传·哀九年》杜注)《汉书·地理志》称渠水,东汉改称中渎水。吴王濞用此运兵粮,东汉湮塞。

中渎水是沟通以射阳湖为中心的潟湖沼泽地带的人工河道。

197年陈登为广陵太守,治射阳,他修陂塘,开中渎水(有吞灭江南之志)。蒋济《三洲论》。200年,登败孙策军于射阳湖区(《登传》注),吴人旌甲覆水,皆弃船进走,说明中渎水复通在建安初。

《三洲论》:更凿马濑(白马湖),百里渡湖。《论衡·书虚》:"溪谷……浅多沙石,激扬为濑。"因湖床泥沙沉积,水流回环溢荡,冬涸成洲。

陈登穿沟,赵本、戴本《水经注》均作陈敏。刘文淇《扬州水道记》指出其误。

黄初六年曹丕至津湖,见《满宠传》、《蒋济传》,亦证中渎已通。

谢灵运由长江经中渎水达淮,其《西征赋》曰:"发津潭而回迈,逗白马以憩舻。贯射阳而望邗沟,济通淮而薄甬城(今宿县南)。"中渎水经陈登疏通,为隋唐运河打了基础,不过隋唐运河避开射阳湖,而取由淮安南下白马湖津湖,穿樊梁达扬州的直线水道,因旧道行舟并不方便。

长江下游江北诸水,水流不大,《吕蒙传》214年蒙乘雨水以入皖,不敢久留,216年臧霸"遇霖雨,大军先及,水遂长⋯⋯"(《霸传》)《权传》213年操二越巢湖,孙权语操"春水方生,公宜远去",操曰:"孙权不欺孤",乃撤军还。因这水系不通,始有黄初中魏军下广陵之役,但广陵江面四十里,不能渡,故吴魏相持,灭吴必借上游灭蜀之势。

陈敏为中州漕运而为广陵、合肥度支。晋广陵治淮阴,用中渎水运。合肥,今合肥,用肥水运,但东肥水北入淮,南肥水(施水)南入巢湖,两水不通,晋时或已有运河(十里以内)连接二肥水(满宠置合肥新城,即在二肥交接处)。据此,似陈敏或又疏通中渎(与泗水相通。汪藻本《世说考异》可参),又或其时二肥水之间有人工河道。

曹操四越巢湖问题

涡水的谯是魏水师基地。项城临颍。连接涡、濉、济、河之阴沟水(蒗荡水,古鸿沟)于项城入颍。故项城是军队物资集结地,有邸阁(《王基传》)。

肥水、施水(南肥河)同出于成德县广阳乡(见《水经注》)。嘉庆《合肥县志》:肥水源出将军岭。光绪《寿州志》:肥水出合肥西北之将军岭。马其昶《抱润轩文集》:"肥水实出将军岭,⋯⋯自岭以西之水入寿春者为注淮之肥。其东流十里经鸡鸣山,绕郭迤南入巢湖者,今日肥河,郦道元谓之施水也。"合肥得名以此。将军岭亦以吴魏战争时驻重兵于此而得名。

宗受于1912年实测,撰《淮河流域地理与导淮问题》,肥水正源在合肥市西北鸡鸣山西五里将军岭，发现东肥、南肥（施）之间存在一条东西向约 4 公里的人工河道。见《历史研究》1960 年第 3 期，刘彩玉《论肥水源与江淮运河》转引。此人工河道开于何时，不确知。春秋时吴楚争群舒，战事频发于巢湖西北，且用舟师，或已有运河（《左》昭六年、十三年、二十四年、二十七年；定二年、四年）。蒙文通在《禹贡》卷一七期《论古水道与交通》（1934 年）谓吴楚交通皆舍江由淮，经肥水巢湖渡江，走中江（胥溪运河）而至姑苏，并推断始皇三十七年南巡、武帝浮江，亦由肥水巢湖。满宠筑合肥新城于故城南 30 里险要处。《方舆纪要》谓新城在鸡鸣山北，《舆地纪胜》卷四五，兑水出分水岭，满宠尝疏鸡鸣坝者此也。大概满宠疏治水道，提高水位，沟通肥水施水航运，筑新城目的亦在控制二肥源头。新城，青龙元年（233）初建，魏一度将扬州淮南郡治移此。当年及次年吴军二度围攻。吴魏战争一息，新城便废。但以后还予利用。陈敏为合肥度支漕运以济中州，当利用了二肥水系。《新唐书·食货志》李纳、田悦联兵据涡口（怀远），漕运断，杜佑奏疏鸡鸣岗首尾可以通舟（未施行）。二肥之间为大别山余脉。

沘水（入淮）皖水（潜水，入江）之间亦为大别山分水岭。大别山，各水均由山间小溪汇成，水量不大不稳定，不能载大船，或用油船（参《水经·施水注》，《吕蒙传》注，《臧霸传》，《孙权传》注引《吴历》）。曹操四越巢湖不成，盖由于此，曹休轻军入皖，舍舟登陆，被截夹石，于是才有黄初三年广陵之役。但长江口宽四十里，风浪大，黄初三、五年，吴太元元年均大风灾。故亦不便作战。最后才有西晋上游水师灭吴。

建业水道

孙权立建业，"秣陵有小江百余里，可以安大船。吾方理水军，当移据之"（《通鉴》建安十七年［212］注引《献帝春秋》）。目的在治水军。赤乌三、四年郗俭凿运渎，即今护城河，赤乌八年（245）陈勋开破岗渎。（参《建康实录》）

三国南北领兵制不同

三国时南方世袭领兵，北方虽诸将领兵，但似非世袭，参唐长孺《魏晋南北朝史论丛》（27页），按此可与《曹植传》士家地位参看。

三国时襄阳火田

《搜神记》卷五（《汉魏丛书》本）"襄阳太守邓瑕出猎，见田草深，不知人在草中醉眠，遣人纵火爇之"，犬以冷水灭火。

于吉

于吉道士之事，亦见颜之推《还冤记》，可与《吴志》及《襄楷传》参照（及《抱朴子》）。

图纬言"黄家当兴"

《魏志·武纪》注引《魏略》："侍中陈群、尚书桓阶奏曰：'……是以桓、灵之间，诸明图纬者'皆言'汉行气尽，黄家当兴'"云云。按张角称黄天、黄巾，亦以图纬故。

"徐州寇贼"

《史通·暗惑篇》引《晋书·王祥传》祥为徐州别驾"于时寇贼充斥"云云。子玄以为徐州寇贼当是建安中吕布、袁术时事，而建安后徐州清晏。祥死晋太始五年（269），年八五，当生于灵帝中平二年（185），而祥为徐州别驾时已携弟扶母避地庐江三十余年，不应州郡之命。以年岁计之，祥应徐州檄时年垂耳顺，则与建安兵事无涉。子玄以此难《晋书》记事之失。浦氏起龙《通释》注解此事，谓吕布、袁术之乱在建安初，淮南三叛毌丘俭事在魏之末造，均不合。然于"补案"中谓《吕虔传》虔守徐时有讨定利城叛贼事，"徐寇"当谓此。余案浦氏之说为得，但利城贼事只是"徐寇"之余，浦氏仍未得其始终。所谓"徐寇"盖指青徐豪霸之事，其事迁延甚久，而史无明文。观此知当年撰"汉魏之际的青徐豪霸"之文，不虚作也。

汉以来土地问题

《王嘉传》谓赐董贤二千顷，均田之制从此坏矣，注引孟康谓

"自公卿以下至于吏民名曰均田,皆有顷数"。或以为王嘉之均田指师丹的限田。

《申鉴》专地非古也,井田非今也。然则如之何？曰:耕而勿有,以俟制度。《魏书·司马朗传》:"今承大乱之后,民人分散,土业无主,皆为公田。"《晋宣纪》司马懿谓操"今天下不耕者盖二十余年"。《黄香传》香曰:"《田令》'商者不农';《王制》'仕者不耕'。伐冰食禄之人,不与百姓争利。"按汉以来社会情况发展,使国家对土地问题处在无制度状态(自发的租赋制度适用于私田,部分地适用于公田,如屯田)。故有"以俟制度"之语,故有以后的占田、均田……(《刘般传》谓"官禁二业"即商者不农之意。)

租牛客户

政府对私家农民的承认,都有助于私家地主的发展。魏氏给租牛客户以后,惮役的"小人"就自动地乘机会流入私门,"贵势之门,动有百数"。

杂论

制度须待政权变化始能变。东汉制度与实际不符,但不能变,须待曹魏;唐中期均田、租庸调等制度(府兵亦同)须待安史乱后始变。故知王安石变法无成(商鞅？张居正？)。

陈寅恪谓袁曹之争为大族宦官之争,是,但谓嘉平之变犹为大族与宦官之争则非;又谓明经、进士二科为旧族与新族之争则可,谓牛党为新族则非。

旧律条文在新律中保存,但事实已变。如唐律中之部曲沿开皇律文,而唐时部曲极少见,汉"三日戍"亦如此。

治乱兴衰以国家政府为准,国家政府又系于皇权运转情况。但皇权是常数,在一定情况下又是变数。"一定情况"往往指新阶层的出现。东汉外戚宦官专权不是皇权变数,而西汉末以来皇权式微而社会运转,经济仍然发展,不因皇权变化而衰微(中晚唐亦如此),是皇权变数之征。

立国加速地方开发过程,立国加速民族同化(统治族自然同化,被治族强迫同化)过程。

两晋史

《晋书斠注》义例

吴士鉴序《斠注》，以十例絜其纲领

1. 溯源；2. 捃逸；3. 辨例；4. 正误（如谓魏蜀战事，陈寿每讳言败衄，晋史仍之，不如习凿齿《汉晋春秋》）；5. 削繁；6. 考异（咸宁、义熙两禁碑表，故晋世丰碑巨碣少见，仍有私立者，见《金石录》、《文馆词林》所载，以考史之同异）；7. 表微；8. 补阙；9. 广证；10. 存疑。

刘承幹序《斠注》，撮举义例八端。其中所举碑碣有袁宏祖逖碑，缪世应石鉴碑、张生庚翼碑，孙绰庚冰碑，伏滔王恰碑。

破铁券

《宣帝纪》：青龙三年（235）《斠注》引《书钞》卷一〇四《晋中兴书》："初宣王在关中与氐羌破铁券约不役使。"《御览》卷五九八引宣王误作闵帝。

假黄钺

《景帝纪》斠注于"进号大都督假黄钺"引潘眉《三国志考证》:魏朝惟曹真于黄初三年假节钺,曹爽于景初三年假节钺。节钺者,节传斧钺也。曹休为征东大将军,得假黄钺。凡节将有三:一使持节,一持节,一假节。沈约云:使持节得杀二千石,持节杀无官位人,若军事得与使持节同,假节惟军事得杀犯军令者。至假黄钺则可以专戮节将,非人臣常器矣。

劝进文

《文选·为郑冲劝晋王笺》注臧荣绪《晋书》曰:魏帝封晋太祖为晋公,太原等十郡为邑,进号相国,备礼九锡,太祖让不受,公卿将校皆诣府劝进。阮籍为其辞。按阮籍反对司马氏而又为司马昭劝进之词,诚历史的讽刺。(按《籍传》,籍为让九锡文,非为劝进文)

晋元帝南渡之背景

晋室南奔,其名不显,南北之士视元帝为小王,拥军之人咸得觊觎皇位。溯其原因盖有可得而言者数端:

1. 卷五九《八王传》序，谓魏室诸王无权势，遂乃三叶而亡。"有晋思改覆车，复隆盘石，或出拥旄节，苾岳牧之荣；入践台阶，居端揆之重。"

2. 咸宁时"宗室殷盛，无相统摄，乃以亮为宗师，本官如故"。按汝南王亮为懿第四子，资望高而无德无能，史臣谓"纯和之姿，失于无断"，故不能团聚宗室，巩固晋朝。

3. 齐王攸名望甚高，出太子之上甚远。攸于武帝为同母兄弟，但出嗣景帝司马师之后。景、文为兄终弟继，如武帝废嫡子而立弟攸，则晋祚复入司马师一系，非复"昭—炎"系统（《山涛传》）。所以齐王攸问题成为一时纠纷的焦点。攸死，宗室亲属人望难再得。故惠帝以汝南王亮制杨骏，启八王之乱之端。

4. 卷四〇《杨骏传》谓武帝"疾笃，未有顾命，佐命功臣皆已没矣"。是故杨骏得以擅权，而惠帝贾后为抗杨氏，无法从朝廷大臣中获得支持（朝廷大臣无人有实权），只有从宗室中求之。汝南王亮、楚王玮（惠帝弟）首豫其事，诸王继起。

5. 八王之乱中最有名望之士族态度如何，尚待研究。贾后用张华，"以华庶族，儒雅有筹略，进无逼上之嫌，退为众望所依"，以此见用。而士族之动向可见者，一则王氏一族"狡兔三窟"（《王衍传》），一则江东士族纷纷东归。故八王乱中被摧最重为司马宗室。

6. 八王之乱以石勒追杀东海王越余众于苦县而结束，史载王公士庶死者十余万，王衍在内。后石勒又追东海妃裴氏至洧仓，世子毗及宗室三十六王（《怀纪》谓四十八王），时在永嘉五年（311）。

7. 宗室既尽，琅邪王以旁枝得以南渡镇邺，既寡且弱（五马渡江，似均属旁枝，待查）。睿祖仙为懿子。元帝镇邺，本裴妃之意，而裴妃亦被略卖,大兴时始渡江。中朝公主亦有被略卖为奴者,见《后妃传》。

8. 明此背景,始能理解"王与马共天下"(《王敦传》)、江东士人不理司马睿、权臣均得觊觎皇位等现象。

9. 既有此等现象而东晋得以延续,主要原因得于民族矛盾激化一途求之,而王导等人个人作用亦应考虑。

10. 顾荣、甘卓初与陈敏深相结托,亦见南士初非忠于司马。顾荣、甘卓等促成敏败,乃有司马睿镇建业之事。

司马氏三定淮南,盖淮南密迩江东,于时大军云集。灭吴后淮南为漕运枢纽,又可退守江东,此亦元帝南渡之背景。

孙惠《与东海王越书》,谓:"自先帝公王,海内名士,近者死亡,皆如虫兽,尸元曳于粪壤,形骸捐于沟涧。"以后石勒追杀东海余众,王公死者又数十人。晋世统治阶层残留而南者为数尟矣。

《通鉴·晋纪》所见东晋立国

永嘉元年(307),睿至建康,导劝以"谦以接士,俭以足用,以清静为政,绥抚新旧"。311 年,百六掾,有刁协,有前太傅掾庾亮(袞兄子)。

永嘉五年(311)征华轶:裴宪为豫州刺史,与轶均不从睿令。轶死,宪奔幽州,盖依王浚,浚为越党,妻裴氏,浚妻舅为崔毖。七月,浚设坛告类,承制封拜,用裴宪、李恽(乞活)等(313 年,浚死,宪及苟绰皆降石勒)。

阎鼎(前豫州刺史)聚西州流民数千人于密,欲归乡里。鼎旋奉秦王业入关,傅畅以书赞助之,荀藩、刘畴、周顗、李述皆山东人，不欲西行，中途逃散，鼎追之不及（按刘畴被鼎杀，见《刘隗传附畴传》）。

陈頵遗导书请不以浮竞取士（311），又请自今临使称疾者免官（313年，其时参佐多避事自逸），睿皆不从，盖以绥抚为重，联络门户非绥抚不可。頵"出自寒微，数为正论，府中多恶之"。出为谯郡（似以后至襄阳？）。

刁、刘用事，《通鉴》系于313年八月。

317年，刁为左仆射，隗为御史中丞（原为司直）。刁久仕中朝，谙练旧事（上年谓隗性刚讦，当时名士多被弹劾，睿率皆容贷，由是众怨皆归之）。周觊叛，以反王导刁协为词。

318年，元帝即位，立太子，庾亮即以中书郎侍讲东宫，与太子为"布衣之交"。元帝好刑名家，以韩非书赐太子，亮谏申韩刻薄伤化，不足留圣心。太子纳之。顾和反对"以察察为政"，即在是年。可见导此时亦欲澄清吏治，但以干碍而无从实现，与睿好刑名家似合。

是年（318），刁协为尚书令与侍中刘隗为帝所宠任，"欲矫时弊，崇上抑下，排沮豪强"。

是时元帝周围有三种人起作用①士族（王庾为主百六掾）②尊上抑下，具有儒家面貌的陈頵、刁、刘、戴……③琅邪国旧臣如诸葛恢、刘超。

裴氏不南来，裴硕、裴盾、裴宪……荀崧、荀组南来而荀氏无显于南（320年三月裴嶷至建康，盛言慕容廆威德，元帝留嶷，嶷不从，遂北归，遣使随拜廆安北将军、平州刺史）。

320年梁州刺史周访卒，访切齿于敦，故敦终访之世不敢叛。又祖逖在时敦亦不敢叛。元帝以甘卓为梁州刺史，敦之起兵不以甘卓为虞。

帝镇江东，敦总征讨，《通鉴》注："永嘉五年以敦刺扬州加都督征讨诸军事，其讨华轶、杜弢、王机、杜曾，皆其功也。"

元帝不信祖逖

建武元年六月己巳元帝传檄，略谓石虎越河南渡，祖逖讨击。今遣车骑将军琅邪王裒等九军锐卒三万，水陆四道，迳造贼场，受逖节度。按，非谓受逖节度，盖以节制逖也。逖，平西将军，名位低；而裒为元帝子，元帝曾拟立为太子。焉有受节制于逖之理？元帝不信任祖逖，始终如此。（东晋重琅邪王，多以琅邪继统，盖以琅邪王主先王蒸尝，琅邪国宗庙所在。参《哀纪》升平五年五月诏。）

《敦煌石室佚书·晋纪》，疑为邓粲《元明纪》，所载祖逖在北活动材料较《晋书·逖传》为详。

东府与台城

《廿二史考异》卷二二，考扬州称东府之由来，谓元帝以镇东大将军领扬州，故称东府。后以京都所在，刺史不加征东镇东之号，而东府之名犹存，故扬州治所称东府城。

《舆地纪胜》卷一七："台城一曰苑城，即古建康宫城。本吴后苑城。晋咸和五年（《寰宇记》作六年）作新宫于此。"

明帝

《明帝纪》太宁二年七月王敦遣军至建康南岸,明帝"躬率六军,出次南皇堂。至癸酉夜,募壮士,遣将军段秀……等甲卒千人渡水,掩其未毕"。王敦愤惋而死。按段秀,《魏书·司马叡传》作段匹磾弟秀。段匹磾列名《劝进表》,可能遣弟入宿卫京师。

明帝死,奉遗诏辅太子者有太宰西阳王羕、司徒王导、尚书令卞壶、车骑将军郗鉴、护军将军庾亮、领军将军陆晔、丹阳尹温峤。西阳王羕为过江五王之一(余为琅邪、汝南、南顿、彭城),王敦用之为太宰。成帝时降封,旋伏诛。成帝立后半年,庾太后临朝,辅政者唯王导、庾亮。庾亮杀宗室诸王。

明帝死前,以征南大将军陶侃为征西大将军、都督荆湘雍梁四州诸军事、荆州刺史,王舒为安南将军、都督广州诸军事、广州刺史,旋徙湘州,上游形势基本稳定。

成帝即位后苏峻、祖约之乱,决定大局者即陶侃。故史谓明帝"改授荆湘等四州,以分上流之势,拨乱反正,强本弱枝。虽享国日浅,而规模弘远矣"。但江左形势,"威权外假,嫌隙内兴,彼有顺流之师,此无强藩之援",桓温桓玄,兴于上游,刘牢之刘裕,起于北府,晋室之不宁,诚有以也。

成康二帝与庾氏

《成帝纪》咸康八年,成帝引武陵王晞、会稽王昱(简文)、中书监庾冰、中书令何充、尚书令诸葛恢并受顾命。崩,年二十二,庙号显宗。"南顿王宗之诛也,帝不之知,及苏峻平,问庾亮曰:

'常日白头公何在?'亮对以谋反伏诛。帝泣谓亮曰:'舅言人作贼,便杀之,人言舅作贼,复若何?'亮惧,变色。庾怿尝送酒于江州刺史王允之,允之与犬,犬毙,惧而表之。帝怒曰:'大舅已乱天下(按指苏峻事),小舅复欲尔邪?'怿闻,饮药而死。然少为舅氏所制,不亲庶政。及长,颇留心万机……"按《后传》赞"持尺威帝"即指此事,参《亮传》论。

《康纪》建元二年"初,成帝有疾,中书令庾冰自以舅氏当朝,权侔人主,恐异世之后,戚属将疏。乃言国有强敌,宜令长君,遂以(康)帝(成帝母弟)为嗣",时年二十一。立褚后,生穆帝,穆帝时褚哀用事,旋卒。

庾氏之灭

桓温翦除庾氏,废海西公后,庾希逃于海陵陂泽中,《纪》太和二年(367)正月"北中郎将庾希有罪,走入于海"事,应系于海西废后,"海"应作海陵,《斠注》引《校文》。简文咸安二年(372)六月"庾希举兵反,自海陵入京口",诈称受海西公密旨诛大司马温。七月桓温遣军讨擒,斩于建康,庾亮之后灭矣(庾翼子爰之为温所废,至此庾氏灭)。

简文帝

《简文帝纪》篇末论简文,一代清谈首领,政治上则为桓温掌握中物,"拱默守道而已,常惧废黜"。中书郎郗超,温党,简文谓曰："命之修短,本所不计,故当无复前日事邪(前日事谓废海西公)?"超曰："大司马臣温方内固社稷,外恢经略,非常之事,臣以百口保之。"超还东省父愔(愔忠于晋),简文谓曰："致意尊公,家国之事,遂至于此!由吾不能以道匡卫(《类聚》卷一三引《晋阳秋》、《魏书》睿传、《御览》卷四六九引《郭子》,此下均有"思患豫防"四字),愧叹之深,言何能喻。"因咏庾阐诗云"志士痛朝危,忠臣哀主辱",遂泣下沾襟。简文虽神识恬畅,而无济世大略。故谢安称为惠帝之流,清谈差胜耳。支遁谓会稽有远体而无远神。谢灵运迹其行事,亦以为叔献之辈云。又,《孝武纪》史臣曰简文时"政由桓氏,祭则寡人"。

简文帝死后政局

简文帝死于咸安二年(372)七月,桓温死于孝武帝宁康元年(373)七月,简文死前至桓温死后数年间,政局大变。其间有简文诏温"少子可辅者辅之,如不可,君自取之",而侍中王坦之毁诏;崇德太后(康帝褚后,于孝武为从嫂)令温依周公居摄故事,尚书仆射王彪之封还诏书;温重病时讽求九锡,谢安、王坦之、王彪之均使袁宏缓其事;桓冲三分温所统,桓豁征西将军、荆州刺史、荆梁雍交广五州诸军事,冲为中军将军、都督扬豫江三州诸军事、扬豫二州刺史,镇姑孰,桓石秀为江州刺史,镇寻阳,而以桓冲居任,桓玄继嗣。谢安在王彪之(琅邪)、王坦之(太原)支持下,与桓冲合作。翌年(375),桓冲让扬州与谢安,南方形成安定局面,为淝水之战作了准备,此过程《通鉴》叙事较清,又,从嫂临朝,古今罕见。

东晋三复洛阳

《廿二史考异》卷一八考洛阳永嘉五年（311）陷，永和七年（351）桓温复，兴宁三年（365）陷慕容恪，太元九年（384）复入晋，隆安三年（399）陷姚兴，义熙十二年（416）刘裕又第三次克复，直至宋受禅时犹在晋域。"东晋君臣虽偏安江左，犹能卓然自立，不与刘、石通使，旧京虽失，旋亦收复。视南宋之称臣称侄，恬不为耻者，相去霄壤矣，讵可以清谈轻之哉！"此论有理。按《困学纪闻》卷一三及注引，均有此意，盖为钱大昕所本。

《王逊等传》史臣曰："晋氏沦丧，播迁江表，内难荐臻，外虞不息，经略之道，是所未弘，将帅之功，无闻焉尔。……"

《晋书·天文志》

《天文志》中"史传事验"可核对史实年月。天象人事变异，《斠注》多纠晋书年月之误。参《宋志》。

《天文志》中（卷一二）日蚀类，成帝咸和六年三月壬戌朔日有蚀之（《宋志》无此蚀）。是时帝已年长，每幸司徒第，犹出入见王导夫人曹氏，如子弟之礼。以人君而敬人臣之妻，有亏君德之象也。（此事孔坦有谏议，见《坦传》，参《成纪》、《导传》）

《天文志》中（卷一二）愍帝建兴五年（317）"正月庚子，三日并照，虹蜺弥天。日有重晕，左右两珥（此为江左事）。占曰：……丁巳亦如其数。又曰：'三日并出，不过三旬，诸侯争为帝。日重晕，天下有立王。晕而珥，天下有立侯。'故陈卓（元帝太史令）曰：'当有大庆，天下其三分乎。'三月而江东改元为建武，刘聪、李雄亦跨曹刘疆宇,于是兵连累叶"。按,其时去三国未远,三分形势可能再现。东晋时实即三分,不只南北对立也。三分之说,《晋书》尚有材料,待查。(《顾荣传》谓陈敏有孙吴鼎峙之志)《王敦传》史臣曰"卜世延百二之期,论都创三分之业"。《刘聪传》,天象有异,太史令言"天下其三分乎!"

男宠

《五行志》下(卷二九)"人痾":"惠帝之世(《宋志》作晋惠怀之世),京洛有人兼男女体,亦能两用人道,而性尤淫,此乱气所生。自咸宁、太康之后,男宠大兴,甚于女色,士大夫莫不尚之,天下相仿效,或至夫妇离绝,多生怨旷。故男女之气乱而妖形作也。"

法网疏密

《刑法志》:"咸康之世,庾冰好为纠察,近于繁细。后益矫违,复存宽纵,疏密自由,律令无用矣。"按典午中兴,网疏网密,随人而异。大抵崇君权以抑权臣者主网密,如刁协、刘隗;握大权而取舍予夺在己者无求于察察之政,如王导、谢安;介于两者之间者,则或疏或密无常。可研究。

何曾面质阮籍

何曾,党司马昭,面质阮籍于昭座:"'卿纵情背礼,败俗之人。今忠贤(谓昭)执政,综核名实(按此儒家名教之谓,非言名法),若卿之曹,不可长也。'因言于帝(昭)曰:'公方以孝治天下,而听阮籍以重哀饮酒食肉于公座。宜摈四裔,无令污染华夏。'帝曰:'此子羸病若此,君不能为吾忍邪!'"奴才比主子更凶恶。

羊祜论伐吴疏

羊祜,以宿卫豫佐命勋,既处腹心,又总机枢(尚书右仆射),居强藩(荆州),为灭吴第一功臣。晋初武帝为灭吴之计,以祜镇荆州。祜分兵屯田。泰始八年(272)步阐降晋,为陆抗所杀,祜贬官。此后与陆抗修好,而预为上流之计。咸宁初,用王濬监益州诸军事,密修舟楫为顺流之计。276年上疏,唯杜预、张华与晋武帝赞同,荀勖、冯纨反对。(杜预通才,史臣谓"不有生知,用之则习"。)

276年羊祜疏①长江不足恃"凡以险阻得存者,谓所敌者同(《通鉴》作谓其势均力敌耳),力足自固。苟其轻重不齐,强弱异势,则智士不能谋,而险阻不可保"(下举灭蜀战争为例)。②引梁益之兵(王濬、唐彬)水陆俱下;荆楚之众(羊祜),进临江陵;江南(胡奋)豫州(王戎),直指夏口;徐扬(王浑)青兖(琅邪王伷)并向秣陵。鼓旆以疑之,多方以误之。以一隅之吴,当天下之众,势分形散,所备皆急,巴汉奇兵出其空虚,一处倾坏则上下震荡。③吴缘江为国,无有内外,东西数千里,以藩篱自守,所敌者大,无有宁息。④孙皓恣情任意,与下多忌,名臣重将不复自信,是以孙秀之徒皆畏逼而至。将疑于朝而士困于野……不能齐力致死。⑤《御览》卷三三九引王隐《晋书》,吴"劲弩长弓不如中国,长矛楯戟不如中国,马骑凌厉又不如中国"。唯有水战是其一便。一入其境,则长江非复所固。还保城池,则去长入短。羊祜所论,均甚有理,其所规划,亦为战事本身所证实。(《通鉴》注谓陆抗没,羊祜始抗疏伐吴)预见之准确,可比于隆中对。

平吴之功

平吴之功,王浑、王濬均大,后人"王濬楼船下益州"之句,为濬争光不少。又王浑争功亦为人所诟病。按《周浚传》,浚为扬州刺史,随王浑伐吴,破江西屯戍,与孙皓中军人战,斩吴丞相张悌等首数千,俘馘万计,进屯横江。故何恽谓"张悌率精锐之卒,悉吴国之众,殄灭于此,吴之朝野莫不震慑"。恽建议过江取建康,王浑不从,遂使濬长驱直入,中途亦不停船受浑节制。

张华与冯𬘓

《张华传》,华毁征士冯恢于帝,恢,𬘓之兄。《斠注》于此引《御览》卷二二四引干宝《晋纪》载张华毁冯恢之事,并引证邵晋涵《晋书提要稿》谓《冯𬘓传》不载致衅之故,其故实在于恢也。晋武之任冯𬘓而疏张华,有关于治乱之原而传不明言其故,是删节之未当也。

贾任朋党之争

《任恺传》记朋党之起，始于恺建议出贾充镇关中，庾纯附议。于是恺、纯、张华、和峤、温颙、向秀为一方，杨珧、王恂、华廙与贾充为一方。武帝召宴，谓朝廷当一，大臣当和，但朋党依旧。

史臣论齐王攸

《宣五王、文六王传》史臣惜齐王以地疑致逼愤死。"若使天假之年而除其害，奉缀衣之命，膺负图之托，光辅嗣君，允厘邦政。求诸冥兆，或废兴之有期，征之人事，庶胜残之可及，何八王之敢力争，五胡之能竞逐哉！"以晋祚不久归之齐王受谗，荀勖冯纨又为祸首。

中正与清议

刘毅论九品之弊，似以关键在中正之官"重其任而轻其人"，"高下任意，荣辱在手"，遂使上品无寒门，下品无势族。

陈留相孙尹表请如司徒所举刘毅为青州大中正，云："臣州茂德惟毅，越毅不用，则清谈倒错矣。"是中正官与清议息息相关，中正得人则清议能起正常作用，否则清议倒错。《李重传》亦论九品军中之政。

刘颂议以长王镇吴蜀

《刘颂传》，东南六州将士戍守江表。"时遇叔世"，建议以"长王""壮王"镇吴蜀。

傅玄论清议

《傅玄传》，玄上疏"先王……道化隆于上，清议行于下，上下相奉，人怀义心"。下云亡秦之时，义心亡矣。"近者魏武好法术而天下贵刑名，魏文慕通远（《文选·晋纪总论》注作通达）而天下贱守节。其后纲维不摄，而虚无放诞之论盈于朝野，使天下无复清议，而亡秦之病复发于今。"傅玄观点：①道化与清议，上下相奉，是为先王之治；②魏武、魏文，上有好者下必甚焉，非上下相奉，此秦制也；③正始以来多虚无放诞之论，无复清议。则清议与清谈完全不同。其实傅玄所谓先王时之清议，实即东汉之清议。

浮华与正始之音

贺昌群《魏晋清谈思想初论》谓"浮华"一词始见《后汉书·章帝纪》建初五年（80）诏举直言极谏，勿取浮华。《安帝纪》延光元年（122）诏三公以下勿取浮华，《儒林》序质帝元年（146）叙事之后，有太学章句渐疏而多以浮华相尚。按此时"浮华"似指欺世盗名，矫饰节义以求禄进者。按，曹操"破浮华交会之徒"，则除浮华不实外，尚有交结党羽、鼓荡舆论、讪诽执政之意（清议）。晋以后，如《世说·政事》注陶侃云老庄浮华，《晋书·李充传》充抑浮华好刑名，则似以浮华斥清谈。《曹爽传》注邓、李等为浮华友，及在中书，浮华事发。又谓明帝以何、邓等浮华。正始之音，殆即此种清议标榜。但《世说·赏誉》"王大将军镇豫章条"，敦誉卫玠"不意永嘉之中复闻正始之音"、"昔王辅嗣吐金声于中朝，今复玉振于江表"云云，则正始之音又似卫玠谈玄之类（参《刘虞传》、《诸葛诞传》）。是正始之音即所谓浮华者有后世清谈之义，抑后世人以当代清谈目正始之音？待续考。

关于正始之音：《卫玠传》王敦谓玠"正始之音"。《高僧传·支遁》，王濛谓遁"造微之功，不减辅嗣"（《世说·赏誉》同）。《宋书·羊玄保传》，玄保二子咸、粲，太祖谓玄保，"欲令卿二子有林下正始余风"。《王微传》微报何偃书谓为"正始中人"，《南齐书·张绪传》，袁粲谓绪"有正始遗风"，而范宁谓何王之罪，深于桀纣。（《晋书·范宁传》）

府主故吏有君臣名分

《向雄传》：雄为刘准（传误为毅）故吏，以罪为准笞，后吴奋为守，又少谴，后雄、奋俱在门下，不交言。武帝敕雄令复"君臣之好"，是晋时府主故吏亦有君臣名分。

段灼言论

《段灼传》埋邓艾之冤，言伐蜀用羌胡兵马而丧约不给封赏。

灼敦煌人,西土著姓,然在朝身微宦孤,不见进序,乃还乡里,临行遣子上表,有怨言。其论九品则谓"台阁选举,涂塞耳目,九品访人,唯问中正。故据上品者,非公侯之子孙,即当涂之昆弟也。二者苟然,则筚门蓬户之俊,安得不有陆沉者哉!"

灼又言,大晋诸王二十余人,而公侯伯子男五百余国,"臣故曰五等不便也"。时在武帝初。

选用寒士之议

《阎缵传》惠帝时为愍怀被废事上表,谓"臣素寒门,无力仕宦,不经东宫,情不私通"。通篇反复请求以寒素之士保傅东宫,并言贵盛子弟之不可靠。魏晋寒士问题,似可专门研究。(孙秀、陶侃)惠帝立太孙,缵又陈"宜选寒苦之士,忠贞清正,老而不衰,如城门校尉梁柳、白衣南安朱冲比者,以为师傅。其侍臣以下文武将吏,且勿取盛戚豪门子弟,若吴太妃家室及贾、郭之党。如此之辈,生而富溢,无念修己,率多轻薄浮华,相驱放纵,皆非所补益于吾少主也。皆可择寒门笃行、学问素士、更履险易、节义足称者,以备群臣"。

曹马之争与学术

司马氏与曹氏之争为同一阶级中士族与浊流之争,曹操为宦官曹腾养子之子,而司马氏则世为二千石。司马氏胜利后,凭藉儒学,优礼士大夫(行宽政实际上是对士大夫宽,而所谓酷政,则反而是置士大夫于法律之下）。然而曹氏所凭藉之黄老之学，因其士大夫之投降或隐伏于司马氏阵容，造成了以后佛老将毋同的宇宙观，而清谈得以大盛。

将无同

《嵇康传》与山巨源绝交书"故知尧舜之居世，许由之岩栖，子房之佐汉，接舆之行歌，其揆一也"。一良同志引此以证名教自然将无同。按《阮籍传》籍丧母，裴楷往吊，"籍散发箕踞，醉而直视。楷吊唁毕便去。或问楷：……楷曰：'阮籍既方外之士，故不崇礼典。我俗中之士，故以轨仪自居。'时人叹为两得"。《世说·任诞》注引《名士传》："阮籍丧亲，不率常礼。裴楷往吊之，遇籍方醉，散发箕踞，旁若无人。楷哭泣尽哀而退，了无异色。其安同异如此！"庆按袁宏论裴楷"安同异"，时人谓楷两得其中（《任诞篇》），皆就意识形态方面儒道"将毋同"之意。（江逌有《阮籍序赞》、《逸士箴》，《类聚》卷三六引作《逸民箴》）

阮籍

《籍传》，何曾谓籍姿情任性败俗，谓置之死，赖司马昭保全之，昭辞九锡，郑冲等公卿劝进，词为籍所作。籍发言玄远，口不臧否人物，昭谓天下之至慎，"言及玄远，而未尝评论时事，臧否人物"。其人"遗落世事，虽去佐职，恒游府（大将军府）内，朝宴必与焉"。

《魏志·李通传》注引王隐《晋书》文帝云："天下之至慎，其惟阮嗣宗乎！每与之言，言及玄远，而未曾评论时事，臧否人物，真可谓至慎矣。"（文王问：清、慎、勤，三者何先，李秉乃答，云云。）

嵇康三论

嵇康三论："养生论"、"声无哀乐论"，是否有"言尽意论"？按《世说·文学》言王导过江，止道声无哀乐、养生、言尽意三理。汤一介同志疑"言尽意"（欧阳建）当作"言不尽意"，始与其他二论和谐一致。兹读汪藻本《世说》，于《考异》此条，正作"言不尽意"。

吕安与嵇康书

《文选》将吕安与嵇康书误为赵至与嵇蕃书。李善注引《嵇绍集》作后者，干宝《晋纪》作前者。李周翰注谓绍之家集未可据，因绍惧时所疾，故移此书于蕃。（与《桓氏谱》讳言桓范事相似。《书品》1988 年第 4 期可参。）

竹林之放与元康之放

《戴逵传》："竹林之为放，有疾而为颦者也；元康之为放，无德而折巾者也。"此为确评。折巾，效郭泰之折巾角，见《后汉书·泰传》。此言无德而折巾，谓伪也。竹林为放，盖"以魏晋间去就易生嫌疑"(《孙登传》登戒嵇康),"天下多故,名士少有全者"(《阮籍传》),故有可说。而元康之放,若王澄、胡毋辅之之流,祖述阮嵇,实则东施效颦也。

山涛答嵇绍语

嵇绍起家秘书丞,《世说·政事》:"绍咨公(山涛)出处,公曰:'为君思之久矣。天地四时,犹有消息,而况人乎!'"山涛盖谓时过境迁,不必以父死而不复仕晋。按时距康死二十年,山涛昔为竹林七贤之一,今则为司马氏领选,亦"四时消息"之尤。

《世说·赏誉》引顾恺之赞山涛、王衍、嵇康(查《全晋文》)。

借玄虚以助溺

嵇含吊王粹(帝婿)馆宇之文,序谓:"图庄生垂纶之象,记先达辞聘之事,画真人于刻桷之室,载退士于进趣之堂,可谓托非其所,可吊不可赞也。"其辞曰:"……人伪俗季,真风既散,野无讼屈之声,朝有争宠之叹,上下相陵,长幼失贯,于是借玄虚以助溺,引道德以自奖,户咏恬旷之辞,家画老庄之象。"此谓官吏贪鄙而借老庄玄虚以助溺,亦"将无同"之一侧面。

陆机《辨亡论》

陆机《辨亡论》上下，言三国兴亡形势，吴国文武大臣各自的地位，吴恃长江之险以立国而末年长江不足守之原因，均可参考。所云上游水师问题，"重山积险，陆无长毂之径；川厄流迅，水有惊波之艰。虽有锐师百万，启行不过千夫；轴轳千里，前驱不过百舰。故刘氏之伐，陆公（逊）喻之长蛇，其势然也。昔蜀之初亡，朝臣异谋，或欲积石以险其流，或欲机械以御其变。天子总群议以谘之大司马陆公（抗），公以四渎天地之所以节宣其气，固无可遏之理，而机械则彼我所共。彼若弃长技以就所屈，即荆楚而争舟楫之用，是天赞我也，将谨守峡口以待擒耳"。下叙陆抗平步阐之乱，以三万众北据东坑（在夷陵，步阐城东北，陆抗围阐处），深沟高垒，西御水军。陆抗死而形势变，以此证天时不如地利，地利不如人和。吴之亡也，恃险而已。参《文选》、《吴志·三嗣主传集解》、《晋书斠注·陆机传》。又，吴之亡，可与《羊祜传》对看。

二陆在晋

《陆机传》：黄耳（骏犬）携书之事，华亭鹤唳岂可复闻之语，均寄故国之思。但顾荣、戴渊劝机还吴，机不从，史臣谓其好游权门，以进趣获讥。既知三世为将，道家所忌，又眷恋权势，不知谦退，孟超甚至詈机"貉奴，能作督不"，机之死，亦有以也。传后"制曰"亦云"世属未通，运钟方否，进不能辟昏匡乱，退不能屏迹全身"，可叹。

陆云有笑疾，亦趣闻。荐同郡张赡。入王弼冢与弼谈玄。

东海王越讨颖,移檄天下,以机、云兄弟枉害罪状颖。

晋用南士

《陆喜传》:"太康中下诏曰:'伪尚书陆喜等十五人,南士归称,并以贞洁不容晗朝,或忠而获罪,或退身修志,放在草野。主者可皆随本位就下拜除,敕所在以礼发遣,须到随才授用。'乃以喜为散骑常侍。"

万岁

近日杂志有《万岁考》一文,不记得在什么杂志上。《潘岳传》斠注引《历代诗话》曰:岳闲居赋言家居之时,奉母行乐而得称万寿者,古人欢庆之际,上下通称万岁,不知何时始专为君之祝也。所引事例,上起冯煖、蔺相如,下迄东汉之冯异、马援、耿恭、冯访,及《急就章》之邓万岁。按隋史有史万岁。《寰宇记》卷八九引《京口记》,王恭改创西南楼名万岁楼。居延有万岁里。

孙绰

《孙绰传》:"尝鄙山涛,而谓人曰:'山涛吾所不解,吏非吏,隐非隐。若以元礼门为龙津,则当点额暴鳞矣。'"于山涛为确评。
《绰传》,绰与习凿齿共行,顾谓习曰"沙之汰之,瓦石在后",

习曰"簸之飏之,糠秕在前",《世说·排调》以此属范启(荣期)与王坦之(文度),唯"瓦石"作"沙砾"。又初唐四子亦以此为谯。

孙绰反对桓温北伐,谓中夏土崩,"亦以地不可守,投奔有所",中宗龙飞,"实赖万里长江画而守之耳"(《世说·轻诋》注引,有"不然胡马久已践建康之地,江东为豺狼之场矣"二句)。按画江而守为一条件(地利),有可守之形势(北方动乱,南方粗安。人和)为另一条件。前者可解释吴之立国,东晋偏安,后者可解释晋灭亡,隋灭陈。至于绰以田宅丘陇为词以谏北伐迁洛,又当另作分析。

碑禁

《类聚》卷四五、四六、四七引孙绰为王导、郗鉴、庾亮、庾冰作碑(传中尚云作温峤碑)。叶昌炽《语石》引《宋书·礼志》云:建安十年魏武禁碑,甘露二年王俊云祇畏王典,不得为其兄王伦(大将军参军)立碑,此碑禁尚严。咸宁四年诏禁碑,义熙中裴松之又议禁断。此禁者自禁,立者自立。

徙戎论

史臣语,《徙戎论》经国远图"然运距中衰,陵替有渐,假其言见用,恐速祸招怨,无救于将颠也"。此评甚确。

吴晋交广二州

《滕修传》斠注引《御览》卷一八五《郡国志》:广州,吴孙晧时以滕修为刺史,未至州,有五仙人骑五色羊负五谷来迎而去。按今以广州为五羊城。

《滕传》,广州部曲督郭马等为乱,《吴志·三嗣主传》天纪三年。此即陆机《辨亡论》:"夫太康之役,众未盛乎曩日之师;广州之乱,祸有愈乎向时之难。"

吴亡,晋仍以滕修为广州,修子并。并子含。庾冰时刺广州,含弟子遁刺交州。此与襄阳罗宪仕蜀,其兄子尚亦以此久在梁益事同。又,《周光传》自周访以下三世为益州四十一年。陶基、子璜仕吴为交州,璜降晋,子威、威弟淑、威子绥,四世为交州者五人。

《陶璜传》谓合浦无田农,以采珠为业,有珠禁。《斠注》引《御览》卷八〇三万震《南州异物志》:"合浦有民善游采珠,儿年十余便教入水求珠。官禁民采珠,巧盗者蹲水底,剖蚌得好珠,吞之而出。"

吾彦

吾彦,《书钞》卷五四引臧氏《晋书》、《御览》卷三八六引王隐《晋书》、今《晋书·王濬传》均误为吴彦。彦为建平太守,王濬造船于蜀,彦乃辄为铁锁,横断江路。彦为陆抗故史,曾重饷陆机兄弟,陆云以彦出自"微贱,为先公所拔,且答诏不善,安可受之",机乃止,因此每毁之。长沙孝廉尹虞谓机等,若此,"吾恐南人皆将去卿，卿便独坐也"。于是机等意始解。按，铁锁横江，《辨亡论》谓陆抗不以为然，而为之者吾彦。

晋武问吾彦吴所以亡，彦曰："天禄永终，历数有属，所以为陛下擒。此盖天时，岂人事也。"按古人于天时之解释最混乱，不似地利、人和之有确定意义。

《周处传》之误

《周处传》，可证《晋书》据《世说新语》之误。其一为斩蛟事入水三日三夜，事不可能，《御览》卷七三引祖台之《志怪》，说较可信。其二谓除三害后乃入吴寻二陆。周处弱冠时陆机尚未出生。吴亡时陆机年始二十，而处仕已久矣。刘知几讥《晋书》好采小说，信矣。世传周处碑（孝侯碑）谓陆机所纂，但系唐元和六年陈从谏重刻，此碑多指伪撰，至少多有窜改，不可尽信。碑中有周处"来吴事余（机）厥弟（云）"之语以及周处历官，皆非实。劳格《晋书校勘记》。

李弘

道教徒起事，托言李弘。例一，《周札传》道士李脱弟子李弘；例二，《周楚传》广汉妖贼李弘。（《周嵩传》有"妖人李脱"）

中正

中正例以二品为之。《解结传》引《御览》卷三七引王隐《晋书》：解结问别驾治中曰："河北白壤高良，何故少人士，每以三品为中正？"

《张辅传》，为南阳中正，以梁州刺史杨欣有姊丧未经旬，车骑长史韩预（南阳人）强聘其女为妻，辅贬预。《通典》卷六〇南阳中正张辅言司徒府云："故梁州刺史杨欣女以九月二十日出赴〔欣〕姊丧殡，而欣息俊因丧后二十六日强嫁妹与南阳韩氏，而韩氏就杨家共成婚姻。韩氏居妻丧，不顾礼义，三旬内成婚，伤化败俗，非冠带所行。下品二等，第二人今为第四。请正黄纸。"据此可见：①郡中正有事，上言司徒府，而非上本州中正；②中正所察，涉及他郡人而曲在其身者（如杨欣，其子俊强嫁妹与南阳韩氏。按，杨氏郡望待查），中正不论；③中正所察者可上下其品（下品二等第二人，今为第四。疑文有衍讹）；④中正品第有"黄纸"为籍，藏司徒府。

杨光辉论八王之乱

杨光辉谓八王之乱实质是武帝系诸王与泰始初所封宗室王（即宣、景诸帝属）之间的皇位之争：

武帝子楚王玮擅杀懿子汝南王亮，衅起；懿子赵王伦纠合齐王攸子冏，废帝自立；武帝子成都王颖、长沙王乂先后杀赵王伦、齐王冏；懿从孙东海王越败成都王颖、长沙王乂。（按赵王伦结齐王冏，亦有说。同父攸虽与晋武同母，但出嗣景王后，故齐王亦得

视为泰始所封宗室王系统。但齐王亦二重身分,故三王起兵反赵
王伦,固亦在焉。)

以后:东海王越弃武帝子怀帝而出许昌,而怀帝密诏苟晞讨
越未遂;又懿曾孙睿在江左,对武帝孙愍帝阳奉阴违,成帝又对
"愍帝时赐爵进封一皆刊除",均为证明。

案此说很有道理。

东海王越

西晋之际,东海王越似有特别作用。睿镇建康,亦越之意。
注意考察。

按越于301年迎惠帝返洛,已是八王之乱最后一幕,怀帝永
嘉四年(310)越率行台东行于项以征天下兵,无有至者。时王公
卿士随行者甚众。其年越病死于项,还葬东海,石勒追及于苦县,
焚越柩,以骑围越众数十万射之,王公士庶死者十余万。俄而越
妃裴及世子毗出京,从者倾城,又为勒所败,毗及宗室三十六王
(《怀纪》作四十八王)俱没于勒。裴被掠卖于吴氏,大兴中始渡
江。至此,晋室元气殆尽。

《越传》,"初元帝镇建邺,裴妃之意也"。考《元纪》,"越之收
兵下邳也,假(元)帝辅国将军等。寻加平东将军、监徐州诸军事,
镇下邳。俄迁安东将军、都督扬州诸军事"。裴妃之意盖指此也,
时在太安初,即302年。永嘉初,用王导计,始镇建邺。考东海、
琅邪为邻国,但东海王越为司马懿弟馗之孙,与琅邪为疏属,
如图:

懿──琅邪王仙──琅邪王覲──元帝
馗──高密王泰──东海王越

《越传》唯云越以世子与琅邪王仙子繇(后为东安王繇)俱侍讲东宫。故江左政权与东海王越并无特殊关系,越亦不见有退守江东之意。

裴邵

东海王越为八王之乱余孽,而琅邪王睿,又为东海王越余孽。东海除倚重王氏外,其妻族裴氏亦举足轻重。裴妃兄弟裴邵(道期),元帝为安东时,邵为长史,王导为司马,二人为深交。邵征为太子中庶子转散骑常侍,使持节、都督扬州江西淮北诸军事、东中郎将,随越出项而卒于军中(史不言病死抑石勒杀死)。及王导为司空,既拜,叹曰:"裴道期、刘王乔在,吾不得独登此位。"(《裴楷附邵传》。按此似裴邵以死东海王,故有特殊地位,但刘王乔即刘畴善谈名理,而于东海似无特别关系。如何解释,待考。)参《蔡谟传》。

王衍

王衍清谈误国,衍临终时已言之。其维护私门,把持政局,则言之者尠。与愍怀太子绝婚以苟容,是一;狡兔三窟,是二。

《愍怀太子传》:王衍长女适贾谧,次女适太子,其意盖在于政治上左右逢源。人子废,衍为女废婚。史臣鄙之,见《衍传》。愍怀之子臧（敬文）于赵王伦时立为皇太孙，"还妃王氏以母之，称太孙太妃"。此亦见王衍之投机。王女见《列女传》。

王氏三窟，事见《王衍传》。成都王颖执政时衍为尚书令、司徒、司空，思自全之计。说东海王越宜得文武兼资。乃以弟澄为荆州，族弟敦为青州，因谓澄、敦曰："荆州有江汉之固，青州有负海之险，卿二人在外，而吾留此（洛阳），足以为三窟矣。"（参《世说·识鉴篇》注引《汉晋春秋》，《世说·简傲篇》注引《晋阳秋》谓"外可以建霸业，内足以匡帝室"。）

"清谈误国"论

清谈误国之论，王衍自身亦言之。石勒使人排墙杀衍，将死，顾而言曰："呜呼！吾曹虽不如古人，向若不祖尚浮虚，戮力以匡天下，犹可不至今日。"又参庾翼《与殷浩书》论王衍。

袁宏《名士传》（《世说·文学》引），以夏侯玄、何晏、王弼为正始名士；阮、嵇、山、向、刘、阮、王为竹林名士；裴叔则（楷）、乐彦辅（广）、王夷甫（衍）、庾子嵩（敳）、王安期（承）、阮千里（瞻）、卫叔宝（玠）、谢幼舆（鲲）为中朝名士。

《世说》下之下引《八王故事》："夷甫虽居台司，不以事物自婴，当世化之，羞言名教，自台郎以下皆雅崇拱默，以遗事为高。四海尚宁，而识者知其将乱。"

《文选》卷四九《晋纪总论》注引王隐《晋书》："王衍不治经史，唯以老庄虚谈惑众。"（参《世说·文学》及注引《文章叙录》、《魏氏春秋》、《王弼别传》）

《文选》卷四六任彦升《王文宪集序》注引《汉晋春秋》："故天

下之言风流者,称王、乐焉。"

《世说·轻诋》:桓温北伐,过淮泗,践北境……慨然曰:"遂使神州陆沉,百年丘墟,王夷甫诸人不得不任其责。"参《困学纪闻》卷二〇。

裴颜《崇有论》,似以王衍为批评对象。

《世说·品藻》,以八裴方八王:徽—祥,楷—衍,康—绥,绰—澄,瓒—敦,遐—导,颜—戎,邈—玄。

《应詹传》谓永嘉之乱,始于元康放达玄虚。参《儒林传序》,《文选·晋纪总论》注引刘谦之《晋纪》。

《世说·言语》:谢安与王羲之登冶城,悠然遐想,有高世之志。羲之谓曰:"……虚谈废务,浮文妨要,恐非当今所宜。"安曰:"秦任商鞅,二世而亡,岂清言致患耶?"

《梁书·何敬容传》:"晋代丧乱,颇由祖尚玄虚,胡贼遂覆中夏。"

地域观念

首建奉秦王入关功荣之阎鼎,原以卷令行豫州刺史,"于密县间鸠聚西州流人数千,欲还乡里"。荀藩等于密建行台,南趋许颍。司徒长史刘畴于密为坞主,鼎以鼎"手握强兵,劝藩假鼎冠军将军、豫州刺史",旋由武关向长安。大抵关东人皆不愿入关。傅畅、傅逊、阎鼎等皆西州人,鼎兵为西州流人,遂入关,鼎为太子詹事总摄百揆,又以争权被土著诸将所逐,按此时有兵力者大抵皆流人帅。按,此可反证司马越、王衍之东逃亦由于为东方人。皆地域观念之表现。

霸陵中物

《索綝传》盗发霸、杜二陵多获珍宝，綝答帝问谓赤眉取茂陵物不能减半，至今有朽帛珍玉，霸、杜二陵犹俭者耳。按应劭《风俗通义》载当时所闻见霸陵中物与《汉书》所记绝不相同。所谓薄葬者不过比余陵差少耳。

纸

《苟晞传》，怀帝诏晞讨东海王越云"道涩，故练写副，手笔示意"。晞表"奉被手诏……纸练兼备"，则晋末文书以纸，特殊情况则以练为副，故此云"纸练兼备"。至东晋则全用纸不用练，更不用简牍。西陲则仍有简牍。《王隐传》隐修《晋书》，就庾亮于武昌以求纸笔。参《初学记》卷二一引萧方等《三十国春秋》。

《书钞》卷一〇四虞预表云秘府中有布纸三万余枚，不任写御书而无所给。愚请四百枚付著作书史写起居注。按预曾任著作郎。《干宝传》斟注引苏易简《文房四谱》四引干宝表："臣前聊欲撰记古今怪异非常之事……又乏纸笔，或书故纸。"诏答云："今赐纸二百枚。"

刘琨与卢谌

《刘琨传》：西都未覆前，琨受命于愍帝，未尝与江左通使。西都不守，琨乃令温峤谒江左劝进。时元帝居王位，报琨之令，一则曰不得已居王位,岂可猥当隆极;二则曰"公受奕世之宠",言其权位受自怀愍;三则曰"公其抚宁华戎,致罚丑类,动静以闻",不言支持江左。是则元帝与琨并不以亲故待之。至登极后始有名刀之赠。但琨自西都覆后,反复致意元帝,其赠卢谌五言诗,谓"能隆二伯主,安问党与雠"。传言诗"托意非常",而《文选·赠刘琨诗》注引臧书谓"众人谓琨诗怀帝王大志"。本传始终谓琨忠于晋室,此中或有文章。

《琨传》:匹䃅拘琨后,"王敦密使匹䃅杀琨。匹䃅又惧众反己,遂称有诏收琨。初,琨闻敦使至,谓其子曰:'处仲使来而不我告,是杀我也。'"太兴三年,卢谌、崔悦等上表理琨,谓"琨自以备位方岳,纲维不举,无缘虚荷大任,坐居三司。是以陛下登阼,便引愆告逊"(敦煌本《晋纪》引此较详,并谓琨与匹䃅之衅起于南征石勒,匹䃅至固安便欲回还,琨则欲进据常山,"䃅虑彰己之罪,复固逼琨不得令南"云云)。下云:"匹䃅以琨王室大臣,惧夺己威重,忌琨之形,渐彰于外。琨知其如此,虑不可久,欲遣妻息大小尽诣京城,以其门室一委陛下。有征举之会,则身充一卒;若匹䃅纵凶慝,则妻息可免。"下云"南阳王保称号陇右,士众甚盛,当移关中。匹䃅闻此,私怀顾望,停留荣邵(䃅使诣建康者),欲遣前兼鸿胪边邈(愍帝使者)奉使诣保",下谓琨对元帝丹心不能上达。据此,则元帝不为琨发哀,似有疑琨首鼠两端,有心附南阳王保,故卢谌等为之申述。后云匹䃅众叛亲离,欲勒胡晋徙上谷,琨则劝移厌次,南凭朝廷,匹䃅不纳,害死琨父息四人及二侄。下云匹䃅害琨后,言琨欲窥神器图不轨,而䃅则"称陛下密诏"害琨(是密诏,是王敦私意,难断)。总之,《琨传》特别是谌、悦此表,内怀隐切,有难言之隐,关键在于江左猜疑,可著论以发其微。卢谌使者可达江左,而谌、悦则不南来,而率琨余众奉刘群依末波(温峤表称姨弟刘群,内弟崔悦、卢谌等皆在末波中),后来群及谌、悦均没于石氏,群于冉闵败后遇害。而谌后人卢循南来后成为晋末农民起义领袖,此中皆有因缘。谌、悦上表最后谓"臣等祖考以来世受殊遇,入侍翠幄,出簪彤管,弗克负荷,播越遐荒,与琨周旋,接事终始"云云,为琨讼冤,亦有隐曲。又没胡之士族裴宪、石朴、郑系、荀绰、傅畅,均可一一搜研,或皆有涉两晋之际政治之原因。

琨《赠卢谌》:"苟能隆二伯,安问党与雠。"(二伯,桓文也)

《温峤传》,琨:"吾欲立功河朔,使卿延誉江南。"峤对琨"明公有桓文之志"。

卢谌《劝进文》,用《文选》五臣注与六臣注对比。

二伯:建兴三年(315)九月刘聪命石勒为陕东伯(以平幽州勋,署勒大都督陕东诸军事,东单于、二州牧,勒只受二郡。旋加崇陕东伯。《通鉴》,又,《载记》2724 页);四年九月,以刘曜大都督督陕西诸军事。

猗卢之死是历史的、偶然的,刘琨为之瘗埋以至姬澹师败身死桑干,则与并州形势有关:刘聪以石勒为陕东(都督),意味着胡羯分陕而动。并州治阳曲,本在胡羯的围困之中。石勒攻乐平,正是乘刘琨北上雁门时截断琨归路,所以刘琨必争,不惜用姬澹之师孤注一掷。琨惨澹经营,已历十年(琨光熙元年 306 秋后入并),深知处境危殆,不会苟且从事,所以命姬澹回战乐平时,是自为奠后于雁门广牧县,而卢谌与魏子悌则驻晋昌东奔("俱涉晋昌艰",地在今定襄西北,五台山区)。

卢綝《八王故事》、《四王起事》,见《隋志》"故事类",綝为卢志兄子、卢谌从兄弟。

"匹磾既害琨,寻亦败丧。时南路阻绝,段末波在辽西,谌往投之。元帝之初，末波通使于江左。谌因其使抗表理琨。"见《卢谌传》。元帝征谌，为末波所留，遂不得南，后死于后赵末。谌每谓诸子曰"吾没之后，但称晋司空从事中郎"。按《唐宰相世系表》十三上，谌五子：勖、凝、融、偃、徵。《元和姓纂》卷三："勖号南祖，偃号北祖。"偃居北，传谌书法，见《魏书·崔玄伯传》。疑勖过江。《高僧传·慧远》谓远公少年时在北方，与卢循之父卢嘏同为书生，在后赵末。疑嘏为勖子，随勖过江，遂有卢循。又，梁虞和《论书表》称卢循"素善尺牍，尤珍名法，西南豪士，咸慕其风"。则南祖一支，亦传卢氏书法。参《卢谌传》斠注，东晋门阀政治，影响及于农民战争。

刘琨败后投河北之段匹磾而未图南奔建业，议者谓琨以南阳王保在秦州称晋王，琨有左右顾盼之嫌。董慧秀有《刘琨之死记疑》（武汉大学《魏晋南北朝隋唐史资料》19辑，2002年），谓江左借刀杀人（借段匹磾手）。曾记早有此说，但欠确证。相关资料有《建康实录》卷五："及帝将中兴于江东，中朝士大夫多过江归帝，朝廷望之，怨琨不至。王处仲曰：'江东地狭，不容琨气。'"《晋书》卷三七《南阳王保传》："愍帝之蒙尘也，保自称晋王（按保父模为刘聪之子刘粲所杀）"，自上邽保南安，将投张寔，旋病死。先是陈安拥保，自称秦州刺史，称藩刘曜。保先为愍帝右丞相，侍中，都督陕西诸军事，进相国。父模败死，模将陈安拥保，保将张春反安，保轮流在陈安、张春之手，并无独立势力。保死，张春立宗室瞻为保后，陈安逼降瞻，送瞻于刘曜，陈安又迎保丧，以天子礼葬于上邽。看来，所谓保的表演是短暂的闹剧，保无任何力量与睿争晋统，刘琨亦无与保联系的任何迹象（愍帝全在关西人手，关东人也无从染指）。但刘琨在北威望高，王敦谓朝廷怨琨不至，可能属实。但如刘琨南来，命运不会比祖逖好。元帝不会容纳。

所以《琨传》谓"密使匹磾杀琨",倒是可能的。值得留意的是,模—保出高密王泰,泰四子:越(东海)、腾、略、模。可知保为越弟之子,而睿政治上虽承越系统,但血缘近越的是模—保,所以保在这点比睿略占上风,但是此时已无重要性了。

王浚设官

《晋书·王浚传》:洛阳陷后,浚"设坛告类,建立皇太子,备置众官。浚自领尚书令,以枣嵩、裴宪并为尚书,使其子居王宫,持节,领护匈奴中郎将,以妻舅崔毖为东夷校尉。……"按,此似前赵以来以太子为大单于,查实先后。

段匹磾

《邵续传》,王浚死后,段匹磾在蓟,一时成为北方支持元帝的重要势力。曾约邵续(屯厌次)南归元帝,并遣弟文鸯援续。石勒素畏鲜卑段氏,一时河北大片土地为匹磾所有。勒擒续,续勉兄子竺等"奉匹磾为主,勿有二心"。此匹磾列名劝进表之背景。

《李矩传》:刘琨河内太守郭默为刘曜所逼。琨使张肇率鲜卑五百往长安,行至矩营,矩约肇同解郭默之围。其时矩谓肇"屠各旧畏鲜卑"。此与《邵续传》言"石勒素畏鲜卑"之语,均说明匹磾在当时的作用。

《晋书》以邵续、李矩、段匹磾、魏浚、郭默同传,其中核心人物实为匹磾,史臣谓"段匹磾本自遐方,而系心朝廷,始则尽忠国难,终乃抗节虏廷,自苏子卿以来,一人而已",此乃对匹磾极高评价。总之,十六国北朝局面,始自鲜卑,终于鲜卑,此中线索,前人似未道及。

《磾传》,磾及弟文鸯均死于石勒,而末杯在,数传至段辽,据有辽西而臣御晋人,西接幽州,东至辽水,胡晋三万余家,与石虎相侵,卒为石虎所破,徙于司雍。辽子兰复聚兵与石虎相抗。石氏亡,末杯之子勤集胡羯万余自保于黎阳枉人山,称赵王。附于慕容儁。又为冉闵所败,徙于绎幕称尊号,儁遣慕容恪击之,勤降。此段氏始末。参《北史》、《魏书》。段氏为鲜卑人最早参预中原政治之一支。

邸阁

《周玘传》钱璯有烧邸阁之事,或即元帝与王导所营泗水邸阁。《李矩传》,永嘉初,东海王越使矩(汝阴太守)与袁孚(汝南太守)率众修洛阳千金埸以利运漕。此与上条匹磾事均可补充"共天下"一文(按寿城有邸阁,见《李含传》,非邸阁仅泗水有也)。

食人

《李矩传》:洛阳陷,"太尉荀藩奔阳城,卫将军华荟奔成皋。时大饥,贼帅侯都等每略人而食之,藩、荟部曲多为所啖。矩讨都等灭之"。

陈敏

《陈敏传》可注意者：①南方米谷皆积数十年，时将腐败，故敏得以漕运干主，起事于江淮间，用运兵及征东刘准之兵。②东海王越将迎惠帝，承制起敏为右将军前锋都督假节。但敏助越击刘乔(豫州刺史)败后，东归发展，不再附越，遂得甘卓、顾荣等助而有江东。③敏以己为都督江东军事大司马楚公封十郡加九锡，敏称自江入河奉迎銮驾。按陈敏之事，不啻为元帝渡江作演习。但敏只联络江东首望，而不联络北方大族，故扬州刺史刘机、丹阳太守王广(王旷)、江州刺史应邈皆被逐走。④故华谭(东海王军谘祭酒，或受越命策顾荣反)遗荣等书谓"吴会仁人并受国宠，或剖符名郡，或列为近臣"，并以孙吴不出三世、运未盈百而归命为劝诱，盼荣等建翟义之谋。⑤《水经·淮水注》谓陈敏开广陵之樊湖水道，《元和志》卷二五陈敏"务修耕绩，令弟谐遏马林溪以溉云阳，亦谓之练湖(丹阳县北)"。《御览》卷六六亦载此。《晋书》谓敏"子弟凶暴"，恐未尽然。

王氏与过江之议

《王羲之传》：羲之"父旷，淮南太守，元帝之过江也，旷首创其议"。按：《御览》卷一八四引《语林》："大将军、丞相诸人在此时闭户共为谋身之计。王旷、世弘来，在户外，诸人不容之。旷乃剔壁窥之，曰：'天下大乱，诸君欲何所图谋？'将欲告官，遽而内之，遂建江左之策。"王旷创议之时之地，待考。敦导诸人闭户密谋为身之计，终于立江左之策，宜乎王与马共天下，元帝引导同升御座。

《王衍传》王氏三窟之说亦可玩味。东海王越与琅邪王氏关系,与琅邪王关系,均须逐一研究。(《陈敏传》有丹阳太守王旷。查索引。)

《陈敏传》,丹阳太守王广弃官奔走。《惠纪》、《顾荣传》皆作丹阳太守王旷,《怀纪》、《王弥传》作淮南内史王旷。按旷即羲之之父,首建江东之策者。旷为淮南内史,在永嘉初,见《王弥传》。

王导

《王导传》元帝"徙镇建康,吴人不附,居月余,士庶莫有至者。导患之。会敦来朝,导谓之曰:'琅邪王仁德虽厚,而名论犹轻。兄威风已振,宜有以匡济者。'"三月三日"上祀,帝亲观禊,乘肩舆,具威仪,敦、导及诸名胜皆骑从"。吴人纪瞻、顾荣使人觇之,惊惧,乃相率拜道左。《导传》史臣曰:"典午发踪,本于陵寡。金行抚运,无德在时。九土未宅其心,四夷已承其弊。既而中原荡覆,江左嗣兴。兆著玄石之图,乖少康之祀夏;时无思晋之士,异文叔之兴刘。辅佐中宗,艰难甚矣。"下述导之功劳,继云:"比夫萧曹弼汉,六合为家,爽望匡周,万方同轨,功未半古,不足为俦。至若夷吾体仁,能相小国,孔明践义,善翊新邦。抚事论情,抑斯之类也。"(王导有江左管夷吾之誉,细言之,不恰。夷吾有驱翦山夷之功,导无;夷吾有九合一匡之功,导无。以导比孔明,亦不妥。孔明治蜀有章法,导无。)

王导于东晋,似张昭在吴。此点前人似未见及。张昭,参陆机《辨亡论》。(王导渡江,辟张闿。)

《御览》卷五九三引《语林》:"明帝函封诏与庾公,信误致与王公。王公开诏,末云'勿使冶城公知'。导既视表,答曰:'伏读明诏,似不在臣,臣开臣闭,无有见者。'明帝甚愧,数月不能见王公。"明帝与王导有矛盾而依靠庾亮。

王洽上表

王导子洽,《书钞》卷一五五王洽《临吴郡上表》:"前民辞求相鬻卖,一则救命,二则供官。方今之要,当课功受业。又虫鼠为害,瓜麦荡尽。"《御览》卷三五《晋王洽集》曰:洽《临吴郡上表》曰:"编户僵尸,葬埋无主,或阖门饿馁,烟火不举。"按洽死于升平二年(358),年三十六。洽除中书令时年二十九,当在永和七年(351),此前即临吴郡之年。吴郡生灵惨状,于此可见。参检《全晋文》。

王谢绝婚成仇

导孙珣,兄弟皆谢氏婿,以猜嫌致隙。太傅安既与珣绝婚,又离珉妻,由是二族遂成仇衅。

淳于伯案

《释"王与马共天下"》文,结尾处曾断言王导侈言北伐而不出师,杀督运令史淳于伯以塞责,成为江左一宗冤案。今检《宋书·五行志三》,有淳于之子诉称:"伯督运事讫,无所稽乏,受赇役使，罪不及死。兵家之势，先声后实，实是屯戍，非为征军。自四年以来（案伯死于建兴四年十二月丙寅），运漕稽停，皆不以军兴法论"云云，"僚佐莫之理"。淳于伯息谓"实是屯戍，非为征军"，盖指元帝之子裒以后将军镇广陵，伯督实资广陵之屯戍，元帝伪称北征也。（《晋志》略同）

王敦

《世说·识鉴篇》注引《汉晋春秋》："潘滔初为太傅（可能是东海王越）参军，言于太傅曰：王处仲（敦）蜂目已露，豺声未发。今树之江外，肆其豪强之心，是贼之也。"按此当为永嘉初年东海王越以敦为扬州时语。《晋书》本传亦载。《建康实录》："东海王越辅政，以（王）敦为扬州刺史。潘滔进谏越曰：'今树处仲于江外，使其肆豪强之心，是见贼也。'越不从。"（《晋方镇年表》扬州引，《廿五史补编》总 P3448）时永嘉三年。又，敦疏"昔臣亲受嘉命，云：'吾（应为元帝自称）与卿（敦）及茂弘（导），当管鲍之交。'"此是元帝笼络之语。《王导传》："初，西都覆没，海内思主，群臣及四方并劝进于帝。时王氏强盛，有专天下之心，敦惮帝贤明，欲更议所立，导固争乃止。"据此，元帝与敦导决非私交，而为政治结合。

王敦起事前夕，王舒在荆，王彬在江，王廙留敦处（王含在建业）。故"王与马共天下"之语在《敦传》，而元帝引导上御座亦非为尊导一人，而为尊王一族耳。

臧荣绪《晋书·何充传》"大将军王敦收罗贤俊，辟以为主簿"（《书钞》卷六九）。何法盛《晋中兴书》"王敦以震主之威，收罗贤俊"(《世说·方正篇》注)。按王敦广辟僚属，可查实。此为王敦野心的表露。《陆玩传》，王敦请为长史，逼以军期，不得已乃从命。

敦叛，于军事上铤而走险。时上游不在敦手，甘卓据襄阳，谯王承在湘州（江州似为王舒，待查）。据《甘卓传》邓骞语，谓"大将军兵不过万余，其留（武昌）者不能五千，而将军（卓）见众既倍之矣。……岂王含所能御哉！溯流之众，势不自救，将军之举武昌，若摧枯拉朽，何所顾虑乎！"王敦孤注一掷，可能寄希望于沈充，而遇周札开石头以迎之，遂破台城。王导实为敦党，利用敦之军力以逼走刁、刘，杀戴、周，所谓借刀杀人者。后人于导重用周札、苏峻手下降将一事而疑导，不无道理，惜直接证据尚不足耳。

刘隗建议以腹心为方隅，乃有谯王承刺湘州。无奈谯王无兵不武，王敦事起，承既无力倡义，乃说雍州甘卓（镇襄阳）起兵。卓不举义，又不承王敦檄，逡巡再三，始连巴东、宜都、南平共抗王敦，并与广州陶侃、长沙谯王承联络。卓虽临王含上游（时敦已下都），又军次豬口（东夏水入汉水之口，或曰腊口、堵口），累旬不进。敦遣卓兄子甘印求和，曰："君此自是臣节，不相责也。吾家计急，不得不尔。……"时敦已杀戴渊、周顗，卓谓"吾适径据武昌，敦势逼，必劫天子以绝四海之望。不如还襄阳，更思后图"。卒为襄阳太守承王敦密旨所杀。（陈亮《念奴娇·登多景楼》："六朝何事，只成门户私计！"王敦所谓"吾家计急"之语，足证其叛乱正为王氏"门户私计"也。王导与王敦实为一门一党。）

《谯王承传》，出承都督湘州以制王敦。敦谋叛，"诈称北伐，悉召承境内船乘。承知其奸计，分半与之。敦寻构难"。江左有叛志者均托名北伐，自王敦始。

评论王敦、桓温诸人，不可以篡字为重。成王败寇，古已如斯，东晋为著。如桓温篡事得成，其声名当近刘裕。魏晋南朝朝代嬗变，其格局由曹操开其端，阳谋与阴谋并用。阳谋谓立功立业，收揽人心，蓄积羽翼。阴谋谓因缘时会，掌握故主，九锡相加。二者权衡，阳谋为主。赫连氏谓刘裕为"司马德宗之曹操"，准此而论，司马懿、萧道成、萧衍、陈霸先皆曹操也，第立功立业各不相侔，"功业"之历史作用亦不尽同耳！

王敦与祖逖

汪藻本《世说》考异注谓王敦害逖，《逖传》及《斠注》无。王敦害琨害逖，是为祸阶。"王大将军始欲下都"条（《世说·豪爽》）注："旧云，王敦甚惮祖逖。或云王有异志，祖曰：'我在，伊何敢！'闻乃止。逖以太兴末死，敦以永昌便媾逆。"王敦与祖逖矛盾。可知王导不支持祖逖，逖北伐失败，祖约叛乱。

王荆产

《晋书》卷四三《王澄传》"次子徽，右军司马"。《世说·言语》："刘尹云：'人想王荆产佳'"云云。注："荆产，王微（当作徽）小字也。《王氏谱》曰：'微（徽）字幼仁，琅邪人。……父澄，荆州刺史。微（徽）历尚书郎、右军司马。'"王澄曾长期在荆州之任，王徽当是澄在荆州所生，故名荆产。此可证杜京产当为京口出生，故名。

宗王出镇

司马衷、司马绍镇广陵,亦西晋宗王出镇之延续(沿袭)(查五马中之四马出镇),但衷、绍均次王舒,则境况已变,只有到南朝才能继续宗王出镇之制。(谯王承在湘州,西阳王羕等在江右,亦如之。)南朝皇族出居上下游重镇,实际是恢复西晋传统。

刘弘

刘弘于太安中(302—303)为荆州,受东海王越节度,学刘表保境安民。《魏志·刘馥传》注《晋诸公赞》曰:"于时天下虽乱,荆州安全。弘有刘景升保有江汉之志。"又《晋书·弘传》:"前广汉太守辛冉说弘以从横之事,弘大怒,斩之。"《魏志·刘馥传》同。

陶侃

《御览》卷二四五《陶氏家传》:"侃少而好学,善谈玄理,尤明《诗》《易》,为太子中庶子。"

门户均势

隗、协辈以振皇权,亦用少数宗室王公以平衡权臣。结果,政权总在权臣之手，几家门户势均力敌，难于篡晋，而皇帝与腹心亦无所作为。王氏得势时，有刁协、刘隗，亦有陶侃、庾亮。庾氏得势，有陶侃，亦有苏峻、祖约。桓温得势，有王坦之、王彪之，以及谢安。谢安得势，因淝水之战而暂时稳定，战后亦多纠纷，卒至桓玄篡晋，北府得利。

江左人物声价

《刘隗传》附从兄弟刘畴（刘王乔）。畴善谈名理。蔡谟叹曰："若使刘王乔得南渡，司徒公之美选也。"王导初非司徒，谓人曰："刘王乔若过江，我不独拜公也。"江左人物，若以西朝标准论之，二三流也，卫玠、谢鲲、王澄名高，《卞壶传》谓时贵游子弟多慕王澄、谢鲲。又，王承似声价在执政诸人之上。

王承，王湛之子，太原王氏。本传并无特秀之处，然传谓"渡江名臣王导、卫玠、周顗、庾亮之徒，皆出其下，为中兴第一"。当时评定人物标准，不易理解。

刁协

刁协崇上抑下，措置较刘隗为正，如以奴为兵，取将吏客使转运等，较隗多以违礼弹奏者为有手段，宜刁令为中兴上佐也。殷融所谓"中兴四佐"除刁协外指何人？待考。《通鉴》似不录殷融议刁协之事。

应詹

应詹,太兴三年(320)拜后军将军,陈便宜,谓"魏正始之间,蔚为文林,元康以来,贱经尚道,以玄虚宏放为夷达,以儒术清俭为鄙俗。永嘉之弊,未必不由此也"。《卞壶传》:"时贵游子弟多慕王澄、谢鲲为达,壶厉色于朝曰:'悖礼伤教,罪莫斯甚。中朝倾覆,实由于此。'欲推奏之,王导、庾亮不从,乃止。然而闻者莫不折节。"按应詹、卞壶语,皆所谓清谈误国之论。应詹曾为刘隗镇北军司,亦忌王敦族强,专制自署,敦为乱时,明帝以詹为前锋都督抗敦。

卞壶

卞壶以明帝之师,于明帝死时与王导等同受顾命。壶抑王导,与庾亮对直省中。成帝亦重壶亮。壶勤于吏事,忠于事上,"然性不弘裕,才不副意,故为诸名士所少,而无卓尔优誉"。时"贵游子弟多慕王澄、谢鲲",壶谓"中朝倾覆实由于此",《世说·赏誉下》谓在咸和时,并谓其后皆折节为名士。

王导谓卞望之之岩岩,刁玄亮之察察,戴若思之峰岠。

元帝朝政治

元帝为政,似亦多方掌握,既任王导,又任刁刘。既揽名士(百六掾),又任刑法。元帝亦求以皇室为重心,如对明帝、哀及过江诸王,然而根柢太浅,又无兵力,徒然为诸门户之工具。

《熊远传》元帝时上疏，有"今当官者以理事为俗吏，奉法为苛刻，尽礼为谄谀，从容为高妙，放荡为达士，骄蹇为简雅"。卞壸以"勤于吏事"为诸名士所少，即熊远所谓"以理事为俗吏"。参干宝《晋纪总论》。

庾亮与明成之际政局

庾亮，随父琛在会稽，睿聘亮妹为世子妃（明穆后）。元帝任刑法，以《韩子》赐太子。亮以申韩刻薄伤化，太子（明帝）甚纳。此则庾亮反对任刑法也。后受遗诏辅成帝，则"任法裁物，颇以此失人心"。又《阮孚传》：元帝"用申韩以救世"。

庾亮《让中书表》，所言外戚谦退始得安全，历史确乎如此。王敦忌亮而外崇重之，庾所让中书监，王敦表上者也（《御览》卷二二〇王敦表，中书令领军庾亮清雅履正，可中书监领军如故）。王庾关系外弛内张。

明帝—成帝之际，主幼臣疑，矛盾激化：

1. 明帝疾笃，庾亮请废南顿王宗及西阳王羕（均汝南王亮子，于明帝为祖辈），明帝不从，诏羕、导、壸、鉴、亮、晔、峤受遗诏辅成帝，实即庾亮专权。

2. 庾亮排斥诸王，南顿王宗死，西阳王羕降。"宗，宗室近属；羕，先帝保傅，亮一旦翦除，由是愈失远近之心。"（按，宗为汝南王亮子，而成帝则琅邪王伷之玄孙，血属已疏，何得为近属？）咸康元年十月立成帝母弟岳为吴王，翌年十二月徙岳为琅邪王，并徙琅邪王昱为会稽王。是庾亮早谋以康帝继统，康亦庾氏之甥，政权不会外落。《何充传》谓庾冰始有此议，不确。《康纪》亦云然。

（《南顿王宗传》谓宗与虞胤俱为明帝所昵，委以禁旅。宗与王导庾亮志趣不同，连结轻侠以为腹心，导亮并以为言。）

3. 宗室被残，与叛将勾结以为庇托。南顿王宗，素与苏峻善。宗被收战死，宗之党人卞阐奔峻，以后彭城王雄、章武王休奔峻，西阳王羕亦降峻（彭城王雄，司马懿兄朗之孙；休，懿弟孚之曾孙，于成帝均疏属）。

4. 叛将苏、祖：苏峻有破沈充、钱凤之功，兵力较强（率万余人，器械甚精），颇怀骄溢。祖约统祖逖众，自以名辈不少郗、卞而不预顾命，又望开府而不可得（晋制四征四镇大将军乃得开府，约为平西），遂怀怨望。庾亮既忌祖、苏，又虑陶侃之在荆州。乃以温峤都督江州镇武昌，王舒为会稽内史，以广声援。又修石头为备。于祖、苏与陶，亮更重陶，故温峤闻苏、祖将反，即欲下卫建康，亮遗书曰："吾忧西陲（陶）过于历阳，足下无过雷池一步。"亮败奔陶侃，议者以侃将诛执政以谢天下，而侃卒为盟主以平苏峻。

5. "丹杨尹阮孚（咸之子）以太后临朝，政出舅族，谓所亲曰：'今江东创业尚浅，主幼时艰，庾亮年少，德信未孚，以吾观之，乱将作矣。'遂求出为广州刺史。"按：此为大族名士中不愿陷于矛盾者之一例。328年湘州刺史卞敦不应盟主陶侃征召勤王亦有此意。

苏峻事前，"王导辅政，以宽和得众；亮任法裁物，颇以此失人心"。庾亮征苏峻，举朝反对（包括王导、温峤）。但苏峻叛乱，原来不同意庾亮的人转而支持庾亮反对苏峻，包括陶侃。这只能用南北民族矛盾存在来解释。民族矛盾之际，东晋皇权虽弱，但仍属必要，任何大族均不能篡夺。庾亮召苏峻，为他在建康备有宅地，见《宋书·徐湛之传》。

庾亮命赵胤收南顿王宗，宗抗拒被杀。久之，成帝问亮："常日白头公何在？"亮对以谋反伏诛。帝泣曰："舅言人作贼，便杀之；人言舅作贼，当如何？"亮惧变色。此亮挟主专横。亮弟怿以毒酒饷江州刺史王允之，允之觉其毒，饮犬犬毙，乃密奏之。成帝曰："大舅已乱天下，小舅复欲尔邪？"怿闻，遂饮鸩而卒。苏绍兴《两晋南朝的士族》172 页谓以庾王关系"而有怿谋害允之一事，殊不可解""怿何事而毒允之，已不可考"云云。

《隶释》二有《樊毅碑》，毅光和初为弘农太守，据碑文樊氏犹盛，庾氏代樊氏而兴，当在此后。

郗鉴

峻乱，衅由亮起。亮败，弃君南奔，以陶、温之力败峻，但不能复居中枢。时下游有郗，上游有陶，故庾亮请以豫州镇芜湖。王导辅政仍是不拘细目，务存大纲，并重用降将，不奉法，引起流言。先是陶欲废王，郗不从。陶死，庾亮总一上游，又欲废王，郗仍不从。可见王敦乱后，举足轻重者为陶；苏峻乱后，举足轻重者为郗。明乎此，始可读鉴寝疾时请逊位疏。疏云所统多北人，部曲不宜轻动，并请以兄子晋陵内史郗迈任兖州刺史以统北来流人，蔡谟为徐州都督。此郗鉴一军，乃下游之重心，鉴从未放弃，此与前比庾、王不同（庾在此后始治军，王则从不领兵，赖王敦为外援）。且鉴从未参与朝中争夺，以超然地位周旋于权臣之间（此点与温峤类似）。郗鉴拜兖州镇合肥，盖明帝畏王敦逼而预树外援耳。王敦忌之，表为尚书令，与言，短乐广而长满奋。奋即奉玺绶于赵王伦者，意即诱郗助敦灭东晋，郗不允，遂与明帝谋讨敦。王敦死后王导拟赠周札，鉴极力反对而不成。苏峻死后，陶侃庾亮先后拟废导，鉴又极力反对侃亮之举。鉴一生不离北府，为实力派，与温峤只身南来者又有所不同。郗鉴势力，以后为愔继承，愔冲退，桓温以愔与徐兖有故义，乃迁愔都督徐兖青幽、扬州之晋陵诸军事领徐兖二州刺史假节。愔不乐此，其子超为温党，劝温并愔之众。桓温遂兼有上下游之军力。又，晋陵郡在东晋之特殊地位，陈寅恪已言之。桓温为大司马时，言京口"酒可饮，箕可用，兵可使"，即愔在北府时事。

郗鉴死前疏谓"臣所统错杂，率多北人，或逼迁徙，或是新附，百姓怀土，皆有归本之心，……若当北渡，必启寇心"诸语，《通鉴》系于咸康五年（339），注谓"盖时议欲徙京口之镇，渡江而北，故鉴云然"。按是年庾亮欲开复中原，郗鉴之议，以资用未备，不可大举为言（《亮传》）。上述"若当北渡，必启寇心"似亦反对庾亮北进而发。又按咸康八年（342）《通鉴》据《宋书·州郡志》于何充避诸庾出镇京口条注谓咸和四年（329）司徒郗鉴又徙流民之在淮南者于晋陵诸县（据《宋书·州郡志》南徐州条）。按本传于是年唯云以司空加都督扬州之晋陵吴郡诸军事，城京口，讨平海贼刘征（贼帅刘征聚众数千，浮海抄东南诸县）。所谓"臣所统或逼迁徙"，疑即指淮南迁居晋陵者，"或是新附"，疑即指逼降刘征之众数千人。郗鉴迁淮南民，查《地理志》。

庾翼与庾冰

《庾翼庾冰传》应细思索。

1. 庾冰入相，在王导新死，庾亮在上游而固辞不入都之时。

冰既有上流保障,故立志矫王导之"宽惠"。于是"颇任威严",又料出无名户口万余人以充军实(此可参庾亮拟废王导一事),但居官不忘庾氏"往愆"(指庾亮促成苏峻之叛)。康帝即位后又惧庾氏权盛,求外出,为江荆等七州军事、江州刺史、镇武昌,以为庾翼之援。时翼进征西将军、领南蛮校尉,伐石虎。南蛮校尉治所,待查。(翼谋北伐,欲镇襄阳,盖襄阳若下游之京口,兵可用也。疑南蛮校尉治襄阳。)

2. 庾翼助亮于上游,亮死,代亮为六州,镇武昌。有灭胡平蜀之志,"遣使东至辽东,西到凉州,要结二方,欲同大举。慕容皝、张骏并报使请期"。翼上疏谓:"贼季龙年已六十,奢淫理尽,丑类怨叛,又欲决死辽东。皝虽骁果,未必能固。若北无掣手之虏,则江南将不异辽左矣。"此谓远交近攻方略,东晋元帝以来力求用之。刘琨劝进时引段匹磾,亦求于刘、石之后为刘、石树敌。凉州张氏的作用亦复若此。此南北关系中可注意者。

(咸康七年[341]二月,燕王皝所遣使者刘翔到建康,请克期大举,并求燕王章玺,翔于五年冬受命,七年初始至,海运羁留一年有余。刘翔为诸葛恢妻弟。)

3. 冰既"颇任威刑",翼亦以"妪煦豪强"为恨。翼北伐,冰赞助之。

4. 翼在武昌,数请移镇乐乡(今松滋),以广农蓄谷(或亦为伐蜀之计),不许。康帝立,欲移襄阳,恐不许,乃奏请移安陆,至夏口,乃更奏戍襄阳,以冰镇武昌。

5. 康帝疾笃,冰、翼欲立司马昱,何充主立皇子聃,聃立,是为穆帝,冰、翼在朝失势。冰旋卒,翼还镇夏口。345年翼卒,委子爱之为后任。何充以爱之白面书生,荐桓温为荆州,桓温废庾方之、爱之,襄阳、夏口全入桓氏。故庾氏之败,败于何充,而火其势者则桓温。海西公之废也，桓温逼死庾冰之子庾希及希兄弟。

6. 冰、翼之于人物，轻杜乂、殷浩，谓为可"束之高阁，俟天下太平然后徐议其任"，谓桓温"有英雄之才"。翼请殷浩为司马，浩不应，翼遗浩书："王夷甫立名非真，虽云谈道，实长华竞。明德君子遇会处际，宁可然乎！"冰、翼褒贬，重实才而轻空谈。康帝立嗣，冰、翼力主简文，盖简文清谈家而无实干，易于掌握耳。后日桓温立之，亦利其在此。非谓冰、翼重简文之为人也。庾氏重桓温，而卒为温所灭。《殷浩传》:庾翼与殷浩书云："当今江东社稷安危，内委何（充）、褚（裒）诸君，外托庾、桓数族，恐不得百年无忧，亦朝夕而弊。"

襄阳经营

《南齐书》卷一五《州郡志》"雍州，镇襄阳……自永嘉乱，襄阳民户流荒。咸康八年，尚书殷融言：'襄阳、石城，疆场之地，对接荒寇。诸荒残寄治郡县，民户寡少，可并合之。'……襄阳左右，田土肥良，桑梓野泽，处处而有。郗恢为雍州，于是旧民甚少，新户稍多。……"案郗氏善处流民，故郗恢为雍州亦以此称著。可加于《论郗鉴》及庾氏《雍州之经略》。

刘惔

《通鉴》永和元年谓司马昱"清虚寡欲，尤善玄言，常以刘惔、王濛及颍川韩伯为谈客，又辟郗超为抚军掾，谢万为从事中郎"。

"丹杨尹刘惔每奇温才,然知其有不臣之志,谓会稽王昱曰:'温不可使居形胜之地,其位号常宜抑之。'劝昱自镇上流,以己为军司。昱不听。又请自行,亦不听。"《通鉴》于此注曰:"刘惔,谈客耳。其言桓温无不中,盖深知温之才者。设使昱镇上流,惔为司马,未足以敌燕、秦。《扬子》曰:非苟知之,亦允蹈之。非知之难,行之为难也。"《通鉴》谓谈客能知而不能行,符合实际。

桓氏补考

《史讳举例》第五十三南北朝父子不嫌同名例,苻坚字永固,子苻丕字永叔,萧道成字绍伯,其父萧承之字嗣伯。此可证桓范字元则,子楷字正则固无碍也。但刘乃和提出范、楷及元则、正则,有兄弟行之嫌,亦难得确解。

《风俗通·十反》:太尉沛国刘矩叔方,父(即叔父)字叔辽,云云。此叔侄同字不嫌。参王利器校注,吴树平校释。此或可证桓范字元则、桓楷字正则,于讳例无碍。

《隶释》二《东海庙碑》有南阳桓君,则桓有南阳一望。(《魏志·王粲传》有下邳桓威,此下《集解》谓宋本《隋志》避讳桓书作桓,而传写误作柏。姚振宗如此说。)又,桓姓地望尚有吴(《文选》陆士衡《吴趋行》李善注引《吴录》"八族"有桓)、交阯(《士燮传》交阯桓邻,有宗兵)。

陶潜《群辅录》以陈留董昶、琅邪王澄、陈留阮瞻、颍川庾敱、陈留谢鲲、太山胡毋辅之、沙门于法龙、乐安光逸为八达。并谓"右晋中朝八达,近世闻之于故老"云云。八达中并无桓彝。可见其时关于八达,传闻并不一致。

《御览》卷三五四引《语林》曰:"桓宣武与殷、刘谈,不如甚,唤左右取黄皮袴褶,上马持稍数回,或向刘,或拟殷,意气始得雄。"桓温门户不高,又充名士,故谈玄不胜而逞武艺。

《蔡谟传》:征司徒,三年不拜。《荀羡传》:"时蔡谟固让司徒,不起。中军将军殷浩欲加大辟,以问于羡。羡曰:'蔡公今日事危,明日必有桓文之举。'"《通鉴》永和六年(350)记此事,于"桓文之举"下注曰"言将举兵以问其罪",但不言将举兵者为谁。《殷浩传》,简文引殷浩以抗桓温。温后废浩,上疏罪浩,首列殷浩欲因蔡谟让司徒而致谟大辟之事。故知荀羡所言将为桓文之举者桓温也。(桓温不臣之迹,在人眼中。)

桓温北伐,自金城,见昔日所植柳,云云。昔疑此金城为建康之金城,文遂不顺,考辨者多。偶读《通鉴》梁元帝承圣三年十一月胡注"此主衣库,在江陵金城中之禁中",则江陵似有内城称金城者,禁中在金城之内。若此,桓温北伐所自的金城实指江陵,则全文可通读,无待考辨矣。待续查《金楼子》、《汉唐地理书钞》等书。(参《僧传》)

《晋书·刘牢之传》:桓冲攻襄阳,胡彬自宣城向寿阳,此东西支援显例。

王述

王述"家贫,求试宛陵令,颇受赠遗,而修家具(《世说·品藻》注谓多修为家之具,初有劳苦之声),为州司所检,有一千三百条。王导使谓之曰:'名父之子(王承之子)不患无禄,屈临小县,甚不宜尔。'述答曰:'足自当止。'时人未之达也。比后屡居州郡,清洁绝伦,禄赐皆散之亲故,宅宇旧物不革于昔,始为当时所叹"。按王述为宛陵令时所行,以当时风气度之,可谓"必要的贪贿"。贪贿到一定程度为止,因为有止尽,"始为当时所叹"。恐怕当时是无官不贪。以家贫求为县令之事,《晋书》屡见。

"桓温平洛阳,议欲迁都,朝廷忧惧,将遣侍中止之。述曰:'温欲以虚声威朝廷,非事实也。但从之,自无所至。'事果不行。"按,建北伐之功者,成个人之篡耳,桓温、刘裕多此,祖逖竟何如者?江左世族无功臣,有之,即篡臣,此典午虽云中兴,望实全亏,但凭权臣戏弄耳。

北伐

《范汪传》汪疏谏庾翼北伐,谓"生产始立,而当移之(此谓南来北人),必有嗷然,悔吝难测"诸语,与郗鉴逊位疏中语意正同,非无道理。由此复思反对北伐诸论,如蔡谟、王羲之、孙绰等,其中所言难处,似亦不能一概抹杀。北伐功过是非,为江左历史中一难题。北伐当事人,目的各不相同。庾翼北伐,据范汪言:"翼岂不知兵家所患常在于此,顾以门户事任,忧责莫大,晏然终年,非心情所安,是以抗表辄行,毕命原野",并谓此非万全之计。范汪为庾亮佐吏十余年,深知庾氏门户之责。此涉及北伐的社会的和心理的原因,当注意。(庾翼以"门户事任,忧责莫大",与王敦对甘卓之言门户者正同〔见范汪、王敦诸传〕。《庾冰传》亦有"门户不幸"之语。《孙盛传》桓温语盛子:"若此史遂行,自是关君门户事。")

江左清谈极盛期

《范宁传》。简文为相（或即位）时，浮虚相扇，儒雅日替，宁以其源始于王弼、何晏，二人之罪深于桀纣，乃著论斥之。刘惔、王濛、孙盛、殷浩、张凭（吴人）、韩康诸谈客，并在简文帝左右，简文帝遂成为清谈中心人物，其作相及在位时为清谈极盛时期。

《谢道韫传》，为妇女清谈特例。道韫神情散朗，有林下风。

发奴为兵

《何充传》："先是，庾翼悉发江、荆二州（《翼传》作六州）编户奴以充兵役，士庶嗷然。充复欲发扬州奴以均其谤。后以中兴时已发三吴，今不宜复发而止。"按：中兴已发，指321年发中州良民遭难，为扬州诸郡僮客者以充军役之事。至今已二十二年。此后至司马元显发江南诸郡免奴为客者为"乐属"以为兵，在399年。发奴之事，《晋书》似还有记载。（何充拟发扬州奴，因与庾翼均谤。）

宗王与王国士人

《晋书·诸葛恢传》谓元帝多用琅邪国士人为腹心。《赵王伦传》谓伦于晋初封琅邪郡王，咸宁中改封赵王。伦幸臣孙秀琅邪人，原为琅邪外史，累官于赵国，盖伦徙封后随伦至赵国也。又，《华阳国志·后贤志》：常骞，蜀郡江原人"以选为国王（疑当作王国)侍郎,出为绵竹令,国王(疑当作国人)归之,复入为郎中令,从王起义兵有功……"按,此王即成都王司马颖也。据同书《蜀志》"蜀郡,太康初属王国,改号曰成都内史"。则成都王亦与王国士人有联系。据周一良同志言,日本有人著文,以孙秀之例论王国与士人关系,未见。(后来以荆州数县为颖封邑,见《晋书·地理志》。)

殷浩

读《殷浩传》,见名士之无能。浩"有德有言",然临戎无方,坐受废辱,传谓温后将以浩为尚书令,浩欣然答书,开闭者数十,竟达空函,大忤温意。殷浩之可怜相,刻绘颇深。史臣谓"及其入处国钧,未有嘉谋善政,出总戎律,唯闻蹙国丧师。是知风流异贞固之才,谈论非奇正之要。违方易任,以致播迁,悲夫!"赞曰:"浩夷旷有余,经纶不足。舍长任短,功亏名辱。"

吴会矛盾

《世说·政事篇》贺邵临吴郡,吴强族题府门"会稽鸡不能啼"。邵索笔足之:"不可啼,杀吴儿。"时在三国末。东晋苏峻乱后,欲以孔坦为吴郡,坦自陈吴多豪贤而坦年少,未宜临之。坦,会稽山阴人。吴人中会稽郡与吴郡亦有矛盾。按,元帝过江,以贺循(邵子)为吴国内史。

迎送之费

丁潭,元帝称制时上书,谓"今之兵士,或私有役使,而营阵不充",且云"长吏迁转,有迎送之费"。力入私门,利入私门,为江左弊政。私门强于皇室,为中兴积弱之源。同类材料《晋书》甚多。《虞预传》:"自顷长吏轻多去来,送故迎新,交错道路。受迎者惟恐船马之不多,见送者惟恨吏卒之常少。……加以王途未夷,所在停滞,送者经年,永失播植。一夫不耕,十夫无食,况转百数,所妨不訾。"

名士好尚成风气

名士好尚,遂成风气,《王导传》犹记有府库空虚,惟余练若干匹,导取练为服,都人仿效之,练价遂涨。《谢安传》:"乡人有罢中宿县者,还诣安。安问其归资,答曰:'有蒲葵扇五万。'安乃取其中者捉之,京师士庶竞市,价增数倍。安本能为洛下书生咏,有鼻疾,故其音浊,名流爱其咏而弗能及,或手掩鼻以敩之。"参《顾恺之传》,顾谓洛下书生咏为老婢声。

士族政治侧面之一,即高门士族于社会风习之影响。王导制练布单衣,士人翕然竞服;谢安病鼻,士人效其声音。何晏傅粉亦如此。西汉郎官傅粉。

谢氏补考

许多事,包括王敦、桓玄,都不是简单的忠奸。道子、谢安也如此。此点也要反复点破。

《诗品》谢灵运送杜治事，"玄死"有人据改为"安死"，于时虽合，但于"子孙难得"句不合，安为灵运曾祖父据之弟，服属已疏远。安与据各有后人，"子孙"云云自当指玄之子孙。

王伊同《表》于谢氏谢玄世系大误，玄为奕子，灵运为玄之孙。暇时可考其究竟。

《宋书》卷三九《百官上》："何充让录表曰：'咸康中，分置三录，王导录其一，荀崧、陆晔各录六条事。'然则似有二十四条。若止有十二条，则荀陆各录六条，导又何所司乎？……"按此可加于谢安道子分录注中。

襄阳与义城郡

庾征西大举征胡，既成行，止镇襄阳。注引《晋阳秋》："翼率众入沔，将谋伐狄。既至襄阳，狄尚强，未可决战。会康帝崩，兄冰薨，留长子方之守襄阳，自驰还夏口。"按，史谓翼北上止于襄阳，"为家国事"。盖，荆州无襄阳不足以自固，"荆州素畏襄阳人"也。桓宣驻襄阳，以淮南义故为义成郡，而义成郡又属扬州，此中另有道理。

《桓宣传》:陶侃使宣镇襄阳"以其淮南部曲立义成郡"。《图经》，义成废郡在光化县西北，领侨县四：义成、下蔡、平阿，万年。据《东晋疆域志》及沈《志》，义成郡孝武立，治襄阳。按晋哀帝兴宁二年(364)以桓豁监荆州及扬州之义成；《桓冲传》督扬州之义成新野二郡。侨郡地在荆，人户则属扬，此为特见，又，《毛穆之传》亦督扬州之义成。

古人不洁

古人不洁之例。嵇康《与山巨源绝交书》谓"头面常一月十五日不洗,不大闷痒不能沐也。每常小便而忍不起,令胞中略转乃起耳","性复多虱,把搔无已",此可与王猛、苻融、顾和事并观。

《顾和传》,和为扬州从事"月旦当朝,未入,停车门外,周𫖮遇之,和方择虱",参《御览》卷九五一,又,王猛扪虱,苻融以人为唾壶,均见古人不洁。

讲经

孝武讲《孝经》,谢安侍坐,陆纳侍讲,卞眈执读,谢石、袁宏执经,车胤、王混摘句,参《世说·言语》。

东晋大族奉佛

《弘明集》卷十一何尚之《答宋文帝赞扬佛教事》列叙元嘉赞扬佛教事,举江左奉佛者有王导、周𫖮、王濛、谢尚、郗超、王坦〔之〕、王恭、王谧等人。王谢之族既奉佛又奉道。

刘牢之与杨佺期

《王恭传》,恭抗表,道子即杀王国宝、王绪以谢之,足见恭居京口,举足轻重。恭再次起兵,前此不应约之桓玄,前此助道子之庾楷,皆为所用,然牢之倒戈,一朝瓦解。亦见淝战后东晋政治全入北府兵之手。

《刘牢之传》,刘袭谓牢之三反,一反王恭,二反司马元显,三反桓玄。其反恭,以谏恭不应再起兵戈,为元显所动。其反元显,时牢之已代恭领北府,又有北进及败孙恩之功,并受命攻桓玄,牢之惧功高不赏,故为桓玄所遣何穆(一作睦,牢之族舅)所动而命其子敬宣降玄。三反则惧玄夺其兵柄。牢之事迹,说明北府将经营武力,已有大效,而政治上之出路何在,尚未探明,还无自帝决心。故牢之事功,盖为刘裕驱除耳。又,牢之无力自卫,盖上游有殷仲堪等。迫其衰竭,刘裕始有作为。

王恭、殷仲堪以名士玄谈而获声望,然皆拙于用兵,士族势去矣。仲堪素无戎略,军旅之事一委杨佺期,见《佺期传》,佺期以武起家,父及弟久在梁州,较有势力。朝廷离间桓、殷、杨,杨得利,殷失利。杨、殷结合以反玄,卒为玄所败死,以后杨氏竟族灭,或刘裕不能容之也。

东晋之季,上游下游之争与皇室权臣之争交错。究其势力,王恭与殷仲堪相当,皆为士族名士而为皇室所赖者。王、殷不武,王恃刘牢之,殷恃杨佺期。北府兵固雄,而"荆州素畏襄阳人",襄阳人盖包括杨佺期者。但牢之早已取代王恭,且有其北府集团势力,而佺期纠缠于与殷、桓矛盾,除亲属外又无集团势力。王恭、殷桓之败固属必然,而北府与襄阳相较,北府取胜,亦有必然性。此中道理,昔人似未论及。

《晋书》刘牢之、杨佺期同卷,盖以扬、荆分陕之任,而北府刘牢之控带扬州,犹襄阳杨佺期控带荆州也。

江左始终以西陲为虞,而亡晋者起自北府。盖西陲众目所注,诸家牵制,矛盾复杂,故北府得异军突起也。

东晋末胡汉流民

《殷仲堪传》,堪致书谢玄:"胡亡之后,中原子女鬻于江东者不可胜数","顷闻抄掠所得,多皆采稆饥人","虽曰戎狄,其无情乎!""必使边界无贪小利,强弱不得相陵"。此谓胡亡氏乱,中原胡汉人民避乱南行,于南北边界为谢玄军所掳为奴。南方胡奴数目当较东晋初年为多。

北府

《世说·排调》郗司空愔拜北府条,北府之称始王舒,后郗鉴为之,鉴死荐兄子郗迈自代。后郗愔又为兖州。

《刘毅传》:桓玄使桓谦等屯覆舟山,"谦等士卒多北府人,素慑伏(刘)裕,莫敢出斗"。查桓谦、何澹之军组成,按《牢之传》,何澹之原为王恭参军,与牢之有隙。北府人为兵,不止"北府兵"也。

北府最早之将,据《牢之传》,有东海何谦、琅邪诸葛侃、乐安高衡、东平刘轨、西河田洛、晋陵孙无终。后来随刘裕诸北府将,乃陆续结合者。(《酉阳杂俎》卷一〇记高衡"其孙雅之在厕中,有神来降"事。)

《宋书》卷三五《州郡志》南徐:郗鉴引流民过江,除青兖徐人外,尚存幽冀并人。后来北府将之幽冀人,或为此次所徙及其后人。

毛璩

《晋书》卷八一《毛璩传》"为谢安卫将军参军,除尚书郎,安复请为参军,转安子琰征虏司马。淮肥之役,苻坚迸走,璩与田次之共蹑坚,至中阳,不及而归。迁宁朔将军、淮南太守。寻补镇北将军、谯王恬司马",后于海陵青蒲烧菰葑,得亡户补兵万户。据此,璩亦算北府将。其补兵之法,盖北府将常法。不过①时在孝武帝末,②璩自祖毛宝以来历事诸镇,不能算北府宿将。(毛璩西府宿将?)

刘该

《通鉴》隆安五年七月长孙肥东至彭城,"将军刘该降之"。义熙元年(405)五月"北青州刺史刘该反,引魏为援"……六月刘裕遣彭城内史道怜等斩该(《魏书》卷二六《长孙肥传》)。刘该,亦见《宋书·高帝纪》元兴三年。

占田制

《孝友·王裒传》城阳营陵人,庐于父墓侧,隐居教授,家贫躬耕,"计口而田,度身而蚕"。按时地多人少,不存在无地问题,问题在于已垦土地被人占夺,晋土地问题大抵如此,占田制得以颁布,而颁布后又未能执行,原因在此。《颜含传》"南北权豪竞招游食",《束皙传》"天下千城,人多游食,废业占空,无田课之实"。

《良吏·王宏传》为汲郡太守、司隶石崇上言宏"督劝开荒五千余顷，而熟田常课顷亩不减"。按开荒属占田，熟田常课者课田也。此事在泰始时，占田制尚未颁行，可见占田课田之制其来有自。

《隐逸·郭翻传》，武昌人，家临川，"居贫无业，欲垦荒田（《类聚》卷六五引《中兴书》作"起往古荒田"）先立表题，经年无主然后乃作。稻将熟，有认之者，悉推与之，县令闻而诘之，以稻还翻，翻遂不受"。按，垦荒田例皆无主。此占田制得以行也。

门风与家学

《颜氏家训》与颜含治家思想似同，研究二百余年颜氏诸代人物传记，或有助于说明六朝门风形成问题。志此聊备一题，或可草成文字。又刘殷无家学，其七子分授五经及《史》《汉》，每人习一种，与士族门风迥乎不同，史言"北州之学，殷门为盛"。

易代隐逸

《隐逸·孙登传》："或谓登以魏晋去就易生嫌疑，故或嘿者也。"竟不知所终。观其不与阮、嵇言，将别始与嵇言"用才在乎识真，所以全其年。今子才多识寡，难免乎于今之世矣"，则有所不言者也。

《隐逸·董京传》，据《御览》卷五〇二引王隐《晋书》："太始初值魏禅晋，遂被发佯狂"，与孙登相似。又，夏统谓"使统属太平之时，当与元凯评议出处；遇浊代，念与屈生同污共泥；若污隆之间,自当耦耕沮溺,岂有辱身曲意于郡府之间乎"。夏统至洛,不屈于贾充(时充为太尉),似亦易代隐遁之人。范粲,称疾,阳狂不言,太康六年(285)卒,年八十四,不言三十六载,则自嘉平元年(249)不言,此年正司马懿诛曹爽之年。粲子乔,亦不仕,刘毅荐乔,比粲于夷齐。"乔凡一举孝廉,八荐公府,再举清白异行,又举寒素,一无所就。"

辛谧上冉闵书

《辛谧传》,遗冉闵书"贤人君子虽居庙堂之上,无异于山林之中"。按此《庄子·逍遥游》向、郭注,足见向、郭注早已流传。但辛谧向另一方面发挥,谓"君王功以成矣,而久处之,非所以顾万全远危亡之祸也。宜因兹大捷,归身本朝,必有许由、伯夷之廉,享松乔之寿,永为世辅"。此盖向谦退方面引导冉闵,故谓庙堂、山林之语"斯穷理尽性之妙,岂有识之者邪"。研究清谈者宜注意及此。向、郭思想,影响及于隐士。

卢循

卢循善书,盖其家习,所谓"北方重崔卢之书"。其事待查王僧虔《能书人名录》、袁昂《书评》、窦臬《述书赋》、张怀瓘《书断》、《法书要录》、《书品》。

卢循与慧远交厚。《高僧传》卷六《慧远传》:"及宋武追讨卢循,设帐桑尾,左右曰:'远公素主庐山,与循交厚。'宋武曰:'远公世表之人,必无彼此。'乃遣使赍书致敬……"

卢悚紫标

《弘明集》卷八释玄光《辨惑论》"畏鬼带符,妖法之极"云:"闻其著符,昔时军标,张角黄符,子鲁戴绛,卢悚紫标,孙恩孤虚,并矫惑王师,终灭人鬼。"又"侠道作乱四逆"及"解厨纂门不仁之极"条注,谓孙恩自称紫道。卢悚用紫标,孙恩称紫道,是否表示卢悚、卢循有什么关系?《晋书·舆服志》:"袴褶之制未详所起,近世凡车驾亲戎,中外戒严服之。服无定色,冠黑帽,缀紫标。标以缯为之,长四寸,广一寸,腰有络带以代鞶。中官紫标,外官绛标,又有纂严戒服而不缀标。"(《南齐书·舆服志》略同)袴褶,戎衣也。(《南史·王琨传》有紫标)

乞活非羯胡

王伊同《五朝门第·下》16 页怀帝太安中,并州刺史东瀛公司马腾掠羯胡万户,于山东卖为生口,值险难售,恐其有叛,不入州郡,筑乞活城以居之,任自乞活(《太平寰宇记》卷六六瀛州河间县乞活城引《郡国志》)。石勒时年二十余,亦在其中。(《晋书·石勒载记》上,《十六国春秋·后赵录·石勒》)按,乞活与掠卖羯胡,是二事。《寰宇记》误,《乞活考》已辩。

后秦堡户

后秦坞壁荫户称堡户,名义上仍有租役。《晋书》卷一一七《姚兴载记》:"堡户给复二十年。"

掠人牧羊

掠人牧羊之例:《莲社高贤传》僧叡法师条:"法师僧叡,冀州人,游学诸方,尝行经蜀西界,为人所掠,使牧羊,有商客异之,疑是沙门,及问以经义,无不综达,即出金赎之。"

影宋本《世说》考异注史科

《刘琨传》,王敦害琨。影宋本《世说考异》"刘琨称祖车骑条"注谓王敦害逊。按《考异》51条,王敦条目特多。51条与他本同(只三数条为影本特有),但注不同,多敬胤之论。敬胤,似宋齐间人,早于刘孝标。

影本《世说》"刘越石云"条注引干宝《晋纪》:"司马越以太傅从事中郎华轶为留府长史。永嘉四年十一月,太傅长史华轶为江州,威风大行,有匡天下之志,遣贡入洛,命使者曰:'洛道不通,皆过输琅邪王,以明吾为司马氏也。'……"上云陶侃谓兄子臻曰:"华侯虽有匡天下之志而才不足。且镇东不平,祸乱将作,不可托也。"又,轶与周馥同契。按元帝与华轶、周馥矛盾,于东晋之创立有关,可研究。

影本《考异》"丞相治扬州廨舍"条注:"永嘉元年,顾荣诛陈敏,扬州刺史刘机治建康。王敦代机。元帝渡江……"似诛敏至元帝南渡间敦为扬州。而渡江后始以王衍议而为青州。此与潘滔初为太傅长史时敦在扬州之说相合。王敦之后为扬州者为王导?

《金楼子》史料

《金楼子》卷二《终制》:"晋成帝曰:'山陵之事一从节俭,陵中唯洁净而已。'"按晋人不洁,事甚多,如周顗、王猛、苻朗等传。

《金楼子》卷三《说蕃》有元显发免奴为客者事,下云"元显大治兵器,聚徒十万",十万说不见《晋书》,查《魏书》。

《金楼子》卷六《杂记》"孔静居山阴,宋武微时以静东豪,故往候之。静时昼寝,梦人语曰:'天子在门。'觉寤,即遣人出看,而帝亦适至。静虚已接对,仍留帝宿。……贼平,京都以静为奋威将军、会稽内史"。按静即靖。(《御览》卷一二八引《述异记》略同)

《金楼子》卷二《箴戒》"齐武帝尝与王公大臣共集石头烽火楼"。

洪迈论东晋

《容斋随笔》卷八"东晋将相"条谓东晋能享国百年,盖自有术。"尝考之矣,以国事付一相,而不贰其任;以外寄付方伯,而不轻其权。文武二柄既得其道,余皆可概见矣。"洪氏所见不为无因。只是所谓"付""寄",并非皇帝自择,而是势所必然,这又见"门阀政治"中皇帝与门阀共天下之格局也。

朱子论东晋

《朱子语类》卷一三六:"苻坚踊跃,不寐而行师,此其败,不待至淝水而决矣。"(3238页)"苻坚若不以大众来,只以轻兵时扰晋边,〔谢安〕便坐见狼狈。"(3242页)苻坚"是扫土而来,所以一败更救不得"(3243页)。"他是急要做正统,恐后世以其非正统,故急欲亡晋。"(3243页)

朱子论"晋元帝无意复中原""王导自渡江以来,只是恁地,都无取中原之意"(3242页)。"元帝与王导元不曾有中原志。收拾吴中人情,惟欲宴安江沱耳"。"当是时,王导已不爱其如此(指祖逖北伐),使戴若思辈监其军可见,如何得事成?"(3245页)

读《十七史商榷》

《商榷》卷四五"元无远图,明年短促",谓元即位,当下哀痛之诏,命将出师,扫平凶竖,然不闻出此,而屡次下诏皆谆谆察吏劝农,若承平时之为者,知元无远图矣。此说究如何看,可深思。

庾亮《让中书表》言外戚冲退始得安全,言甚确而不能行。张华《鹪鹩赋》有知足知止之义,乃又周旋邪枉之朝,委蛇危疑之地,以杀其身,亦能言不能行者。张华,见《十七史商榷》卷四八《鹪鹩赋》。

《商榷》卷四八"敬司徒王导下（不）"条，集中礼敬王导材料，参《荀组附奕传》、《孔坦传》等。

《商榷》卷四九"晋少贞臣"，以"潘岳、石崇附贾谧……刘琨、陆机亦皆附谧。赵王伦之篡，乐广……奉玺绶劝进，而琨则为伦所信用……琨为段匹磾所拘，作诗以百炼钢自比，亦难言之矣。……王导一门为司马氏世臣，而桓玄篡位，则导之孙谧……奉玺册诣玄"。（王弘何如！）

《商榷》卷五〇"王谢世家"一条，不得解。照录如下："韩昌箕《王谢世家》三十卷，漫尔采摭，无当史学。惟其凡例云：王氏琅邪、太原两宗，而太原之祁与晋阳又分二派。今考玄冲（王浑）、武子（济）而下，原系琅邪正传，故祖文舒而为太原正派，其自王峤（王承族子）而下，虽同为晋阳，似与琅邪支系稍别，故为支派。若司徒而后为太原祁人，则为别派。……"

《商榷》卷五一"无愧古人"：王濛之子《修传》，卒年二十四，临终叹曰："无愧古人，年与之齐矣。"古人谓王弼。此见玄言家对王弼之敬重。

《商榷》卷五二"孝愍"："刘渊自称汉后，为坛南郊……所云'孝愍委弃万国，昭烈播越岷蜀'。"孝愍指汉献帝，系蜀先主建安二十五年所遥称，见《先主传》。予按此亦西晋末年分裂再现，时人咸以三国形势估量之一证。刘渊称汉，即继蜀也。此与习凿齿《汉晋春秋》所持正统观念相似。

《商榷》卷五四"宋武帝胜魏晋"，卷五七"江左不可无蜀"于江左形势论之有见地。卷五九"以家为限断不以代为限断"，论《南史》适应门阀需要，为各家族立传而不以朝代为断。同卷谢王聚于一处，谓："《南史》以诸谢、诸王聚于一处。江左最重门阀，两家门阀，当世所少，四代卿相，多出两家，李延寿竟以两家贯四代，而四代似变为一代矣。……但向来皆称王谢,此独先谢后王。谢则冠以晦,王则冠以弘,岂以晦优于弘乎!李延寿初无此意,不过聊示翻新耳。"

《商榷》卷五七"南豫为要,南雍次之":"南朝州郡侨治虽多,大约总以南豫州为最要,南雍州次之。南豫,宋治历阳,齐、梁治寿春;南雍,则宋、齐、梁皆治襄阳也(惟陈无此二州(陈将吴明彻取淮南,暂得复失,周灭齐后,荆襄亦入于周)。……陈……画江为界,江北固非陈人有。此隋取陈所以易也。大约立国于东南者,西必据襄樊,北必控淮汝,进有窥取关洛之意,然后退而足以自守。守江则危矣。"此论甚是。

关于门阀政治

论南朝门阀政治虽衰,但门阀仍有地位问题时,可论唐代继承了北朝政治,北方门阀虽衰,但唐统治者并不一般反对门阀的整体性存在,而是力图以新门阀(先是李氏,后是武氏)代替旧门阀——江左门阀作为全中国门阀制的一个分支,其发展脉络与作为门阀的整体(至唐末)是一致的。

士族政治,广泛意义言之,魏晋以下皆是;严格意义言之,只有东晋——研究主旨。

"下品无势族","势"字不是"世"字,值得注意,重在当时官宦地位,不重祖先。

"贵族政治"。士族具有贵族意义,但与世代相袭的封君毕竟是两回事,故屏而不用。门阀毕竟与封爵不同,不世袭。这是对的。但门阀往往又有封爵世袭。所以话不能绝对地说。

"寡头政治"。皇权长期说来起支配作用,东晋时亦不是可有可无,故屏而不用。

人为衔接的历史

历史资治,人所共知。近时历史,犹昨日社会之亲所闻见,可供借鉴最多。治民者估量眼前大势,定周邻敌友之分而筹对策,往往参酌前朝,斟其损益,甚至出己意解析昨日历史,以求惬意实用。所以时代转折之际,已断之历史有时出现人为的衔接,或已破之局面有时出现人为的拼合。此中原因,有的属传统影响和现存条件的强制作用,实际上难于抗拒,秦汉之际战国局面的重演,是一个典型例证。也有的更似假借历史而为人谋,晋末刘渊起兵,自称绍汉,居蜀主刘禅之后;魏、晋以及几乎全部十六国之主,都要选择前朝历史的某些片断,来解释自己的法统依据,或曰绍汉、绍魏,或曰绍晋。这些往往是自造无根之因以为一时之用。

南北朝隋唐史

刘裕好清谈

《艺文类聚》卷一四引沈约《武帝集序》说宋武帝刘裕"好清淡于暮年",刘裕好清谈,无他资料。

宋文帝杀徐、傅

祝总斌文《晋恭帝之死和刘裕的顾命大臣》(《北京大学学报》1986 年 2 期)有见识,有史料。只有一点问题,即宋文帝杀徐羡之傅亮,正是皇权政治的需要,而不是宋文帝在高门蛊惑下(因徐傅出身经历的原因)的结果。此意与祝谈及。祝认为宋文帝始由荆州来都,年龄不大,不可能有此自擅的能力。我意其时文帝已弱冠(查实),与晋明帝、晋孝武帝当政年龄相近,所以年龄不是问题。

刘宋士族

刘宋士族是有作为的,他们与皇权争胜,数十年始见分晓。宋初有谢徐傅被诛之事。宋中期有谢灵运、范晔、刘湛、王僧达的废黜事。宋后期士族参与四方叛乱。《通鉴》元嘉二十八年文帝一朝先后任宰辅的十二名士族名士,多是汲汲于功名之士。

刘宋的北府兵与台军

刘裕以北府兵为台兵。《通鉴》义熙八年,刘裕攻毅"军士从毅自东来者,与台军多中表亲戚,且斗且语。知裕自来,人情离骇",毅以此败。裕弟道怜本镇京口,"江陵平,以为都督荆湘益秦宁梁雍七州诸军事、骠骑将军、开府仪同三司、领护南蛮校尉、荆州刺史……北府文武悉配之"(《道怜传》),是犹以北府兵镇荆州而不用当地武力。元嘉时柳元景、宗越、薛安都、武念、谭金、佼长生、蔡那、徐遗宝、宗悫以及鲁爽鲁秀兄弟辈,均雍州所聚流民。永初二年诏荆州府置将不得过二千人,吏不得过一万人。州置将不得过五百人,吏不得过五千人。兵士不在此限。遗诏诸子依次为荆州刺史。

刘裕以北府兵为台军,又以为荆州守军。宋文入主,荆州之北府兵入为台军。孝武帝刘骏及荆州人,又以雍州武力柳元景、沈庆之、宗悫等为台军,至是襄阳武力之政治作用胜过北府,此点甚值得注意。

南朝京口之衰

宋时京口已衰。元嘉二十六年三月诏"顷年岳牧迁回,军民徙散,廛里庐宇,不逮往日。……可募诸州乐移者数千家,给以田宅,并蠲复"(《文帝纪》)。《沈庆之传》以俘蛮移京师为营户,元嘉二十二年七月移蛮万四千余口为营户,但无战斗力(《通鉴》元嘉二十八年)。

齐永明二年(484)桂阳王萧铄为南徐刺史,罢京口军府(查实)侯景乱后,京口复置重兵。

侯景乱后江防崩溃

侯景渡江后,北齐军于555、556年又两次渡江(历阳渡),可见江防已崩溃,589年之役一举成功。侯景之乱造成589年役的条件,客观如此。

虎

《宋书》卷七四沈攸之为郢州(治夏口)捕虎一日或得两三。《吴志·张昭传》孙权乘马射虎。周处射虎。是荆扬未开发之地甚多,皆有虎栖息。此后见于江淮荆湘一带之虎,其例甚夥。宋(《宋书》卷一九《五行志》、卷八二《周朗传》、《南史》卷二《宋文纪》)、齐(《南齐书》卷一八《祥瑞志》、卷四二《王晏传》、卷五一《崔慧景传》)、梁(《南齐书》卷二三《王莹传》、《梁书》卷二三《桂阳王象传》、卷四七《滕昙恭传》《庾黔娄传》、卷五三《孙谦传》、《南史》卷三七《附沈僧昭传》、卷五一《萧劢传》)、陈(《陈书》卷三四《褚玠传》)。《尔雅·释兽》郭璞注引《晋律》,"捕虎一,购钱三千",《御览》卷八〇九引《晋令》:"捕得大虎,赏绢三匹,子半之。"

江东之鸽

《封氏闻见记》卷七:"江东旧亦无鸽。梁武帝时侯景围台城,军士薰鼠捕鸽而食。数月之后,殿屋鼠鸽皆尽。然则江东之有鸽,亦当自北赍往耳。"参《唐语林》。

力微自长川迁盛乐的路线

《文馆词林》载孝文帝迁洛途中诏,有"神元北徙,游止长川"语,与《序纪》神元元年(220)"始祖请率所部北居长川"相合。神元北徙之前居止地区当即圣武帝诘汾南迁所驻的"匈奴故地",在长川之南。具体地点目前尚无从细究。长川之地,若依《通鉴》晋太元十一年(386)胡注考证,即是牛川(否),亦即于延水北源,汉塞外且如、代郡东部都尉地,今尚义、兴和二县之间。长川(牛川?)之南诘汾驻地,当与数十年前檀石槐单于庭(在歠仇水上)接近,亦与百余年后平文帝郁律始居东木根山以及惠帝拓跋贺傉城东木根山之东木根山在同一地域之内。神元帝三十九年(258)始自长川(牛川?)徙居盛乐,所以长川(牛川?)也具拓跋故都性质,以后拓跋珪复兴魏国,于 386 年即代王位,郊天,建元,必大会诸部于牛川（牛都之名始此），始能取得诸部大人认同。根据这一线索，可以推定拓跋部曾于居延水驻止有年，先在南，后徙北，然后始于258年自牛川（长川？）西徙盛乐。以此一区域地形地势度之，长川——盛乐迁徙路线，当自长川取西南方向（？），沿阴山南麓（？），越岱海（盐泽？）而至成乐为顺。如此说能成立，则马长寿《乌桓与鲜卑》242页所说"诘汾所至的'匈奴故地'不在河套以东，而在河套以北旧日头曼、冒顿发迹之地，亦即汉代五原郡境内"，其见解值得商榷。看来诘汾所至，只能是西汉匈奴驻地东南隅之边缘地带，此地前此已有乌桓势力弥漫（故后有乌桓王库贤居力微之所），拓跋不得不西迁，而西迁路上又阻于南匈奴于定襄、云中等三郡出入之众，故止于乌桓势力尚稀之盛乐，渐与乌桓共处而图发展。所以前人所说诘汾早入阴山之北，力微则南越阴山至于盛乐之说并不可信。此说推理似能成立，亦有相当资料足证，关键问题是牛川是否即是长川。要否定牛川在凉城之西之说。此题对于研究拓跋早期历史甚有价值。要注意严耕望《交通图》考虑成果。（力微西至盛乐，为定襄盛乐［今和林格尔附近］，后人西向挤压乌桓，拓跋始得徙云中之盛乐［今托克托附近］。这样才符合拓跋乌桓势力消长过程。殷宪函示地下出土状况与此说合。）

力微自长川（牛川？）迁盛乐，所取路线更似长川直西经草原至于阴山，再南下至盛乐为顺。因为王沈书东汉乌桓西徙时，东起辽东属国，西至朔方，惟独缺中间的定襄、云中、五原三郡，盖以此三郡为南匈奴占据之故。乌桓西徙绕此而过，力微西徙亦当如此（且须绕过代郡乌桓），必绕过平城、盐泽（岱海、凉城）诸地。以后惠帝、平文帝均在东木根山立都，以军事地理度之，皆为避过塞内障碍，循草原与东（惠）西（平文）交通，惠帝为了联宇文、慕容,平文为了连盛乐。

《牵招传》所记乌桓事

《牵招传》于乌桓事要细读,招曾为袁绍兼领乌桓突骑,旋曹操"以招尝领乌丸,遣诣柳城(今喀喇沁右翼)",见乌桓峭王。操灭袁谭后,招又从操"讨乌丸。至柳城,拜护乌丸校尉"。丕即位"拜招使持节护鲜卑校尉,屯昌平(谢钟英据《水经注》谓此昌平"应属代郡,在今广灵县西北")。是时,边民流散山泽,又亡叛在鲜卑中者,处有千数",招诱附归本。"又怀来鲜卑素利、弥加等十余万落,皆令款塞。"又裴潜为代郡太守抚乌桓,在 215 年。218年,田豫佐曹彰平上谷、代郡乌桓无臣氏等(青龙元年[233]毕轨为并刺,过句注击保塞鲜卑步度根。塞即句注塞,步度根走漠北,轲比能杀之。青龙三年魏杀比能。见《毕轨传》、《鲜卑传》)。

乌桓内徙

一、范书《乌桓传》:霍去病击破匈奴左地,因徙乌桓于上谷、渔阳、右北平、辽东五郡(原缺辽西,钱大昕补)塞外,为汉侦察匈奴动静,于是始置乌桓校尉(故《十三州志》谓后并入护匈奴中郎将,故建武二十五年为复置)。昭帝时乌桓渐盛,但主要仍在上谷以东塞外。(《成纪》阳朔二年[前23]诏"流民欲入函谷、天井、壶口、五阮关者,勿苛留"。)

二、范《乌桓传》莽时以严尤领乌桓丁令兵屯代郡,质其妻子于郡县。乌桓不服水土,亡畔抄盗,郡县杀其质。可知乌桓入代郡在莽时,为官府所促成,其妻子既质官府,则乌桓已入代郡塞内可知。

三、范《乌桓传》"其在上谷塞外白山者,最为强富"。上谷白山当在于延水域张家口以北,知两汉之际乌桓势力已向上谷代郡之间塞上集中。故有建武二十一年马援三千骑出五阮关(今紫荆关?)征乌桓,无利,"乌丸遂盛,钞击匈奴,匈奴转徙千里,漠南地空"。(王沈书)《马援传》:援"出高柳,行雁门、代郡、上谷障塞……无所得而还"。此云援出障塞由西而东,至右北平(《东观记》),可知沿雁门、代郡塞上乌桓已多。雁门乌桓进入历史视野。

四、建武二十五年正式允许乌桓自辽东至朔方(包括雁门)十郡居塞内,置校尉于宁城,为汉侦备,"击匈奴、鲜卑"。此时东汉备边力量重在辽东太守祭肜。安帝时渔阳、右北平、雁门乌桓率众王无何复与匈鲜合略代郡、上谷、涿郡、五原。

五、汉末乌桓强者为辽东、辽西、右北平三郡(亦有上谷难楼),袁绍承制拜三郡乌桓称王者为单于。后辽西楼班(峭王)为单于,其兄蹋顿为王。建安十一年操征至柳城,杀蹋顿,其余众降。袁绍置乌桓校尉亦以幽并乌桓万余落降,"徙其族居中国,帅从其侯王大人种众与征伐。由是三郡(按指辽东、辽西、右北平)乌丸为天下名骑"。

六、建安二十三年四月代郡乌桓无臣氏反,曹彰出征(纪),田豫为侯相,于易北设策大破之(《豫传》)。黄初初豫护乌桓校尉。太和二年(228)豫"单将锐卒,深入虏庭",于马城(代郡东部都尉,于延水边)大败乌桓。(参《豫传》、《牵招传》、《刘放传》注、《毕轨传》)。此役鲜卑素利、轲比能均涉,故《豫传》"豫护乌丸"之下云"牵招、解儁并护鲜卑"。《通鉴》谓此后轲比能由是携贰,数为边寇，幽并苦之。）豫护乌丸，由黄初中至太和末，共九年。

七、牵招统治雁门乌桓。按牵曾为袁绍兼领乌桓突骑，后归曹。曹征柳城，牵从讨，拜护乌丸校尉。黄初初拜护鲜卑校尉屯昌平（此昌平在广灵西北，见《㶟水注》）。牵布恩信招诱边民亡在鲜卑中者，及叛乌桓王同、王寄等。后出为雁门太守，郡在边陲，"表复乌丸五百余家租调，使备鞍马，远遣侦候"。按雁门治阴馆，文帝时迁陉南，治广武（今代县）。乌丸务农者当在㶟水边，或多水南之地。（时并刺为毕轨）

八、田豫为乌桓围于马城，明帝问中书令孙资，谓"上谷太守阎志，柔弟也，为比能素所归信"，令使说比能，比能果释豫。按阎柔曾率鲜卑、乌桓归操。此后田豫、牵招在代郡雁门之役，对抗者似以轲比能、步度根为组织者，人众兼有鲜卑、乌桓。可知此时代、雁一带鲜卑乌桓混杂，乌桓人或居多，但均听命于鲜卑（步度根为檀石槐之孙，轲比能为小种鲜卑）。这部分鲜卑里（魏明帝时步度根为轲比能所杀，幽刺护乌桓校尉王雄遣人刺杀比能），魏立檀石槐时东部大人素利等为王。隐约可见，魏庭重视檀石槐后人之东部鲜卑。而汉武帝时徙乌桓至辽东、辽西、右北平、渔阳、上谷五郡，而檀石槐鲜卑之东部亦此五郡，可知檀东部当裹胁有大量乌桓。从乌桓素无内聚力看来，此时乌桓附属于鲜卑，与以后拓跋、乌桓关系相似。较稳定的乌桓只见雁门五百户，在向农耕定居转化中。

九、雁门乌桓，军事活动随东部鲜卑，在郡北于延水域居多，而邑居者当在郡南㶟源区。此处土肥，故牵招雁门郡治阴馆，后徙广武。牵招以军出屯陉北以镇抚，内令兵田（屯田？）储蓄资粮。此处又与拓跋时筑小平城、㶟南宫联系，与新平（小平）邸阁联系。由此又想到猗卢死于雁门山中。

十、桓、穆以乌丸为军，汉人卫雄等率之征战并州，出入新平城、陉南、陉北之地，"长路匪夷，出入经年"（桓碑）。316年内乱，乌丸必随卫雄等南奔雁门。盖卫操所组乌桓军，多雁门代郡乌桓，必狐死首丘尽灭于桑干之源。

雁门乌桓

雁门乌桓，似为代北各郡乌桓中种落最大、迁来最早之群落。居处在桑干河南，《和跋传》所谓"灅北地瘠，可居水南，就耕良田，广为产业……"，灅南即雁门乌桓所居也。雁门乌桓沉淀，始于东汉（范书《乌桓传》），盛于魏晋。魏世田豫征乌桓，首当者为代郡乌桓，为牵招入雁门开拓了道路。牵招时雁门乌桓正在农业化过程中，已纳租赋，以户而不以落为单位，牵招到郡，"表复乌丸五百余家租调，使备鞍马，远遣侦候。虏每犯塞，勒兵逆击，来辄摧破"。可知汉以后此处乌桓农业定居尚不稳定。刘琨割给猗卢陉北五县，实即晋之雁门郡地，知拓跋得五县，一为得农业区，二为得乌桓人。卫操所组乌桓军，当有不少来自雁门。王国维《邸阁考》谓《魏·食货志》小平邸阁及传世新平邸阁督即是新平城设有邸阁以集聚粮食。按穆帝初筑小平城，在灅水之阳（北），其时势力尚未巩固地占领水南之地。后来天赐时始有灅南宫之筑（406），新平当已移水南。《天象志》谓"魏于是始有邑居之制"。雁门与新兴为邻，所以刘猛出塞即至雁门，故《魏书》有雁门乌桓叛的记载。

范书《安帝纪》永初三年九月雁门乌桓叛，败五原郡兵于高渠谷。汉时雁门乌桓来历，尚可勾稽。

东胡的时代

慕容活动地域广,拓跋部落联盟组织强,乌桓悍战,故曰东胡的时代,通鲜卑各部而观之,通汉唐历史而观之,东胡之族亦辉煌矣。

两晋之际的拓跋部

道武尊平文为太祖,即是反对于拓跋有功的桓、穆,反对祁后。反对他们国策。祁后,女国,依附石勒,改变桓、穆国策。

平文反东晋(与"不与刘、石通使"相关连,情况大变)。平文与司马睿争法统(桓穆受晋怀愍封为代公代王,亲晋。平文时长安的愍帝与建业睿有法统之争,平文在长安一边,后来长安失败,平文就反晋元帝而亲石勒)。什翼犍还自襄国。

穆帝与李雄争(《商榷》误为晋穆)。桓、穆与晋交,"颇亦改创"(《官氏志》)。平文以后轨辙突转,与南夏绝,拓跋几十年进步甚缓(闭处恒代)。至昭成、道武后较开通,但建国二年(339)置近侍,犹取部大子弟为之,杂人统称乌丸,以南北大人统之,弟孤、子寔监北南部。

苻坚灭代,对于拓跋贵族是一大打击,有利于道武复国后向专制君权转化。皇始元年始建曹省。

北魏建国,朝多酋大贵人,制沿北荒旧事,精研华典,取法汉魏,都无从谈起。

拓跋与成汉

賨人李氏于成都立国。李雄在位(304—333)时,据《晋书》卷一二一《李雄载记》,"雄以中原丧乱,乃频遣使朝贡,与晋穆帝(345—361在位)分天下"。前人已考知李雄死时晋穆帝犹未立,故《晋书》有误;并考知此段文字首载于《魏书》卷九六《李雄传》,但无"晋"字,穆帝指北魏追尊之穆帝拓跋猗卢。曰"频遣使",则使者不止一次,据《魏书·序纪》昭帝禄官之十二年(306)记李雄"僭帝号,自称大成",当是李氏有使者自蜀来告。猗卢统事之最后一年(316),记"是年李雄遣使朝贡",当是相约"分天下"事。但是所记"是年"疑系概略言之,非必晋愍帝建兴四年年内之事。

建兴四年是多事之年。是年三月拓跋猗卢于内哄中败死,代北大乱。是年十一月晋愍帝于长安降刘曜,中原无主。居建业之晋琅邪王司马睿于翌年(317)三月始就晋王之位。十二月刘聪杀晋愍帝。318年三月晋王司马睿称帝。

五台县古迹

康熙《五台县志》卷三村屯(古迹古墓附)县南有皇图堖"为汉文帝游猎处"。卷八碑记"重修南神庙碑记":"邑之南十里……有古祠,俗谓之南神堖,盖汉文帝祠也。"光绪《五台新志》卷二山水"南神堖在县治南八里……上有汉文帝祠,相传文帝王代时游猎至此"。注:"《魏书·地形志》有代王神祠,即此。"乾隆《直隶代州志》卷一坛庙:"代王神祠。《魏书·地形志》永安郡驴彝县有代工神祠。"陵墓:"魏拓跋陵。即拓跋猗卢封代公,卒葬雁门山中，今不知所在。”

死则归其故夫

范书《乌桓传》：“其俗妻后母，报寡嫂，死则归其故夫。计谋从用妇人。”按"死则归其故夫"材料以往未曾留意。桓死，祁后随穆，316年穆死，祁后当随俗归故夫桓帝，桓子普根与穆子六修难于并立，是普根杀六修之一因。祁既归桓，普根立为代王名正言顺。但普根为代王月余死，祁后只能立普根始生子而不能立穆子惠炀，原因在于祁归故夫。只有普根始生子又死，祁后才能思及惠炀，而此时郁律已立于盛乐，祁后必杀郁律。"恐不利于己子"指不利于穆子惠、炀。按此思路解释《序纪》中法统问题，似较通顺。

云中名都

桓碑"以永兴二年六月二十四日寝疾薨殂，背弃华殿，云中名都"，"云中名都"指盛乐宫？中部国君何以死于西部之都？《史探》256 页说指平城，更误。平城所在，唐以前绝无称云中者。《太宗纪》413 年"行幸云中旧宫之大室"，在五月乙亥，"丙子，大赦天下"，似"云中大室"是拓跋史上重要之地。同年七月丙戌，"车驾自大室西南巡诸部落……遂南次定襄大落城，东逾十岭山，田于善无川。八月癸卯，车驾还宫"（《魏书》53 页）。同纪泰常五年（420）："七月丁酉，西至于五原。丁未，幸云中大室，赐从者大酺。八月癸亥，车驾还宫。"似云中大室在五原与平城之间某地。

"赐大酺"与上例"大赦天下"有相似意义。我意桓死之"云中名都"华殿，似指此处，地当在盛乐之东，平城之西。

406年建濮南宫，《天象志》谓"魏始有邑居之制"，前此昭成王后言："国自上世，迁徙为业。……若城郭而居，一旦寇来，难卒迁动。"（《后传》）反对迁都濮源川（在濮南宁武），筑城郭，起宫室。故406年始邑居而筑濮南城。前此所谓盛乐故城、盛乐新城，盖筑城为防卫，非以之为邑居之处，平城更是如此。（不过平城西汉即有，与他处似不全同。）桓碑所谓"云中名都"，绝非后来"都"的含义；"云中旧宫"，亦非后来"宫"的含义。

惠、炀二帝为穆帝子

惠、炀二帝，我意皆为祁氏为穆所生子。《序纪》讳之而谓惠为桓帝中子，炀为惠弟。按桓死于305年，若惠为桓子，至晚当产于305年，至即位（321）已16岁，何需"太后临朝"？又可异者，316年穆死，惠已12岁，可以充位，又何必立普根"始生之子"，使拓跋族人无法接受？我疑：

一、惠炀均祁氏为穆所生，桓死穆即报嫂。穆死不即立惠，盖以动乱之际，兵在普根手中，立普根亦势所必然。而且，乌桓俗于妻后母与报嫂之制附有条件，即"死则归其故夫"，我意指"新夫"死则妇返回"故夫"，盖故夫本有家庭子女畜产。所以穆死后祁后自当归于桓帝家庭，祁后虽因穆帝余荫而居势要地位，但立嗣必得立故夫之子，即普根。普根立月余而死，死因不详，祁后又立普根始生子。这又是立"故夫"之裔。此举不得拓跋贵族认可，恰好襁褓儿年终又夭折，桓裔无人，祁后乃立己所出之穆帝子，乃有惠帝之立,以对抗平文。

二、惠若为桓子,桓死(305)至此(321),惠至少年(16岁),无需
"太后临朝"。若为穆子,则可能尚在婴幼(穆死316年),假定惠立
在6龄,必祁后临朝,《序纪》324年惠始临朝,最少亦已9龄矣。

三、《序纪》平文五年祁后恐平文不利于己子,所指即惠、炀,
均穆子。前后隐情,尽为魏收书所掩,窃思邓渊书、崔浩书未必无
直笔之文,此亦渊、浩不得其死故也。

道武杀弟

《魏书·卫王仪传》,道武产子,召仪入,有问。《陈留王悦
传》,所谓"止避卫公"。道武杀仪,赐悦死。此皆日后行子贵母死
制之前奏。阴平公烈之事亦属此。道武—元明之际政局,可做小
文章。《陈留王传》亦参读。

离散部落之后续

离散部落后,《明元纪》似多有领部落来归或征某部落之事,
可搜集为论证离散部落之后续发展。

代歌代记与《蒙古秘史》

曾拟探索比较代歌、代记问题与《蒙古秘史》问题。元朝史官

用回鹘文写蒙古语《元朝秘史》,洪武时始用回回海答儿等人译为汉字拼音加注释,与邓渊主持译代歌过程近似。日后有精力,把这问题抓一抓。

北魏皇位继承

有云北魏王妃存育了王位继承人后就会被处死,因此部族首领娶妻只好从俘虏中选,或娶远国公主。太子成年,国王就得去位。这些可说明604年隋文帝轻易地被儿子炀帝杀死。唐太宗在高祖被迫退位时就和兄弟你死我活地厮杀,见 *History of Humanity* 三卷一册一章。汉武帝后妃有子者例皆处死,钩弋夫人不是唯一之例。

崔浩

崔浩之狱:读正史,疑浩狱之兴,在于浩思南归。《搜神记》卷四(《汉魏丛书》本)言浩(原作皓)难雍州秀士陈龙文,龙文语帝:"(浩)所问三条皆是逆事,臣恐浩有异志也",似可旁证。按《搜神记》此条在干宝之后,为后人所加。

《魏书》卷四下《世祖纪下》,崔浩既死之后,帝北伐时宣城公李孝伯疾笃,传者以为卒也,帝闻而悼之,谓左右曰:"李宣城可惜。"又曰:"朕向失言,崔司徒可惜,李宣城可哀。"褒贬雅意,皆此类也。按孝伯从太武"委以军国机密,甚见亲宠,谋谟切秘,时人莫能知也。迁比部尚书。以频从征伐规略之功,进爵……"真君末随征至彭城，与张畅对语，见李传。太武言崔浩可惜，孝伯可哀，其言或有深意，研究崔浩者可留意此语。孝伯死太安三年（457），太武之言，孝伯犹未死也。

刘洁

《魏书》卷二八《刘洁传》：洁，长乐信都（今衡水冀县一带）人，"昭成时慕容氏来献女，为公主家臣，仍随入朝"。案昭成与慕容氏婚，一次在339年，为皝妹，341年崩，《序纪》系于九月。"十二月，慕容元真遣使朝贡，并荐其宗女"，此"宗女"在拓跋并无名份。343年八月"慕容元真遣使请荐女"。344年二月，"遣大人长孙秩迎后慕容氏元真之女于境。夏六月，皇后至自和龙"。七月，慕容求婚，九月以烈帝女妻之。348年皝死。数十年中拓跋慕容交往甚频，似相结以制后赵。《洁传》"昭成时慕容氏来献女，为公主家臣，仍随入朝……"刘洁所随当为344年入境之"元真之女"。何德章以刘洁出匈奴，不错。问题：①并州匈奴，何时得为长乐信都人？②信都之南匈奴裔刘洁，何得为远在和龙之慕容氏女之家臣？此二问题现在无从解释。猜测刘洁祖刘生解卜筮，随刘渊刘聪出并作战，因有特长，故得脱离部落而定居信都。居信都而为慕容家臣，似可参考信都冯氏历史，是否随冯跋之父冯安徙昌黎？但冯安徙昌黎在慕容垂时，在后。（看《魏书》卷九七、八三）细读细思，皝称燕王在337年，由大棘城迁都和龙在342年。

《皝载记》：皝骑二万入蓟，入高阳，掠徙幽冀三万余户。《通鉴》系于340年十月。颇疑居高阳以南长乐信都之刘洁于此时，由于某种机缘（如皝军游骑南至信都，或刘洁举家北赴皝军）随皝军至和龙。虏民位卑，但洁家有特长，遂得以为公主家臣，随公主入代。①《皇后传》慕容后关心铁弗部事，而②《刘洁传》洁击吐京胡时为铁弗部之屈丐（即《铁弗传》之屈孑）所执，洁"呼其字而与之言"，屈丐释之。此二事均可推测刘洁出铁弗，并影响慕容后。可再检拓跋寔及秦明王翰传有无与慕容及与铁弗关系材料。此问题尚在猜测之中，难有倾向性之认识。

魏孝文帝托孤语

《魏书·咸阳王禧传》：孝文语禧"我后子孙邂逅不逮，汝等观望辅取之理，无令他人有也"。胡注认为不能理解。按此事魏晋以来多有。诸葛、张昭、简文、孝文，凡四见，情况各不相同。

北魏以宦官为中正

魏收书《阉官》、《恩倖》二传多太和及稍后事，孝文醉心汉化，培植新士族，揠苗助长，甚至以阉人为中正。所以说孝文所定士族为扭曲阶层，非六朝之比，亦非北方汉魏西晋洛阳士族名士之比，此点与隋唐山东士族问题有大关系。

北魏洛阳之繁华

洛阳繁盛：《伽蓝记》卷三龙华寺条："永桥以南，圜丘以北，伊洛之间，夹御道，有四夷馆：道东有四馆，一名金陵，二名燕然，三名扶桑，四名崦嵫；道西有四馆，一曰归正，二曰归法，三曰慕化，四曰慕义。吴人投国者处金陵馆，三年已后赐宅归正里。

……自葱岭已西，至于大秦，百四十城（一作百国千城），莫不款附。商胡贩客，日奔塞下，所尽天地之区矣。乐中国土风因而宅者不可胜数，是以附化之民，万有余家。门巷修整，阊阖填列。青槐荫陌，绿柳垂庭。天下难得之货，咸悉在焉。"

洛阳工商业：《伽蓝记》卷四城西法云寺"出西阳门外四里，御道南有洛阳大市，周回八里。……市东有通商、达货二里，里内之人尽皆工巧屠贩为生，资财巨万。有刘宝者最为富室，州郡都会之处皆立一宅，各养马一匹。至于盐粟贵贱，市价高下，所在一例。舟车所通，足迹所履，莫不商贩焉。是以海内之货，咸萃其庭，产匹铜山，家藏金穴。宅宇逾制，楼观出云，车马服饰，拟于王者。市南有调音、乐肆二里。里内之人，丝竹讴歌，天下妙伎出焉。……市西有延酤、治觞二里，里内之人多酝酒为业。……市北有慈孝、奉终二里，里内之人以卖棺椁为业，赁輀车为事。……别有阜财、金肆二里，富人在焉。凡此十里，多诸工商货殖之民，千金比屋，层楼对出……"

陈庆之南归后云衣冠士族，并在中原。亦见《伽蓝记》卷二。

刘恕等论北魏

刘恕、范祖禹等校定《魏书》目录，概括魏史曰："典章制度，内外风俗，大抵与刘、石、慕容、苻、姚略同。道武、太武暴戾甚于聪、虎，孝文之强不及苻坚。其文章儒学之流，既无足纪述，谋臣辩士将帅功名,又不可希望前世。"所以其书冗委琐曲。是。

又刘恕等论后魏之起曰:"拓跋氏乘后燕之衰,蚕食并、冀,暴师喋血三十余年,而中国略定。"盖以魏继后燕。二者关系甚可注意。

所谓魏晋以后中原胡化问题

李剑农书引《魏志》王昶传、高柔传、《晋书》食货志束皙传、《魏书》宇文福传等证明中原农业逆转为牧业,又引《伽蓝记》王肃食酪及羊肉等,自属夸张但考证酪为晋时之通常食料,引《晋书》卷二七《五行志》服妖条:"泰始之后,中国相尚用胡床貊槃,及为羌煮貊炙,贵人富室,必蓄其器,吉享嘉会,皆以为先。太康中,又以毡为絈头及络带袴口。百姓相戏曰:中国必为胡所破矣。"

南北朝以后,种族之歧异小,而文化之歧异大,如源师为秃发氏(与拓跋同源),而被目为汉儿,高欢为汉人而被目为胡,李白祖出流沙(旧籍谓其祖流于流沙,但当时流沙并非唐域),后指天枝(皇室旁枝)以复姓,陶渊明出傒族,元稹为元魏之后,在中国社会的地位,却很崇高。故六镇兵反时,不因其为胡人而不受人附合,可见南北朝种族之争其本质仍是阶级斗争。魏孝文帝汉化,是要效化汉人的统治,其部属反对,是因为怕汉化以后汉人士大夫分掌他们的统治权,而汉人士大夫之建议孝文帝用人以才,不以门阀,是因为汉人比胡人才高。若论门阀则胡人尽皇室贵族,汉人士大夫无法比拟。

南北社会风习不同

南北朝时南北社会风习有所不同。《宋书》卷八二《周朗传》朗孝武帝即位之初言事"今士大夫以下,父母在而兄弟异计,十家而七矣。庶人父子殊产,亦八家而五矣。凡甚者,乃危亡不相知,饥寒不相邮"。《魏书》卷七一《裴植传》植兄弟"各别资财,同居易䘌,一门数灶,盖亦染江南之俗也"。南朝户籍数世同居之例,多在荆、郢、梁、益诸州,而扬、江很少。(参王伊同《五朝门第》)陶潜劝子"七世同财",事难办到。《魏书》卷五七崔捷,卷五八杨播,《北史》卷八五节义诸传,数世同居共财。

南朝史书记数世同堂者,多为荆益家族,扬州绝少,反映扬州大族析户占产,不似北方坞壁也。王仲德(助刘裕起兵之王氏兄弟)闻王愉在江南贵盛,是太原人,来投,而愉礼之甚薄,与"北土重同姓并谓之骨肉"者不相同。

南北诸政权国号

宋、齐、梁、陈均以地为国号,地皆在淮河与黄河之间,巧合?有因?(萧齐之立,在青齐入魏十二年之后,陈国号双关。)

北方诸国除刘渊自居汉统以外,其他霸主以魏为王号帝号者甚多,以致拓跋帝魏,事详《魏书》五胡诸传。

荫附户

《魏志》卷一二《司马芝传》"宾客每不与役",《晋书·食货志》得荫人为佃客衣食客。《晋书·山遐传》"豪强挟户为私附"。《隋书·食货志》："都下人多为诸王公贵人左右、佃客、典计、衣食客之类,皆无课役。官品第一第二,佃客无过四十户。"《通志·食货略》于"都下人"之上有"至齐武帝时"五字,可知是齐制。《南史》卷五《齐东昏纪》"诸郡役人多依人士为附隶,谓之属名","属名多不合役"。《南齐书·州郡志》兖州"时百姓遭难,流移此境,流民多庇大族以为客"。客皆注家籍(《隋志》),"普取出客,当据户籍"(《翟汤传》)。

《北史》卷三三李显甫。《魏书》卷四二《薛胤传》,河北韩马二姓各二千余家,劫掠道路,侵暴乡间。《魏书》卷五三《李冲传》:五十三十家为一户。《北齐书》卷二四《孙搴传》,括人以为军士,逃隐者身及主人、三长、守令罪以大辟,没入其家。参《关东风俗传》。

青胜于蓝

《魏书》卷九〇《逸士·李谧》:谧,安世子"初师事小学博士孔璠。数年后,璠还就谧请业。同门生为之语曰:'青成蓝,蓝谢青,师何常,在明经。'"此语论教学相长,青胜于蓝,极妙。谧就璠受业,年十八,正是今日大学生入学之年。

鱼氏稽胡说

粟特诸墓相继出土(见《从撒马尔干到长安——粟特人在中

国的文化遗迹》），史家多关注。计 1999 年太原虞弘墓（隋）、2000年西安安伽墓（北周）、2003 年西安史君墓（北周）。虞弘墓曾参观，负责此项工作者为张捷庆。虞本作鱼，隋虞庆则传谓其先仕赫连氏。又，《隋书·鱼俱罗传》。敦煌出《贞观姓氏录》唐并州有大姓仪、景、鱼，《太平寰宇记》卷四〇并州"晋郡三姓，鱼、仪、景"。按昭武九姓无鱼姓，虞弘墓志谓先人"派枝西域"，似不谓来自西域，嗣读林梅村《稽胡史迹考——太原新出虞弘墓志的几个问题》（《中国史研究》2002 年 1 期），考定虞弘出步落稽，为突厥语 balaq（鱼）之音译，此可解虞弘、虞庆则、虞俱罗本姓鱼之惑。"鱼国"当即步落稽之音译。

林梅村一段总结语：稽胡属于讲突厥语的北狄系统民族，至少在 4 世纪中叶，就从欧亚草原某地迁入黄河流域，最初在山西永济至陕西渭南一带定居。5 世纪初，鱼氏祖先入仕夏国赫连氏，迁到薄骨律城（灵武）。北魏破薄骨律后，虞弘祖父任北魏领民酋长。大约 5 世纪末，虞弘之父离开薄骨律城，随柔然降户亡命漠北，改仕柔然汗国（按余下降户千余家强徙济州缘河居之）。

虞弘出生地尉纥驎城或即柔然所筑木来城，林梅村疑即新疆伊吾县之下马崖古城。

稽胡族源有三说：匈奴（五部之后）、赤狄、白狄（丹州白室，胡头汉舌）。白室即白狄，此非讹读，盖舌上音读舌尖音。钱大昕此一语音学发现，解释了许多历史学问题。猗㐌即猗它，属此。林氏不同意匈奴说，认为匈奴属于讲蒙古语的东胡，稽胡属于讲突厥语的北狄，不可混谈。稽胡称奴为库利（苦力），称城堡为可野，均出突厥语。不过此与"胡头汉舌"又有牴牾。

综而论之，林说较五部裔说稍新，但仍难定，只能从"杂胡"之杂理解，有五部裔，有西域种（赫连、赤勒等）及原住民等。隋唐史中尚可寻找不少稽胡零星史料,惜尚无人作专题研究。

昔写《代歌代记》一文时,只留意步落稽之名始见于北魏末。其实稽胡零星资料早已有之。若以鱼氏(《隋书·虞庆则传》)为稽胡,虞弘为稽胡,则《姓纂》卷二九"鱼姓,冯翔(翊)下邳(邽)。符秦有鱼遵,元孙经,后魏吏部尚书,生徽、俊、代略"。按隋鱼俱罗即冯翊下邽人,唐代鱼氏为冯翊八望族(鱼、吉、党、雷、印、合、力、寇,见敦煌 S.2052,唐耕耦等编)。鱼氏一支(庆则)迁灵武,代为北边豪杰。晋阳郡亦有鱼、景、仪三大姓。

如果说鱼氏为稽胡难于确认,则近读南开尚丽新《高僧刘萨诃的传说》(《文史知识》2006 年第 5 期)一文,则提供了一个稽胡僧人的简史。

《僧传》卷一三《兴福》:竺慧达,姓刘名萨诃,并州西河离石人,东晋宁康中至京师从事佛教活动,直至太元年间。传谓此后不知所之。《续僧传》卷二六《感通上·释慧达传》:本名刘窣和(即萨诃),咸阳东北三城定阳稽胡也。曾为突骑,守襄阳。出家后曾往吴越,"备如前传"。以下则是在北魏太武太延元年活动,旋谓"流化将迄,便事西返",行及凉州番禾县(甘肃永昌),死于酒泉。唐初刘萨诃在稽胡所在地石、隰、慈、丹、延、绥、银、岚等州被神化为观音菩萨,被称为"刘师佛""胡师佛",又称之为"苏合圣"(苏合,稽胡语蚕茧之意,谓刘萨诃夜宿蚕茧)。敦煌写本《刘萨诃因缘记》。刘萨诃故事,释典中记载不穷,直至唐末,甚至莫高窟千龛之立亦传与萨诃有关。可以说萨诃故事经历了 4—11世纪,在大江南北、关陇东西逐渐形成。(查《法苑珠林》)

读林梅村《稽胡史迹考》(《中国史研究》2002 年 1 期),考定虞弘为稽胡,主要证据是虞姓本作鱼,而鱼在突厥语中作 balaq,音译为步落稽。此说最大的弱点在:虞弘为火祆教,而稽胡主要是信佛教。刘萨诃故事不足信(如说萨诃东晋宁康、太元时在江东,而又说北魏太延元年[435]途经番和(永昌)西去,时间跨度太大),但此故事通篇都说稽胡信佛,丝毫不涉火祆,即令稽胡中有人信火祆,亦必极少。这与粟特人主要信祆者大不一样。

北齐胡服

《梦溪笔谈》卷一:"中国衣冠自北齐以来乃全用胡服。窄袖,绯绿短衣,长靿靴,有鞢韄带,皆胡服也。窄袖利于驰射,短衣、长靿皆便于涉草。"

北朝骡

骡,首见于《吕氏春秋》。李时珍《本草纲目》介绍《吕氏春秋》所云白骡。陆贾《新语》论骡价与珊瑚相等。北朝时中原始掌握繁殖骡子的方法和喂养知识,骡子始大量用于生产、运输。

唐代土地问题杂记

三种土地:属于庄宅使及长春宫使本为皇帝私有地,属户部者为政府所有地(天荒田,无主田,绝户田,没官田),此二种均称官地;属人民者为私地。政府以其所有地划一部为屯田,一部作均田基础,皇帝私有地有时也割属户部,参加均田。私人土地也许包含在均田法令下，但其私有权未受侵犯。

官有地有唐一代日减，因为①授受之后，百亩中就有廿亩为永业田，②皇帝私地及人民私地都因侵夺官地而来，官地减少与人口增加，使授田不均不足，引起政府括田及禁借荒典贴等兼并。

大族与寺院的庄园并无农商工业的经营，不同于 monorial system，三种土地的转换激荡，构成有唐的土地问题。

天宝后均田令成了具文，政府不重视土地不均问题，而重视土地所有与纳税不均问题。以后的均田均为均税，垦田渐被重视。中唐至南宋官地日少，恐怕是不能均田的原因。

《金石萃编》卷一三《广慈院庄地碑》安审琦奏："臣近于庄宅营田务，请射到万年县春明门陈知温庄一所，泾阳县……王思让三所营田，依例输纳，夏秋省租。……缘见系庄宅司管属，欲乞割归州县，永远承佃……庄可赐安充为永业。……"此处陈知温王思让若非佃农，则土地所有不止二重关系。

《北梦琐言》"郑光免税"条，当时所赐庄园有能免税者。

《太平广记》卷一〇〇，屈突仲任庄园，是胡人亦可在内地置庄。

《通鉴考异》卷一三〇，杨矜慎"至市卖（婢）与太真柳姊，得钱一百二十千文，买牛以归"。

《册府元龟》卷四九七河渠："差上户充堤长。"

富人的碾硙常阻遏水利，平民受损。

唐代寺院经济

中古寺院并非共产集团，常住资财与僧尼资财分别甚严。

常住常由施舍者指定用途，家山或功德院常为没落子弟需索的对象，因为他们有撤换住持的权力，故舍帖中常见"一舍永舍"的记载，地主奏设寺院与施舍庄田，在逃税及在寺院特权下实行土地兼并。

常住庄田批给庄客种植，拾得、慧能等人，在寺院中尚无"僧"的地位，常住中的邸店取赁直，碾硙自经营，月纳钱、月抽钱盛行，质库创始于寺院。

常住的用途不一定是供僧尼给养，唐代寺院不供僧尼食物的也很多，晚唐禅宗寺院规模小，更不能供。

唐均田，僧尼可受口分田，其田可出贷，僧尼既可私有财产，故有富僧贫僧之别。僧产继承：师徒或同学关系有同活共财、共财不同活、不同活不共财等数种，资产亦分可分、不可分二种，亡僧遗产可给与其亲属，僧尼以归侍父母的口实死在俗家，其财产就与十方僧众无关，因此有为了寺院财产而出家的可能性。

僧尼死后其奴婢放良，已放良而仍在主人家族下的奴婢，唐律称曰部曲，唐俗称曰家人。

僧尼可典贴出卖（如复田，赎田、典卖）与 mort-main 不同，强僧或豪势者常霸占寺产。所谓护法官员，也有借护法以需索，寺院与官僚经济有关。

唐的限制或禁令，历朝都有①取特许主义；②检括（限制）寺产，开元初有效的检括，是武韦教会兴盛的反动；③检括僧尼。安史乱后政府多卖度牒多创寺院，德宗之限禁无大效，大和初，祠部籍外的僧尼到七十万，而国家税户不过三百万。武宗会昌灭佛是渐趋而成，宣宗虽宽解了禁令，但限制仍有效，周世宗时因钱荒，尚有搜括铜像铜器的毁法灭佛，于是教权乃低头于王权。

武德四年少林寺碑少林寺百谷庄立功僧名：三纲以后为"大

将军僧昙宗"何解？是否唐现任官员可以僧人为之？大将军为爵位，非职名。

《金石萃编》少林寺碑："寺……居晋成坞，在齐为郡。……僧志操、惠玚、昙宗等审灵睠之所往，辩讴歌之有属，率众以拒伪师，抗表以明大顺，执充侄仁则以归本朝。太宗嘉其义烈……赐地卅顷，水碾一具，即柏谷庄是也。"

《续高僧传》卷二三："大业末历，郊坰多虞，禅定（寺）一众，雅推（惠）玪善能御敌，乃总集诸处人畜，普在昆池一庄，多设战楼用以防拟，玪独号令，莫敢当锋。"注意寺院参加世俗的斗争。

《全唐文》卷三四五敕牒款云"天宝八载正月八日左相兵部尚书陈希烈，左仆射兼右相林甫"。注意唐中央官制。

《金石补正》卷七七招提净院施田记："……今将口分田二十亩，将施入宪院内。"唐时口分田可转让。

淳佑十年臣僚上言："国家优礼元勋大臣，近贵戚里，听陈乞守坟寺额，盖谓自造屋宇，自置田产，欲以资荐祖父，因与之额，故大观降旨……不许指射有额寺院，著在令甲，凡勋臣戚里，有功德院止是赐额蠲免科敷之类，听从本家请僧住持，初非以国家有额寺院与之。迩年士夫一登政府，便萌规利，指射名刹，改充功德，侵夺田产，如置一庄。子弟尤状，多受庸僧财贿，用为仕持。米盐薪炭，随时供纳，以一寺而养一家，其为污辱祖宗多矣。况执政之家，所在为多，若人占数寺，则国家名刹，所余无几，官中一有科需，则必均诸人户，岂不重为民害？臣愚欲望睿旨，申严旧制，应指占敕额寺院，并与追正，仍从官司请僧庶以杜绝私家交通寺院贿货之弊。"制可。（《佛祖统纪》卷四九）

《僧史略》中"僧籍弛张"："文宗大和四年正月，祠部请天下僧尼冒名非正度者，具名申省，各给省牒，以凭入籍。时入申名者计七十万。造帐入籍,自大和五年始也。"

鬻度牒始于肃宗至德间,郭子仪:军需赖以为恃。僧税缗,谓之香水钱。《佛祖历代通载》:"或纳钱百缗,请牒剃落,亦赐明经出身。"

《新唐书》卷一二三《李峤传》:"又比缘征戍,巧诈百情,破役隐身,规脱租赋。今道人私度者几数十万,其中高户多丁,黠商大贾,诡作台符,羼名伪度。且国计军防,并仰丁口,今丁皆出家,兵悉入道,征行租赋,何以备之?"《魏元忠传》云:"今之卖度,钱入私家。"《旧唐书·辛替否传》:"十分天下之财而佛有七八,陛下何有之矣,百姓何食之矣!"

武宗会昌年间,迭颁灭佛令,五年籍僧尼为民二十六万五百人,奴婢十五万人,田数千万顷,大秦穆护、祆二千余人。《樊川文集》卷一〇:"武宗皇帝始即位,独奋怒曰:'穷吾天下,佛也。'"

《唐六典》卷四:"寺总五千三百五十八所,每寺上座一人,寺主一人,都维那一人,共纲统众事。而僧持行者有三品:其一曰禅、二曰法、三曰律。……观总一千六百八十七所,每观观主一人,上座一人,监斋一人,共纲统众事。而道士修行有三号:其一曰法师、其二曰威仪师、其三曰律师。"僧寺隶祠部,观通隶宗正司。

唐宋依附关系弱趋

唐依附关系减弱,原因是国家既已承认并保护依附关系,而依附关系太强并不便于地主阶级的剥削,以前强,因为国家不承认,不稳定,不强力控制则易散失,而军事割据又需要较强的超经济强制,所以国家保护依附关系以后,地主就不必控制那么强了。这一原因的出现,应归功于隋末农民起义以及以前的农民斗争(隋以前依附关系强,也没有强到俄国农奴的情况,俄国的情况是特殊的)。宋以后,随着分成租多数变为定额租,依附关系自然更趋松弛,所以宋仁宗时下令,佃农交够了租,地主应允许农民自由离开。

唐长安融四方之俗

唐代长安聚四方之人,融四方之俗,兴盛大抵始于武后、玄宗之时,封演所见如是。(《封氏闻见记》卷六)饮茶南方早有,北人则开元中渐多,禅师务于不寐,又不夕食,皆习饮茶,自邹齐沧棣,渐至京师。稍后又自中地流于塞外,乃有茶马互市。打球,太宗以来长盛不衰,与拔河(古称牵钩)均为军中常有之戏,长安帝王常以为乐,尤盛于高、武、玄宗之时。婚嫁者卜地安帐,自皇室至于士庶皆然,则起自北族毡帐穹庐之制,肃代时始废,只于堂室中置帐,以紫绫幔为之。

开元天宝尚党

《明皇杂录》卷上,开元中,"时刘晏以神童为秘书正字……玄宗问晏曰:'卿为正字,正得几字?'晏曰:'天下字皆正,唯朋字未得正。'"朋指朋党。《国史补》卷下条论盛唐、中唐时文风尚:"大抵天宝之风尚党,大历之风尚浮,贞元之风尚荡,元和之风尚怪。"天宝尚党,开元大体也如此,故刘晏有此说。

侈靡之风

侈靡之风成于富足之时，一旦风俗形成，虽大丧乱，此风不减反升。《封氏闻见记》卷六"道祭"一条，言玄宗时道祭之奢，犹或非之，肃代以来此风大扇。通篇举诸节度丧仪，道祭者刻木为机关，演绎故事，动作如生。甚者半里一祭，延绵数十里，竟为新奇，柩过后皆成弃物。古之侈靡，于今为烈，衰败之后，此风难止，今之视古，亦犹后之视今矣。

《白猿传》

唐人短篇小说《白猿传》，无撰人。写梁大同末欧阳纥为别将，南征至桂林，略地至长乐，其妻化为白猿，入山不归。妻原有一子，即欧阳询。纥为陈武帝所杀，询为江总留养免于难。《白猿传》后语曰："纥子欧阳询，面似猴，长孙无忌嘲之曰：'谁于麟阁上，画此一猕猴。'同时因戏作此传。"托江总之名，非实录也。

唐代宰相重世系

朱国祯：《涌幢小品》卷九：唐之宰相最重世系，裴氏、崔氏、张氏最著。裴氏五房，宰相17人；崔氏10房17人；张氏17人；韦氏九房14人……杨氏，杜氏皆11人；王氏3房13人；郑氏二房9人……卢氏8人。……李氏最繁，陇西4房，宰相11人，赵郡六房17人（按朱氏统计，全据《新唐书·宰相世系表》，但《新书》表谓崔氏10房宰相23人，与此又不同）。

姓氏书

《封氏闻见记》卷一〇"讨论"：孔至撰《百家类例》，品第海内族姓，以张说为近代新门，不入百家之数。说子垍为驸马，曰："多事汉，天下族姓，何关尔事而妄为升降！"孔至闻而惧，将追改之。以情告工部侍郎韦述，述谙练士族，谓曰："孔至休矣！大丈夫奋笔将为千载楷则，奈何以一言而自动摇。有死而已，胡不可也。"遂不复改。案：古人作姓氏书，亦视为史笔。

（《金楼子》卷六自序："吾年十三，诵百家谱，虽略上口，遂感心气疾……"）

唐代犹用竹简

《石林燕语》卷三："唐中书制诏有四：封拜册书用简，以竹为之……（以下依次用黄麻纸、黄藤纸、绢黄纸）……始贞观间。……"唐代犹有用竹简者。查《唐六典》。

唐世族至宋元无闻

王明清《挥麈前录》卷二："唐朝崔、卢、李、郑及城南韦、杜二家蝉联珪组，世为显著。全本朝绝无闻人。"

读日本学者诸论

宫崎市定《晋武帝の户调式に就て》认为屯田、占田、课田、均田等土地法是国家与贵族阶级间的关系演变史,此说有理。①他不说是国有土地制度史,②我认为此制重点不在土地,而在人身关系。

宫川尚志《六朝时代の村について》认为魏晋南北朝出现新聚落"村",村是由"里"中逃出之人在边鄙地区所经营的中世农村。此见解与前此那波利贞的《坞主考》互相补充。

宫崎市定《九品官人法之研究》:乡品是预测该人在官界可能达到的官品品数,一般起家官品比乡品低(高?)四品。所以决定每人官位,在乡论而不在皇帝。即个人在本籍的地位,决定其官界地位,即贵族阶级统制官僚制。

堀敏一《均田制之研究》:均田制强化国家统一,重新编组官府对个别人的人身支配,北魏以后政权都企图将豪族督护的人民重新直接置于国家支配之下,这是均田制诸政策的目的,因此豪族只得转变为官僚而寄生于国家。按此点见解,我发表在后,堀在前很久,但不谋而合。

富井政章《开国五十年史》(汉文本)《法制史略》276 页谓日本圣德太子(厩户皇子)辅政时期所撰《宪章》十七条,"取法于儒佛二教之旨,斟酌隋朝法制"而成。此可引以论中国法律儒家化。转引自《〈唐律〉对亚洲古代各国封建法典的影响》,杨廷福,《社会科学战线》1978 年 1 期。

《高僧传》笔记

卷一

《安清（世高）传》：桓帝初来洛，出经。灵帝时南行，经行之地有庐山，过䢼亭湖庙，其神形见乃是大蟒，蟒死处即浔阳郡蛇村，在庐山西泽中。世高到广州，又至会稽。《僧传》于此后记载异说，如云晋太康末世高至桑垣，吴末至扬州，又云晋初有沙门安世高立白马庙于荆城东南隅等等，慧皎考校众说，驳正甚善。其云康僧会注《安般守意经》序，云"此经世高所出，久之沉翳，会有南阳韩林、颍川文业、会稽陈慧（一作陈惠），此三贤者信道笃密，会共请受，乃陈慧义，余助斟酌。寻僧会以晋太康元年乃死"云云。（此说可查《虞翻传》注引《会稽典录》朱育答濮阳兴之问，看有无线索。已查，未涉陈慧事。）又诸异说中涉及地点，亦庐山䢼亭神庙、荆城白马寺、会稽丹阳等地。疑董卓乱后安世高南逃荆、广以及会稽，与佛教南传关系甚大。《吴志》孙权传、步骘传注诸零星材料均可印证。

康僧会事迹，读《吴书》者不能不细读。僧会居交趾时已十余岁,时孙权已制江左,则僧会来游汉境当在步骘平交广之后。长江以南有佛法,①安世高自北来;②康僧会自交趾来,未言曾与孙权有关系(早死?);③笮融刘繇时自江淮来,但影响不大不久;④支谦,孙权拜博士,辅导东宫(似在武昌)与韦曜共事,译经从黄武元年始。"时吴地初染大法,风化未全,僧会欲使道振江左,兴立图寺,乃杖锡东游,以吴赤乌十年初达建邺,营立茅茨,设像行道"云云。似江左佛法,安世高最早,支谦取得官方地位,僧会则设寺(建初寺)立像,终于吴世,影响最大最久。僧会"锡杖东游",似先到荆州,再来建邺。

僧会求舍利未果之际,谓法属曰"宣尼有言曰:'文王既没,文不在兹乎'",此似在荆州时已读儒学典籍。后来对孙晧问,也引"《易》称积善余庆,《诗》咏求福不回,虽儒典之格言,即佛教之明训",则康会儒典研习不懈。与吴共终。

维祗难与竺律炎二人黄武三年来武昌出经,当亦经交趾。

孙绰《道贤论》以天竺七僧方竹林七贤,其中法护方山涛。此中道理,为治思想史者重要 hint(提示)。法护时称敦煌菩萨,死于晋惠西奔时。

卷二

《鸠摩罗什传》,罗什反回龟兹,诵大乘经论,多明因缘空假,昔与师盘头达多俱所不信。罗什谓师曰:"大乘深净,明'有法皆空',小乘偏局,多诸漏失。"师曰:"汝说一切皆空,甚可畏也。安舍有法而爱空乎? 如昔狂人令绩师绩线,极令细好。绩师加意,细若微尘。狂人尤恨其粗。绩师大怒,乃指空示曰:'此是细缕。'

狂人曰:'何以不见?'师曰:'此缕极细,我工之良匠,犹且不见,况他人耶?'狂人大喜,以付织师。师亦效焉,皆蒙上赏,而实无物。汝之空法亦犹此也。"罗什为师往复陈之,方乃信服。师……于是礼什为师,言:"和上是我大乘师,我是和上小乘师。"

《罗什传》天竺文体与中土不同,译经"改梵为秦,失其藻蔚,虽得大意,殊隔文体,有似嚼饭与人,非徒失味,乃令呕哕也"。

罗什译经出众,发诚实誓"若所传(译)无谬者,当焚身之后,舌不焦烂"。死后焚尸,"薪灭形碎,唯舌不灰",译书人亦有所师者矣。以舌为誓者,盖译经例由译者诵出宣译,他人笔录,其间多有商略也,《佛陀耶舍传》载罗什言"诵其文未善其理","一言三详然后著笔"。诹访义纯《隋唐时代舌不烧的信仰》(《佐藤匡玄博士颂寿纪念东洋学论集》,朋友书店):印度佛教圈创立的舌不烧信仰随着罗什译经传入中国,并与《法华经》诵读集团有联系。

姚兴谓罗什"法种无嗣",遂以妓女十人,逼令受之。……"每至讲说,常先自说譬喻:如臭泥中生莲花,但采莲花,勿取臭泥也。"

《罗什传》,"杯渡比丘在彭城闻什在长安"(按罗什在长安时间为401—409)云云,《卑摩罗叉传》罗什死后又游关左,逗寿春石涧寺,又适江陵辛寺(一作新寺),复还寿春,此皆姚秦时事,其时江淮两属,僧人亦易往来于南北之间。可知徐州之彭城、豫州之寿春,永嘉后只见战乱,此时社会较安定,史籍中常见其名。彭城有僧渊,传《成实论》,见后。

卷三

卷三《昙摩密多传》元嘉初孟顗为会稽太守，请昙摩密多同游，"东境旧俗多趣巫祝。及妙化所移，比屋归正"，与下摘《竺道壹传》均可证孙恩起事状况。

卷三《求那跋陀罗（摩诃衍）传》宋元嘉时谯王义宣在荆州，请跋陀罗讲《华严等经》，"跋陀自忖未善宋言，有怀愧叹，即旦夕礼忏，请观世音乞求冥应，遂梦有人白服持剑，擎一人首来至其前，曰：'何故忧耶？'跋陀具以事对，答曰：'无可多忧。'即以剑易首，更安新头，语令回转，曰：'得无痛耶？'答曰：'不痛。'豁然便觉，心神喜悦。旦起，语义皆通，备领宋言"。

卷四

《朱士行传》有孙绰《正像论》，查全文。僧传引孙绰论赞甚多，似可著文评论。又《支孝龙传》，支孝龙淮阳人，"陈留阮瞻、颍川庾凯（当作敳）并结知音之交，世人呼为八达"。此"八达"又一说。

形见之事，佛教亦多有，神不灭也。

《竺法崇传附释道宝传》，"释道宝者本姓王，琅邪人，晋丞相道（导）之弟"。王氏兄弟为僧不独道潜一人。

《竺法乘传》：乘为竺法护沙弥，法护"资财殷富。时长安有甲族欲奉大法，试护道德，伪往告急，求钱二十万。护未及答。乘年十三，侍在师侧，即语客曰：'和上意已相许矣。'客退后乘曰：'观此人神色非实求钱，将以观和上道德何如耳。'护曰：'吾亦以为然.'明日,此客率其一宗百余口诣护请受戒具,谢求钱之意"(似在西晋时)。按,寺主资财之富,一宗受戒,值得注意。

卷五

《释昙翼传》:昙翼建上明寺与桓冲移镇上明同时,盖以"江陵阖境避难上明,翼又于彼立寺"。翼为道安之徒,于江陵以长沙寺者。

《竺道壹传》:简文帝死,壹自都"还东,止虎丘山,学徒苦留不止。乃令丹阳尹移壹还都。壹答移曰:……今若责其属籍,同役编户,恐游方之士望崖于圣世,轻举之徒长往而不反"云云。此知道壹不属籍,故不为编户,不受移还都。推而证之,以奴为"乐属"即以为编户,可以迁徙至京师为兵。这是确释"乐属"的重要证据。此一材料加上《金楼子》中京师聚兵十万一事,可说清征发乐属事件性质。参《昙摩密多传》。

《道安传》:道安劝阻苻坚南侵时有言曰:"若銮驾必动,可先幸洛阳,枕(一作枕)威蓄锐,传檄江南,如其不服,伐之未晚。"坚不从。按:洛阳在永嘉乱后,孝文帝迁都以前,南北双方均不敢轻易占领。南方占领意味南方还都,北方占领则意味北方南进,但其时双方都无此力量。道安劝阻苻坚不成,乃言可先驻洛阳,传檄江南。前此桓温北伐倡还都之议,亦以占领洛阳为言。盖洛阳为中朝都城,陵墓宫殿所在,极具象征意义。

卷六

《慧远传》："远少与（卢）循父嘏同为书生，及见循，欢然道旧，因朝夕音介。"按远为书生在十六国初期，卢嘏与远为书生，在354年远出家之前（354年远年二十一，嘏年应略相当）。则嘏未渡江，或嘏在此后渡江，或循在此后渡江。无论如何，卢循当为晚渡伧人，不得预士流者。（参汤用彤书）

《释道融传》：师子国有一婆罗门，为彼国外道之宗，乘驼来长安。姚兴使融与其辩论。

卷七

《道生传》：王微以道生比郭林宗，为之立传（与孙绰《道贤论》比较）。

《释慧叡传》，彭城王义康"以貂裘奉叡，叡不着，常坐之。王密令左右求买，酬三十万"。叡不从。

《释慧严传》，宋文帝元嘉十二年谓何尚之语"若使率土之滨皆敦此化，则朕坐致太平"。又，《释慧严传》有"神道助教"语词。

《释慧义传》：宋元嘉初时义劝范泰"以果竹园六十亩施寺，以为幽冥之祐，泰从之"。泰死，第三子晏"夺而不与"。

《释道渊弟子慧琳传》。据《通鉴》元嘉三年，文帝"与（道琳）议朝廷大事，遂参权要"。孔顗叹曰："遂有黑衣宰相，可谓冠屦失所矣。"

《僧含传》：僧含作神不灭论，在宋元嘉中。

晋末始见彭城、寿春有高僧驻锡往来。似此时此处社会秩序有相当恢复。京都有彭城寺，查明何时何人所建。宋初亮公及其徒众被摈岭外，涉及政治问题，宋明之初始得归建康，又明帝践祚，起湘宫寺，以弘充为纲领。又《智林传》"贫道捉麈尾以来四十余年"语。似觉王朝佛教在晋宋之际有某种变化，受南北局势及南朝内部局势影响，可留意。卷七以前应重读。

《释道亮传》："性刚忤物，遂显于众。元嘉之末，被徙南越，时人或讥其不能保身，亮曰：'业理所之，特非人事。'于是命侣宵征，南适广州。弟子智林等十二人随之。停南六载，讲说导众，化陶岭外。至大明中，还止京兆。"此谓孝武帝大明中还，而下卷《智林传》谓"至宋明之初，敕在所资给，发遣下京"。案：元嘉末南谪，六载而还，当是孝武帝大明初，非"宋明初"，《智林传》误。疑明帝起湘宫寺，事遂牵误，但"业理所之，特非人事"语亦可思。

卷八

《玄畅传》，宋文帝（元嘉末）请为太子师，再三固让，弟子谓之曰："今帝王虚己相延，皇储蓄礼思敬……今矫然高让，将非声闻耶？"畅曰："此可与智者说，难与俗人言。"及太初事故，方知先觉。太初事故，是道亮事耶？（高僧依附政治[檀越]，又要避开乱治）

《僧远传》，孝武大明六年似有司又有沙门礼敬王者之议，曰："咸康创议（庾翼？），元兴载述（桓玄），而事屈偏党，道挫余分。"似咸康元兴之议以庾、桓之敌对者反对而止，此又一政教关系线索。孝武帝可臣下之奏，"及景和之中，此制又寝，还遵旧章"，可知孝武一代沙门礼敬王者，历四五年。孝武帝"虽颇信法而久（尤）自骄纵，故奏上之日诏即可焉"。孝武态度亦可留意。又

《僧远传》远死,孝武函法献有"承远上无常",时和上即简称
"上","上"本皇帝之称,而用于僧人。"无常"当为"圆寂"之意。
(和上改称和尚,在何时?)

《释慧基传》:齐初"基既被德三吴,声驰海内,乃敕为僧主,掌
任十城,盖东土僧正之始也"。东土指会稽(又见《释昙斐传》)。
建康僧正始于何时?基死后,慧谅、慧永接掌僧任,次则慧深,均
基弟子。深后次昙与(兴?)。又,此传可见僧有遗产继承之法。

《释僧宗传》:"任性放荡,极越仪法,得意便行,不以为碍。守
检专节者咸有是非之论。文惠太子将欲以罪摈徙逐,通梦有感,
于是改意归焉。"

《释法度传》:佛道争寺。宋末明僧绍居琅邪崵山,死,舍所居
山为栖霞精舍,请度居之。先有道士欲以寺地为馆,住者辄死,及
后为寺,犹多恐动。及度居之,群妖皆息,岁许,一人持名纸通度曰
"靳尚",曰:"弟子王有此山七百余年,神道有法,物不得干。……
谨舍以奉给,并愿受五戒。"崵山庙巫梦神告曰:吾已受戒,祠祀勿
得杀戮,云云,度尝动散(寒食散),靳尚来,以水奉度,所苦即间。
度为齐竟陵王子良及始安王遥光师事。

慧球,齐时从京师至彭城,从僧渊受《成实论》。传之于荆。
彭城佛寺有师传。留意。

"义解"论曰:"昙度、僧渊,独擅江西之宝",昙度亦受《成实
论》于僧渊。

《释僧渊传》:"初游徐邦(州),止白塔寺(寿春有石涧寺,见
卷一一《释僧审传》),从僧嵩受《成实论》……昙度、慧记(或即慧
球)、道登并从渊受业。……太和五年卒,春秋六十有八,即齐建
元三年(481)也。"《魏书·释老志》太和十九年(495)帝幸徐州白
塔寺,谓诸王曰:"此寺近有名僧嵩法师受《成实论》于罗什,后授

渊法师,渊又授登、记二法师。"(《成实论》,敦煌卷子有遗文)

读僧渊、昙度二传及《释老志》,知孝文帝与《成实论》诸师多有关系。

案《续僧传》卷七《义解》有《齐彭城沙门释慧嵩传》,谓其人是魏末高氏作相时人,"时智游论师,世称英杰,嵩乃从之听《毗昙》《成实》……""高齐天保,革命惟新……乃徙于徐州,为长年僧统,仍居彭沛……即隋初志念论师之祖承也"。《续僧传》卷十一《志念传》载志念从慧嵩法师,在北朝之末。

卷九

《佛图澄传》:"王者郊祀天地,祭奉百神,载在祀典",有违者"与淫祀同罪"(中书郎王度请赵人不得奉佛之言)。

卷一〇

《杯度传》:"吴郡民朱灵期使高骊还,值风舶飘,经九日。"时间待查。

《杯度传》有孔宁子(黄门侍郎)云:"昔孙恩作乱,家为军人所破,二亲及叔皆被痛酷。"又有齐谐,伏事杯度为师。此齐谐是否与《齐谐记》(《隋志》著录七卷)之齐谐有关?齐谐为杯度作传记。齐谐又见卷十三《释法意传》,也说及孙恩杯度。

释昙始,太元之末自关中"赍经律数十部,往辽东宣化,显授三乘,立以归戒,盖高句骊闻道之始也"。白足和上("足白于面")。太武灭佛，令以昙始喂北园之虎，虎潜伏不敢近。试以天师(道)近虎，虎辄鸣吼，"焘始知佛化尊高，黄老所不能及"。焘疠疾，崔浩、寇谦之二人次发恶病，焘以过由于彼，于是诛翦二家，门族都尽，宣下国中，兴复正教。此崔浩之死的又一说，附会言之。参卷十一《释僧周传》。

卷一一

《支昙兰传》，青州人，居憩始丰赤城山，有人谓往韦卿(乡)山就舅珠欺王，推此山与兰，又有人称珠欺王，住乐安县韦卿山，愿受戒。按此亦道士让山与和上，与卷八释法度对参。

《释玄高传》。太武灭佛似又与玄高等与太子晃事有关。晃师事高。

《释僧周传》。太武灭法，寻悔，诛灭崔氏，更兴佛法。

释智称，"魏冀州刺史裴徽之后，祖世避难，寓居京口。称幼而慷慨，颇好弓马。年十七，史随王玄谟、申坦北讨猃狁。……"此裴徽为西晋人？魏人？何时来京口？来京口者均易染武功，北府之所需也。

释僧祐(《弘明集》、《出三藏记集》编者)为彭城下邳人，俞氏子，父世居建业。

卷一二

释昙称，河北人，"晋末至彭城(案有关彭城材料甚多，须另搜集），见有老人，年八十，夫妻穷悴。乃舍戒为奴，累年执役。……及二老卒，佣赁获直，悉为二老福用。拟以自赎……"是奴可赎，奴有报酬，同于佣赁，似南朝十夫客。

卷一三

《释僧翼传》，附释道敬，敬为王羲之曾孙。

《释法意传》："晋义熙中，钟山祭酒朱应子。先是，孙恩建义之党，窜居此山。分其外地少许，与意为寺，号曰延贤寺。"

《释慧敬》（岭南僧主），有一"奴子及沙弥"……。

《释法献（徐姓）传》：玄畅与法献"与武帝共语（齐武永明时），称名而不坐"，以下尚书王俭历数庾冰、桓玄及刘宋沙门礼敬，事皆不行云云。参卷七《玄畅传》。

僧祐为法献弟子？（另有一法献，不可混同。）

《释僧护传》：剡县大佛始凿于僧护，在齐建武中，未完成，梁天监六年始丰令吴郡陆咸罢邑还家，宿剡溪，知此事，请建安王，王以僧祐专任造像事，天监十二年春就功，十五年春竟。建安王改封南平王。

《释法悦传》：彭城有宋王寺　此宋王当指刘裕。

《释昙凭传》："还蜀，止龙渊寺。巴汉学者皆崇其声范。"

《经师传论》："天竺方俗，凡是歌咏法言，皆称为呗。至于此土，咏经则称为转读，歌赞则号为梵呗。""梵呗之起，亦肇自陈思。"

释法愿居吴兴长城，"常为梅根冶监，有施慎民来代之。先时，文书未校，慎民遂偏当其负。……"

卷一四

《序录》:"前代所撰,多曰名僧。然名者本实之宾也,若实行
潜光,则高而不名;寡德适时,则名而不高。名而不高,本非所纪;
高而不名,则备今录。故省名音,代以高字。"《高僧传》名称由来
如此。案《续高僧传序》谓"梁沙门金陵释宝唱撰《名僧传》,会稽
释惠皎撰《高僧传》"。今检《僧传》,似未提释宝唱之作。《释宝
唱传》见《续僧传》卷一,其《名僧传》三十一卷,完成于天监十三
年(514),似在《高僧传》之前。慧皎死于554年(甲戌,溢阳,避侯
景乱而来此),年58,则514年皎才18岁,其书谓省"名"代"高",
是针对释宝唱而言。(读《高僧传》杂记·高僧与名僧。)

《续僧传》

卷一《宝唱传》:唱,僧祐弟子,吴郡人,姓岑氏。齐末出家,住
庄严寺,从处士顾道旷、吕僧智等习听经史庄易,"时以其游涉世
务,谓有俗志"。"将及三十,天荫既崩,丧事云毕,建武二年(495)
摆拨常习,出都专听。涉历五载,又中风疾。会齐氏云季,遭乱入
东,远至闽越,讨论旧业。天监四年(505)便还都下,乃敕为新安
寺主。"此后即为梁武帝"总撰集录"。"天监九年(510)先疾复
动",发愿撰《名僧传》,三十一卷,"十三年(514)始就条列"。"初
以脚气连发,入东治疗,去后敕追,因此抵罪,谪配越州,……僧正
慧超,任情乖旨,摈徙广州。先忤京师大僧寺遍,方徙岭表,永弃
荒裔。"唱继续撰《名僧传》,自序云:"岂敢谓僧之董狐,庶无曲笔
耳。""然唱之所撰,文胜其质,后人凭据,揣而用之。""不测其

终。"案宝唱"有俗志",脚气还东,敕配越州,其故难详。或"俗志"是其所累,不能定也。

《慧皎传》:上虞人。"又以唱公所撰《名僧》,颇多浮沉,因遂开例成广,著《高僧传》一十四卷,其序略云……《传》成,通国传之。实为龟镜,文义明约,即世崇重。后不知所终。江表多有裴子野《高僧传》一帙十卷,文极省约,未极通鉴,故其差少。"

刘宋孝武、明帝时多有僧人受谴谪岭南事。明帝泰始三年陆修静奉召建康,立崇虚馆,招集道士。其时杨羲、许氏所传《上清经》流传至京,修静见之,撰道经目录,分为三洞(《上清经》为洞真,《灵宝经》为洞玄,《三皇经》为洞神)。以佛教哲学解释老庄,当始此时。(参任编《中国道教史》、唐《钱塘杜治与三吴天师道的演变》)此二事有无联系? 参《僧传》。

《旧唐书》笔记

卷三八《地理志》：汴州浚仪县："古县。隋置，在今县北三十里，为李密所陷。县人王要汉率豪族置县于汴州之内，要汉自为县令。义宁元年，于县复置汴州，以要汉为刺史。"

卷四三《职官志》："起居郎"注："自汉献帝后，历代帝王有起居注，著作编之，每季为卷，送史馆也。"起居注始于汉献帝。《旧唐书·职官志》较《地理志》优。

卷四五《舆服志》中见唐制南北渊源，特别是北朝风俗对唐制的影响。

卷六二《李大亮传》官奴婢多为衣冠子女，破亡至此。

卷六三《封伦(德彝)传》，杨素谓伦有"揣摩之才"，可叹。

卷八四《郝处俊传》："逮乎魏武，法尚峻。臣见《魏令》云：'京城有变，九卿各居其府。'其后严才作乱，与其徒属数十人攻左掖门。魏武登铜雀台远望，无敢救者。时王修为奉常，闻变，召车马，未至，便将官属步至宫门。……此由王修察变知机，违法赴难。"此《魏令》佚文。查《九朝律考》。

卷八九《狄仁杰传》："为来俊臣诬构下狱。时一问即承者例得减死，来俊臣逼胁仁杰，令一问承反。仁杰叹曰：'大周革命，万物唯新，唐朝旧臣，甘从诛戮。反是实！'俊臣乃少宽之……"

卷一二○《郭子仪传》，回纥等犹称代宗为天可汗。

卷一二四《田神功传》：上元元年（760）"为邓景山所引，至扬州，大掠百姓商人资产，郡内比屋发掘略遍，商胡波斯被杀者数千人"。按屠杀商胡波斯事，广州亦有之。

卷一二六《李揆传》：肃宗时京师多盗，李辅国请选羽林骑士五百人以备巡检。揆上疏曰："昔西汉以南北军相统摄，故周勃因南军入北军，遂安刘氏。皇朝置南北衙，文武区分，以相伺察。今以羽林代金吾警夜，忽有非常之变，将何以制之？"遂制罢羽林之请。

卷一二九韩皋论嵇康《广陵散》乐章中反映了魏晋之际的政治动向，谓王陵都督扬州，谋立荆王彪。毌丘俭、文钦、诸葛诞前后相继为扬州，有匡魏室之志，皆为司马懿父子所杀。扬州，故广陵之地也。叔夜撰此曲，将贻后代之知音者，且避魏晋之祸，所以托之神鬼也。

卷一三一李勉：代宗时为广州刺史，"前后西域舶泛海至者岁才四五，勉性廉洁，舶来都不检阅，故末年至者四十余"。

同卷李皋，德宗贞元为襄州刺史山南东道节度等使，"常运心巧思为战舰，挟二轮蹈之，翔风鼓，疾若挂帆席，所造省易而久固"。按"轮船"于此始见，早于杨幺近三个半世纪。

卷一三五《卢杞传》："上（德宗）曰：'众人论杞奸邪，朕何不知？'（宰臣李）勉曰：'卢杞奸邪，天下人皆知，唯陛下不知，此所以为奸邪也！'德宗默然良久。"

同卷《白志贞传》：郭子仪婿端王傅吴仲孺"上表请以子弟率奴客从军"，白志贞"乃请令节度、观察、团练等使并尝为是官者，令家出子弟甲马从军……是时豪家不肖子幸之，贫而有知者苦之。……（后）皆以京师沽贩之徒以填其阙，其人皆在市廛。及泾师犯阙，诏志贞以神策军拒贼，无人至者"。

卷一三九《陆贽传》:《论边事疏》,于肃代以来兵政之弊论之切直,宜细读。

卷一四〇《张建封传》言宫市之弊。宫市宦者主之,抑买人物,德宗末年,但置"白望"数十百人于两市及要闹坊曲,但称宫市,则真伪不辨,敛手付与,十不偿一,更索进奉门户及脚钱银,卖物者有空手而归。

卷一四一《田承嗣传》记藩镇由来,谓代宗遣仆固怀恩引回纥军平河朔后,代宗屡行赦宥,怀恩为固宠,留贼为援,乃奏田承嗣、李怀仙、张忠志、薛嵩四人分帅河北诸郡。诸帅外受朝旨,阴图自固,并彼此勾结,遂成痼疾。

同卷建中三年诸侯"依周末七雄故事"连衡抗唐,并建国号为冀、魏、赵、齐,朱滔(冀)为盟主称孤,余称寡人。四年各去王号。朱滔连回纥之众南侵。

卷一四二诏李宝臣等讨田承嗣。宝臣部将王武俊谓宝臣曰:"今阁下有功尚尔,寇平后,天子以幅纸之诏置京下,一匹夫耳,可乎?"宝臣曰:"为之若何?"武俊曰:"不如玩养承嗣,以为己资。""玩养"二字颇有深意,藩镇间以及藩镇与唐廷关系可见。

卷一四三乌桓鲜卑数寇边。卷一四四:"尚可孤,东部鲜卑宇文之别种也,代居松漠之间,天宝末归国。"

卷一四四戴休颜以所部蕃汉三千人赴德宗奉天之难。唐军中有蕃有汉,不独休颜为然。

卷一四四尉迟胜以于阗王长子嗣位,天宝中仕于唐。卷一四六裴珍,疏勒国王绰武德中来仕,留阙下,遂为京兆人。珍为绰五世孙。《珍传》提到金吾将军论惟明,疑吐蕃人。《旧书》多次提及此人。(卷一五四《吕元膺传》谓论贞元初节制渭北,卷一五八《郑从谠传》有牙将论安。)

卷一四五陆长源为汴州留后,"或劝长源,故事有大变,皆赏三军,三军乃安。长源曰:'不可使我同河北贼,以钱买健儿取旌节。'"兵士乃执长源"脔而食之"。

卷一四九为史官传。"史臣谓:前代以史为学者,率不偶于时,多罹放逐。诚以褒贬是非在于手,贤愚轻重系乎言,君子道微,俗多忌讳,一言切己,嫉之如仇"云云。该卷《沈传师传》,传师父既济在史馆时,议论吴兢国史不当以武则天立本纪,主张纪称孝和(中宗)而事述太后,则名礼两得。

卷一五四《孔巢父附从子戣传》:戣为广州刺史岭南节度使,"先是准诏祷南海神,多令从事代祠。戣每受诏,自犯风波而往。韩愈在潮州,作诗以美之"。按愈为《祭鳄鱼文》,盖其时有祭海之习。

卷一五八《韦贯之传》:"新罗人金忠义以机巧进,至少府监,荫其子为两馆生。"贯之以工商之子不当仕,去之。

卷一五八:韦澳戏吟"若将韦鉴同殷鉴,错认容身作保身",有深意。查。

卷一六一《石雄传》太和三年石雄于云州破回鹘,雄"自选劲骑,得沙陀李国昌三部落,兼契苾拓拔杂虏三千骑"云云。拓拔余部,唐末称之为杂虏。

卷一六四《王播附王龟传》:咸通(?)十四年为越州刺史"属徐泗之乱,江淮盗起,山越乱,攻郡,为贼所害",唐末犹见山越之名。卷一七七《裴休传》休父肃,贞元中为越州刺史。山越为乱,陷浙东郡县。

卷一七三:牛李之争,《郑覃传》言其原委。覃嫉章句小道,进士浮华,请停此科,又请刊九经勒石。开成石经亦牛李党争中之产物。

卷一七三郑朗（覃弟）为起居郎。文宗与臣下论节俭事，谓玄宗时内库唯二锦袍饰以金鸟，一袍玄宗幸温汤御之，一即与贵妃，当时贵重，今富家往往有之，左卫副使张元昌便用金唾壶，等等。时郑朗执笔螭头下记之。文宗索记观之，朗对曰："臣执笔所记，便名为史。伏准故事，帝王不可取观。昔太宗欲览国史，谏议大夫朱子奢云：'史官所述，不隐善恶，或主非上智，饰非护失，见之则致怨，所以义不可观。'又褚遂良曰：'今之起居郎，古之左右史也，记人君言行，善恶必书，庶几不为非法，不闻帝王躬自观史。'"帝（文宗）曰："适来所记，无可否臧，见亦何爽？"乃宣谓宰臣曰："郑朗引故事，不欲朕见起居注。夫人君之言，善恶必书，朕恐平常闲话，不关理体，垂诸将来，窃以为耻，异日临朝，庶几稍改，何妨一见，以诫丑言？"朗遂进之。史官之尊严如此。史昭鉴诫，古今相同。参《褚遂良传》。

卷一七六《杨嗣复传》：文宗延英谓宰相曰："天后用人，有自布衣至宰相者，当时还得力否？"嗣复曰："……当艰难之时，或须拔擢；无事之日，不如且循资级。古人拔卒为将，非治平之时，盖不获已而用之也。"嗣复为牛党，进士出身，于用人持有事尚功能、治平尚资级之见。

卷一七六：魏謩（魏征五世孙）为起居舍人。文宗"遣中使取謩起居注，欲视之。謩执奏曰：'自古置史官，书事以明鉴诫。陛下但为善事，勿谓臣不书；如陛下所行错忤，臣纵不书，天下之人书之。臣以陛下为文皇帝，陛下比臣如褚遂良。'帝又曰：'我尝取观之。'謩曰：'由史官不守职分，臣岂敢陷陛下为非法？陛下一览之后，自此书事须有回避。如此善恶不直，非史也。遗后代，何以取信？'乃止"。参褚遂良、郑朗传。謩为牛党，郑朗则倾向德裕。謩为谏官言辞太刚，为牛党令狐绹所忌，罢之。

卷一七八：王徽，"京兆杜陵人，其先出于梁魏。魏为秦灭，始皇徙关东豪族实关中，魏诸公子徙于霸陵。以其故王族，遂为王氏。后周同州刺史熊，徽之十代祖，葬咸阳之凤岐原，子孙因家焉"。按此秦徙豪族故实，前史似漏载。查《后周书》《北史·王熊传》。

卷一八二《高骈传》：黄巢"据广州，求天平节钺。朝廷议欲以南海节钺授之"。按黄巢求天平，与后所谓天补平均之号是否有关，待考。天平军时辖郓、曹、濮三州，曹州为黄巢、王仙芝家乡。

《欧阳询传》，呼询为獠。卷一八五下《裴怀古传》，始兴贼欧阳倩反，被称为夷獠，询事《旧书》无，待查《新书》。或为褚遂良事，记忆失真。

卷一九〇上《文苑传上》：谢偃，本姓赤勒，祖赤勒孝政，北齐散骑常侍，改姓谢。赤勒当即敕勒，即高车、丁零。谢偃善为赋，时李百药善五言诗，有李诗谢赋之称。

卷一九〇上《文苑传上》，蔡允恭，江都之难，从宇文化及西上，没于窦建德，后为秦府参军兼文学馆学士。又，崔信明为尧城令，窦建德僭号，欲引用之。信明族弟敬素为建德鸿胪卿，说信明曰："……夏王英武，有并吞天下之心，士女襁负而至者不可称数。此时不立功立事，岂是见机而作者乎？"据此，窦建德起事，亦广罗士子，《唐书》此等事例甚多，惜未遍录。

卷一九〇中，元万顷拜著作郎，"时天后讽高宗广召文词之士入禁中修撰，万顷与左史范履冰、苗神客，右史周思茂、胡楚宾咸预其选……朝廷疑议及百司表疏，皆密令万顷等参决，以分宰相之权，时人谓之北门学士。……万顷素与徐敬业兄弟友善，永昌元年(689)为酷吏所陷，配流岭南而死。时神客、楚宾已卒，履冰、思茂相次为酷吏所杀"。履冰死于载初元年（即永昌元年

［689］)，思茂死于垂拱四年（688）。

卷一九四上《突厥传上》：贞观三年突利可汗表请入朝，太宗谓侍臣曰："……夷狄弱则边境无虞，亦甚为慰。然见其颠狈，又不能不惧。所以然者，虑已有不逮，恐祸变亦尔。朕今视不能远见，听不能远闻，唯藉公等尽忠匡弼，无得惰于谏诤也。"太宗远见之例。

同卷有右监门卫中郎将爨宝璧率师击突厥事，唐官族姓又多一例。

卷一九五《回纥传》可汗称唐天子为天可汗。按天可汗，本纪已见。

其他

关于《水浒传》

神宗好览《水浒传》，或曰：此天下盗贼萌起之征也。（明刘銮《五石瓠》卷六）明周弘祖《古今书刻》有都察院刊本《水浒传》。

东北图书馆编《明清内阁大库史料》上册 429 页载，崇祯十五年（1642）六月二十三日严禁《水浒》。又《大清文宗显皇帝实录》咸丰元年（1851）七月又严禁《水浒》。《大清穆宗毅皇帝实录》卷二二六同治七年（1868）三月禁诸书。清龚炜《巢林笔谈》卷一："《水浒》一书首列妖异，隐托讽讥，寄名义于狗盗之雄，凿私智于穿窬之手，启闾巷党援之习，开山林哨聚之端。"同治六年（1867）重镌《汇纂功过格》卷四引鲍曼殊《感应篇解》："赞水浒为忠义，而揭竿斩木者奉为枕内之阴符（指《水浒》）。"明刘銮《五石瓠》卷五："献忠之狡也，日使人说《三国》、《水浒》诸书。"清昭梿《啸亭续录》一《大戏节戏》：乾隆初命庄恪亲王"谱宋政和间梁山群盗及宋金交兵、徽钦北狩诸事，谓之《忠义璇图》"。大概是从贯华堂评本《水浒》继承过来,开《荡寇志》先路。清顾苓《塔影园集》四《跋水浒图》:"罗贯中客霸府张士诚,所作《水浒传》题曰《忠义水浒》。后之读其书者,艳草窃为义民,称盗贼为英杰。仲尼之徒,不道桓文,贯中何居焉!孟子曰:'诵其诗,读其书,不知其人可乎?是以论其世也。'至正失驭,甚于赵宋;士诚跳梁,剧于宋江。《水浒》之作,以为士诚讽谏也,士诚不察。而三百年之后,高杰、李定国之徒,闻风兴起,始于盗贼,归于忠义,未必非贯中之教也。山阴陈洪绶画《水浒图》,实崇祯之末年,有贯中之心焉。……呜呼,诸人往矣,英雄耶!群盗耶!以其时考之则可矣。"

几个概念的出处

三大发明(印刷术、火药、指南针)及其对西方文献、战争、航海的影响("世界上没有一个帝国、没有一个教派、没有一个星宿比这三种机械发明对于人类发生过更大的力量与影响"),Francis Bacon(1561—1626)在 17 世纪初最早说及,见所著《新方法论》*Novum Organum*,1620 版,第一册 129 节(译文可据 Fulton H. Anderson)。

Silk Route 作为一个专称,首见于 1877 年德人李希霍芬 F. von Richthofen。参见夏鼐《中国文明的起源》第二章,文物出版社1985 年 7 月。关于 Silk Route,《文物》1989 年 1 期杨泓《丝绸之路由中国向日本的延伸》及林梅村《开拓丝绸之路的先驱——吐火罗人》二文甚好。

董永故事

董永故事首见《御览》卷四一一引刘向《孝子图》(或即刘向《列士传》,隋唐二志著录)、《宋书·乐志四》引曹植《灵芝篇》。干宝《搜神记》较详。今本二十四孝文(南宋人辑)、汉武梁祠画像有此故事,谓董永千乘人,但画面与上述故事不一致,参看瞿中溶《汉武梁祠堂石刻画像考》卷五,及容庚《汉武梁祠画像录》。

土地的最高所有权

在欧洲,在封建等级制度存在的情形下,国王(皇帝)享有全部土地最高所有权,虽然土地的绝大部分已分封出去。在中国,皇帝对土地的最高所有权之不同于欧洲的皇帝,只在于在他的属下等级较少,而且绝大部分土地是自耕农民占有的,他们直接向皇帝服役。这就是专制主义的物质基础。

农民起义不因人口过剩

晋初人口不过千六百万,决不会发生人口过剩的问题,然而因为行宽政的结果,统治阶级纵容自己对人民尽情压迫,农民起义得反而比较快。直至隋末,人口不过四千万,而洛阳仓储就有二千四百万石,各地还有义仓,粮食并没有问题,人口决不过剩,然而农民起义却达到了极点。唐初人口增多,也因为适当的解决了漕运问题,使经济趋于平衡。唐代后叶之乱,也不是因为人口过剩。

关于历史写作

写历史好比手持解剖刀,指导的原则是科学,不是感情。写历史,无宁说须要无情,而用历史,那就是另一回事了。

写历史要文采,那只是作 dressing 用。文采不应当进入历史内容中。如用一叶惊秋来写历史,历史就成了艺术而非科学。有人说某文简直是艺术品,这是从文章写来引人入胜而言,非谓内容是艺术品。

汪曾祺编《沙家浜》时认为戏词句句精彩,做不到,但得有一两句得意之笔才行。"人一走茶就凉"这句精彩。历史论文也得如此。

宁恨无悔

杨绛《记钱锺书与〈围城〉》曰:《围城》重印后,我问他想不想再写小说。他说:"兴致也许还有,才气已与年俱减。要想写作而没有可能,那只会有遗恨;有条件写作而写出来的不成东西,那就只有后悔了。遗恨里还有哄骗自己的余地,后悔……味道不好受。我宁恨无悔。"(《将饮茶》,三联1987)

有猷有为有守

《洪范》:"凡厥庶民,有猷,有为,有守。"《宋史·苏轼传论》:"意之所向,言足以达其有猷,行足以遂其有为;至于祸患之来,节义足以固其有守。"宋人解有守,偏重节义,只是一种看法。做学问,也有有猷、有为、有守问题,正可发挥。

杨联陞诗

杨联陞1965年获哈佛燕京讲座教授时答余英时贺诗曰:"古月寒梅系梦思,谁期海外发新枝。随缘且上须弥座,转忆当年听法时。"古月寒梅,谓胡适及梅贻琦。"新枝",谓己谓人均可。

东国儒英

内藤湖南(1866—1934)首创魏晋隋唐是中国的中古,而以士族为中世贵族之说以后,陈寅恪氏(1890—1969)又以山东旧族和关陇贵族集团的学说加以发展。在日本,内藤氏及陈氏学说合为一体,开创了唐史新研究。日本学界认为,把内藤贵族制和陈寅恪关陇集团说结合起来的,是谷川道雄"胡汉政权说"。谷川氏1987出版《中世の探求——历史と人间》可为代表(妹尾达彦介绍)。

周一良先生认为白鸟(1865—1942)、内藤分别受西学、朴学影响较深,成为两京汉学长老,而桑原骘藏(1870—1931)则兼承乾嘉与欧洲学术传统(桑原骘藏之子桑原武夫,1904生,京大出身,与贝冢茂树、吉川幸次郎被称京大三杰,武夫学术正是中西兼之,长于文学)。

但是,狩野直喜(1868—1947,即陈寅恪所赞"东国儒英"藤田、狩野、内藤虎者)常说明治以来日本的中国文史研究,性质实系"清学",则不论中日文史研究受西方影响有多少,其内核仍为朴学(直喜之孙狩野直祯,亦京都出身,曾于1974作《诸葛亮评价的变化》报告于仙台东北大学)。按藤田丰八1896出版《中等教育东洋史》,后来在上海为王国维日语教师。陈寅恪挽词说到东国儒英,以藤田为首盖此。狩野直喜小内藤二岁,但他任京大文科大学教授时延请内藤为东洋史讲席。挽词以内藤居后,亦有押韵需要。藤田治中西交通史,有《汪大渊〈岛夷志略〉校注》等书。

品位

古人有诗品、书品、画品等作,盖以品位专门人物。品位准确与否不论,但同类专门人才终有后人品位,值得注意。史家作文立说,宁能无视后人品位?

诗人之眼与政治家之眼

《人间词话》谓罗隐《炀帝陵》"君王忍(枉)把平陈业,只博(换)雷塘数亩田"为"政治家之言";而把唐彦谦《仲山》"长陵亦是闲丘垄,异日谁知与仲多"说成是"诗人之言",境界不同。政治家之眼,限于一人一事;诗人之眼,则通古今而观之。("词人观物,须用诗人之眼,不可用政治家之眼。")从终极言之,长陵亦不过闲丘垄,而仲山则为后人凭吊的隐者居。此是论词人境界之例,可作论史境界启发。

日文读吴为暮

木宫泰彦《日中文化交流史》30 页注②谓孙吴亡后，三韩仍称南朝为吴。吴字日文读作 kure，《艺文日涉》说"吴，此译'苦列'，暮(kure)字译语，犹言日没处"。圣德太子致隋国书称日本为日出处，称隋为日没处。

两首宋诗

罗大经《鹤林玉露》(六)"道不远人"条："子曰：'道不远人。'（按，语出《礼记·中庸》）孟子曰：'道在迩而求诸远。'有尼《悟道诗》曰：'尽日寻春不见春，芒鞋踏遍陇头云。归来笑撚梅花嗅，春在枝头已十分。'亦洒脱可喜。"

予按陈模《怀古录》(中)江西诗客王某应秦桧诗："到处寻春春不见，枝头劈破几重云。归来检点梅花树，春色梢头已十分。"两诗句意均极近。罗、陈二人均南宋末庐陵人，或其诗为南宋江西传诵之作。诗固洒脱，意更深切。

大成智慧学

《书品》2003 年第 4 期 85 页王东《我为什么要写〈中华文明论〉》。王为黄枬森博士(1985)。文末记 1993 年 4 月 22 日钱学森约黄枬森及北大人大哲学同人讨论哲学发展大势。钱提出把当代科学成果(世界最新成果)和中华民族哲学智慧精华，全综合到马克思主义哲学中来,创造21世纪哲学新形态——大成智慧学。这是一个有趣的信息。大成,可能用"大成至圣先师"之意。哈哈！前此于光远倡聪明学。

改句

刘禹锡诗句"芳林新叶催陈叶,流水前波让后波"。好句,我师其意改句:"后浪汇前波,众生皆不朽。"无所谓让不让。

教条与方法

旧日笔记中偶见如下一则:"马克思的整个世界观不是教条,而是方法。它提供的不是现成的教条,而是进一步研究的出发点和供这种研究使用的方法。"（恩格斯语,见《马恩全集》第39卷,406页）这个说法颇有意思。

胡适的几段话

胡适健全的个人主义:"要个人有自由选择之权,还要个人对于自己所行所为都负责任。"五四时期《新青年》文章。

1930年11月《胡适文选》自序"介绍我自己的思想":"现在有人对你们说:'牺牲你们个人的自由,去求国家的自由！'我对你们说:'争你们个人的自由,便是为国家争自由！争你们自己的人格,便是为国家争人格! 自由平等的国家不是一群奴才建造得起来的!'"

争自己的人格,为自己负责,又要保持社会和谐,就必须尊重别人,特别是尊重少数。反对对少数的强制,反对暴力革命,容忍反对派。执着思想信仰自由,言论出版自由。他信奉伏尔泰的名言:"你说的话我一个字都不赞成,但是我要拼命力争你有说这话的权利。"他强调宽容、容忍,晚年还写了《自由与容忍》。

李慎之死前说过:20 世纪是鲁迅的世纪,21 世纪是胡适的世纪。其实说白了也没有什么,回到胡适,无非就是回到常识。(此话出处待查)

胡适:"宁鸣而死,不默而生。"

论读书

尤袤:书:"饥,读之以当肉;寒,读之以当裘;孤寂而读之,以当友朋;幽忧而读之,以当金石琴瑟。"(《诚斋集》)

《说苑》:书犹药也,善读之可以医愚。

王直方语

王楙《野客丛书》卷二二引王直方诗话:信乎不行一万里,不读万卷书,不可看老杜诗也。(《丛书集成》0306)

盗名之风

《文选》张衡《思玄赋》注引《汉武故事》载颜驷一事与冯唐略同。汉武至郎署，见老者，问何其老也。曰："文帝时为郎，文帝好文，臣好武；景帝好老，臣尚少；陛下好少，臣老矣，是以三叶不遇。"上感其言，擢为会稽都尉。后人往往以此为冯唐事。《野客丛书》卷六颜驷事与冯唐同条，《集成》0304 册 43 页。

《史通·史官建置》载子玄慨叹之词，曰："而近代趋兢之士，尤喜居于史职，至于措词下笔者，十无一二焉。既而书成缮写，则署名同献；爵赏既行，则攘袂争受。……昔魏帝有言：'舜禹之事，吾知之矣。'此其效欤！"魏帝之言指《魏文纪》引《魏氏春秋》曰："帝升坛礼毕，顾谓群臣曰：'舜禹之事，吾知之矣。'"子玄痛诋伪学术欺世盗名，古已有之，于今为烈。趋兢者居主编、馆主之位，署名居首，酬报骇人，媒体炒作，辄谓"某代著某书，某年成某史，加封若干户，获赐若干段"（《史通》旧本美文）。甚者招致媒体，自历行事，编织荣耀，俨然宗师者时有所见。学风如此，与世风齐，悲乎！

《送别》之来历

阅报得知，1914 李叔同"送别"，其曲原自美国约翰.P.奥德威的《梦见家和母亲》，音乐仿黑人歌曲格调。先是日本词作家犬童球溪用此旋律填成"旅愁"，而李叔同于 1914 年别填"送别"。"旅愁"和"送别"均行于世。闲时当查美国 101 首，看有无此曲。

太初幽蛰，厥有札记

翻检《猗觉寮杂记》，读鲍廷博跋，乃作眉批曰："太初先生幽蛰，厥有魏晋札记，噫嘻！"盖以朱翌陷秦桧逐赵鼎之狱，谪居曲江，乃有《杂记》之作。鲍跋谓翌"方流离迁徙，索手无书，而能绅绎经史，探索百氏，旁引曲证而折衷之，亦足以征其腹笥之富已"。阅鲍跋乃有周先生连想。朱翌据云"天怀放旷"，周公于此则小有不如，郁郁终身，未尝萦怀，噫！周公"腹笥之富"，则我辈所钦敬也。

俞樾《别俞樾》

俞樾死前曾作《别俞樾》诗曰："生平为此一名衔，费尽精神八十年。此后独将真我去，任他磨灭与流传。"余有感焉！

做政治与说政治

《南京晓庄学院学报》2008 年第 5 期，21 页胡阿祥为"六朝研究"专栏所作"主持人语"："……当 1989 年笔者通读北京大学田余庆先生的《东晋门阀政治》后，对田先生之把握大局的气魄、细察枝节的功夫、鞭辟入里的分析，佩服得无以复加之际，曾与一位'老政工'戏言：'田先生真应该去从政'，未料'老政工'意味深长地笑道：'政治这东西，做的人不说，说的人不做'——此话，作者至今认作箴言。"以下又说："适宜的'政治史'研究者，还是不做'政治'的历史学者，而非做'政治'的政治家或者政客。"

胡阿祥所见所言，深得我心。我自小的家庭、生活、教育、时代等各项背景，以及青壮年以来的经历，使我50岁后走上写政治史的路，想转移研究方向终不可能。胡阿祥所见所言，点到了实处，我一定要把此心路历程写出来。2009年春一定要动手，再晚怕不行了。

未刊之章

龚自珍有名句："避席畏闻文字狱，著书都为稻粱谋。"自珍自陈心态不高，低首下心而无骄矜之气。有感于半世纪以前曾以"敢于斗争敢于胜利"为主旨歌颂农民战争之"文"（尚非"著作"），罕有"避席畏闻"之心，亦有些许"稻粱谋"存于其中。幸亏此文始未为《新建设》刊出，为我保存了一点"面子"，否则终身羞愧。昨日与客人道及平生为学，想到此事，亦不幸中之幸也。

推理

偶见有文章（可能是陈景润秘书李小凝关于忆陈景润之文）说到数论研究重在"推理"而非计算，即便是最先进的超级计算机，也不能完全替代数学家的工作。这个说法，对于理解开元的"历史推理研究"好像有启发。等以后读了他的"秦始皇的秘密"再思考这个问题。

桐城派

桐城派方(苞)、刘(大櫆)、姚(鼐)。

《清史稿·姚鼐传》(卷四八五):"所为文高简深古,尤近欧阳修、曾巩。其论文根极于道德,而探原于经训。至于浅深之际,有古人所未尝言。鼐独抉其微,发其蕴,论者以为辞迈于方,理深于刘。三人皆籍桐城,世传以为桐城派。"

癸卯小满得句

实处见虚真货色,
无中生有臭文章。

癸卯年小满得句录以自励。(此亦朱子"文字奇而稳方好")录之于簿。翻检寻思,为文如此,为学盖亦如此。《云麓漫钞序》谓此书"博不病荒,精不病馁"。

自忖此生做文章,近于两者都有,幸亏中年觉悟,力求实处见虚。转机出在知命之年,恰为 生乖舛之际,亦异也,亦难也。转机在曹袁之文,此后文章未必都有价值,但都不是无中生有,都力求一个真字,求言之有物,庶几得免于臭文章之讥刺也。至于理想中的"真货色",我心向往而力所不及,但对此境界略有领悟,亦知足矣。《庄子·知北游》:"臭腐复化为神奇,神奇复化为臭腐,故曰通天下一气耳。"臭腐神奇,一也,辨识在人而已。《朱子语类辑略》279页(《丛书集成》0644)"作文字须是靠实,说得有条理,乃好,不可架空细巧,大率要七分实,只二三分文……"

读《靖康缃素杂记》

不读书已经年矣，深感失落。今读《靖康缃素杂记》（黄朝英），录其数则。卷八"鸲鹆"谓王荆公《字说》："鸲从勾，鹆从欲，解云：鸲鹆多欲，尾而足勾焉。"段成式《酉阳杂俎》云："鸲鹆交时，以足相勾促鸣，如鼓翼相斗状，往往堕地，人或取其勾足为魅药。"案鸲鹆俗称八哥，华中华南多有，民间方剂，身之所缺，往往取某物相应部分为药膳，故有取鸲鹆足以为魅药者。今伟哥热销，投机者正可取八哥足制剂，能发大财。一笑。（引文见《酉阳杂俎》续集卷八"支动"，《丛书集成》0278，242页。魅药作媚药）又，朱翌《猗觉寮杂记》（《丛书集成》0284，31页）亦载安石《字说》释鸲鹆事。（安石《字说》，文字学上之野书也，宜乎久佚，似亦无人辑集。）

《缃素杂记》卷十"和松"。庾敳目温峤"森森如千丈松，虽磊砢多节，施之大厦，有栋梁之用"。而《晋书·和峤传》及《世说》又谓此所器者为和峤。经检点校本《和峤传》，此处未曾出注。《晋书》点校水平去《魏书》远矣。黄朝英并谓"今之学者至有云和氏之松千丈，益谬矣"，不知所指何人。

卷四"招提"，官赐额者为寺，私造者为招提兰若。若然，后之所谓"招提寺"者，官耶私耶？

读《云麓漫钞》

赵彦卫《云麓漫钞》八引崔寔《四民月令》，过腊一日则为小岁，小岁用之汉朝，赵氏谓盖汉尝用十月岁首，已过年，则腊为小年。小年与十月大年相对,非谓与元正大年相对。此解有理。(《云麓漫钞》本名《拥炉闲话》或《拥炉闲纪》,开禧重刊时易名。)

赵彦卫《云麓漫钞序》(无序名者)谓此书"博不病荒,精不病馁"。八字合则学有成。(《文心雕龙·事类》有"饱学而才馁者",则馁意为才不足以副学。才不只是文采,而指悟性、灵感之类。)

《漫钞》四,司马温公作《通鉴》,两汉用荀悦、袁宏《汉纪》,唐用《旧唐书》,故与《汉书》及《新唐书》语不同。忆及征和二年追记武帝对卫青言有"亡秦之迹"语,虽检得《朱子语类》语相印证,终未知始源出处(荀悦书不载),于心耿耿。

读《能改斋漫录》

吴曾(虎臣)《能改斋漫录》,赵彦卫云其书自秦桧卒后曾不敢出,以吴党附秦桧得官也。吴书以荀彧为汉忠臣,以冯道为大人(卷一○248页,259页),均名教所不容。刘昌诗《芦浦笔记》尝摘其舛误十余条。四库馆臣则主张"置其人品而论其学问,弃其瑕纇而取其英华",故得采入四库。吴曾另有《辨误录》三卷。(建炎初又有康与之[伯可],先上中兴十策,后谄事秦桧,后贬。为人似吴曾。)

《漫录》卷六"字舞"引王建《宫辞》:"罗衫叶叶绣重重,金凤银鹅各一丛。每遇舞头分两向,太平万岁字当中。"唐《乐府杂录》云:"舞有软舞、健舞、字舞、花舞、马舞。""太平万岁字当中",盖字舞也。余案,今人曾作《万岁考》,尚无人作《忠字舞考》者。似可提醒王春瑜先生(《齐东野语》卷十"字舞"条略同)。

《能改斋漫录》卷一〇"歌行吟谣"条引蔡絛《西清诗话》辨歌、行、吟、谣之别,吴曾论曰:"予案《宋书·乐志》云,诗之流乃有八名:曰行,曰引,曰歌,曰谣,曰吟,曰咏,曰怨,曰叹,皆诗人六义之余也。"今检沈约《乐志》,所载歌谣行引之类不少,似无概括八名之文,疑吴曾细读沈约《乐志》而为此说。八名之别,实难得详言也。

　　吴曾《漫录》卷八"不去吕后为惠帝计",引老苏明允论汉高祖云:"不去高后者,以吕氏佐帝定天下,为大臣素所畏服,独此可以镇压其邪心,以待嗣子之壮。故不去吕氏者,为惠帝计也。"吴曾按李德裕《羊祜留贾充论》,亦同此理。老苏论吕后,乃本于《羊祜留贾充》)。此说有识。

　　《漫录》卷一八:"高尚处士刘皋谓:'士大夫以嗜欲杀身,以财利杀子孙,以政事杀人,以学术杀天下后世。'"吴曾谓非神仙中人不能发此言也。

　　《漫录》卷一八,隋末李淳风访袁天纲,事以师礼。郊行见牛迹,袁问李能知牛之牝牡否。李不知,袁曰,乃牝而有孕者。左足深,则左重,必产牝。惟食右边草,必左目伤也。淳风叹曰:"兄之术可及,其智不可及也。"吴曾引孟子而发感慨曰:"大匠能诲人以规矩,不能使人巧。"今之为学者不亦然乎!

　　《漫录》卷一〇引唐僧皎然之语曰:诗有三偷:偷语最是钝贼;偷意事虽可罔,情不可原;偷势才巧意精,略无痕迹,云云。观夫今之学术腐败,攻守双方多有其说,皎然之语可深思。

　　《漫录》卷一四"太宗用李勣盖高欢策"条。高欢临死谓澄,敌侯景惟有慕容绍宗,我不贵之,留以与汝,宜深加殊礼,委以经略。太宗疾,谓太子曰,汝于勣无恩,今以事出之,我死,宜即授以仆射,彼必致死力矣。按,此与前录羊祜留贾充、高祖不杀吕后,同为古人之政治术。

宇文柔奴

初见网名用"宇文柔奴"者，其人有文采，因意网名有来历，一时不解。嗣查得《能改斋漫录》卷八"此心安处便是吾乡"条曰："东坡作《定风波序》云：王定国（巩）歌儿曰柔奴，姓宇文氏。定国南迁归（巩受乌台诗案迁连，谪宾州［岭南］，柔奴随行，1083 年北归，遇苏轼），余问柔：'广南风土，应是不好？'柔对曰：'此心安处便是吾乡。'"吴曾考得此语出白乐天《吾土》诗"身心安处为吾土，岂限长安与洛阳"，乐天以此意为诗者不止一处。我意①柔奴为女性；②读苏颇有心得，或亦喜白诗；③此时在国外留学，或已定居，故欣赏歌儿柔奴心安是吾家之说，随寓而安。后以此询陈勇，始知柔奴为董振华之女，现在香港求学（柔奴南迁岭南）。我所猜测大抵得实。闲来查检手头苏轼文集、苏轼诗集，得苏与王定国（巩）酬和诗文尺牍多处，但《定风波序》暂未得见。（苏文集卷一〇"序"，有《王定国诗集序》，亦无涉及《定风波序》者。）

晁补之评语

晁补之评晏殊（实为几道）《鹧鸪天》"舞低杨柳楼心月，歌尽桃花扇底风"二句，"风度闲雅，不蹈袭人语，自是一家，可知此人不生在三家村中者"（见赵令畤《侯鲭录》卷七）。此评语不落俗套,清新可喜。

读《辨误录》

吴曾《辨误录》上五,言杜诗谓南海献荔枝,唐《礼乐志》亦谓荔枝贡自南方。东坡诗谓东汉"永元荔枝来交州"。涪州张君房《脞说》以为来自忠州。吴曾后改正本人昔说,于《漫录》一五,谓:"近见《涪州图经》,及询土人云:'涪州有妃子园荔枝……以驿骑传递,自涪至长安,有便路,不七日可到。'故杜牧诗云:'一骑红尘妃子笑。'"吴曾并谓宋祁作《成都方物略记图》,言荔枝生嘉戎等州,去长安亦较近,然不如涪州便路。宋吴坰《五总志》亦谓本朝嘉州岁贡荔枝、红桑等物。坰大父曾居犍为令,县在嘉州,作《三戒诗》以见意,当可信。庆按,沈作喆《寓简》八谓太真生日,作乐,会南方进荔支,因名"荔支香",中原破后曲不复存。徽宗政和间搜访古曲,得之于南岳祠宫。又,明清京城荔枝有来自广东增城之说,以距离论,唐代绝不可能。

吴曾《辨误录》中"李远诗异同"条引《北梦琐言》谓李远诗"人事千杯酒,流年一局棋",宣宗以为非牧人之才。又引唐张同撰《幽闲鼓吹》,乃云远诗"长日惟消一局棋",文字有异而义同。

《辨误录》下"阀阅"条引《史记·高祖功臣侯者年表》谓功有五品:"以德立宗庙定社稷曰勋,以言曰劳,用力曰功,明其等曰阀,积日曰阅。"则《后汉·章帝纪》音义"明其等曰阀,积功曰阅"之"积功曰阅"为误释。

读《寓简》

沈作喆，绍兴进士，有《寓简》十卷传世，其卷一有言，深具启发，曰："天下事有病弊难革，思虑未至，极力穷究，奸蠹随生。其间忽有晓悟，得其要害，就以立法，不惟救弊于一时，而又可以通行于久远，如贾生分封诸侯王子弟是也……"今案，人君救急之策，思虑久远者难。头痛医头脚痛医脚易。若医头医脚均以伤及生机为代价，以暴力为信条的人君，能朝乾夕惕者寡矣。天天有灾，天天亮出救灾之策，天天又有新灾，又有新策，新策旧策往往并不相容，欲求首尾兼顾，难矣。

《寓简》卷二：冬日至阳之进也，夏日至阴之进也，故于文为晋，晋者进也，二至之日也。今作晋，省文从便也。

唐装，南宋曾一度流行，时称"怪服"，不止今日有也。见沈作喆《寓简》卷五。

《寓简》卷六：诸葛亮："治世以德不以惠"，至论也。

《寓简》卷八，欧阳公晚年尝自审定平生所为文，用思甚苦。其夫人止之曰："何自苦如此？当畏先生嗔耶？"公笑曰："不畏先生嗔，却怕后生笑。"余按：2007年摆弄修改《拓跋史探》，亦是非畏先生嗔，却怕后生笑。心态酷似。

赵元任挽刘半农联

1934年刘半农辞世，赵元任挽联："十载唱双簧，无词今后难成曲；数人弱一个，叫我如何不想他。"

读《钱子语测》

《钱子语测·法语篇》："读书不先从理路工夫,终无根据。书,其言也;理,其意也。欲忘言必得意。"此语甚善。读书贵在得意。言意之辨。

《钱子语测》："古人有言:臭腐化为神奇,神奇化为臭腐。又曰:贺者在门,吊者在途,吊者在门,贺者在途。士大夫可以深长思矣。"此用《庄子》语。

歪读古人书

田子书六五之岁,苦于世道,万念俱灰,与太初公(一良)书,有止于获麟之叹,逾岁半乃有心疾几死。案春秋《公羊》止于获麟,获麟在鲁哀十四年,《左氏》终孔子卒年,在哀十六年,其间亦一至二年。事之相类亦神已焉。孔子之死与子书之死得复生,则时代医术赐也。《攻媿集·讲筵论资治通鉴》:"《左氏传》以三晋事终,《通鉴》以三晋事始,其实继《左氏传》编年之法。此读《通鉴》者之所当知也。"楼钥之意,以二书终始之界在周威烈王二十三年命三晋为诸侯,自坏纪纲,遂有世局之大变。予读《攻媿集》此段,所感则在世局与人生,迥乎异也。(楼书用《丛书集成》2007)。此谓歪读古人书。

见闻杂录

遇小南,言及王君有文论盛世事,于香港刊出。但该刊未允内地网上转登。因思某公聪明人，毕生未离史局，多有历练，当有识见。今垂垂老矣，却不悟揣摸成章、希旨用事之可耻，不以有限之才用之于有板有眼、一砖一瓦之研究，而取少劳多获、挂名炒作之途，扭曲太史公，效颦纪晓岚之"钢牙铁嘴"，误己事小，害人事大。近年见媒体所载专访、答问、自述之文甚多，其中可判其不实者不在少数。噫，名利诱人，人之有陷溺不能自拔者，可叹也，可鉴也。

北大曾有教授剽窃抄袭之事，处理以后，校报宣传中出现"清除赝品，拒绝平庸"、"用心血做学问，用生命写文章"等用语，不知出自哪位秀才之手。我想后句用字改为"用心血写文章，用生命做学问"似更好。又，疑此口号出芳川君。

往复网"无奇不有"君评将无同君的随笔，"在内容的深和语言之浅间保持着一种美妙的平衡"。云中君则评之为文字越来越平淡，如行云流水，但内容则越写越深。评得好。

近日接连读到步克《到燕南园喂猫去》、宝国《读钱穆〈论史籍名著〉》、李零《读〈观堂集林〉》三文，都是随笔一类，也都是极有水平的散文。李、胡二文以史为内容，见解亦极高。李零评王国维，评国学，多是我想到过但写不出来的见解。三文均极佩服，比以散文名家的大师要高超得多。学问，包括史学，包括写文章，还是后来居上，后来居上！

论"疑"

近日读文章，似多为"疑古"辩解，隐寓对挞伐顾颉刚以求名誉者之不满，为古史辨正名。此为学界有识之论。冯芝生所析史学有信古、疑古、释古三派，不无理由，细思之则彼时受西学启迪，古史界疑古、释古相互为用，促进学术，于古史可信者信之，不足信者疑而释之。至于泥古不化之冬烘先生，执以史释经、史为经翼之词，已属淘汰之列，不得预于史学流派。古今之论学者无不心存疑字，无疑则无创获。张载："学则须疑"，于不疑处有疑方是进矣。陆九渊："为学患无疑，疑则有进，小疑则小进，大疑则大进。"朱熹言曰："博学之，审问之，慎思之，明辨之。"问者何？思者何？辨者何？一言以答，疑也。无疑则无问无思无辨矣。梁启超《清代学术概论》三十三节："学问之价值在善疑，在求真，在创获。"无疑则无所求真，无所创获。任公"善疑"二字有真义，疑必在当疑处。适之先生则表述为"大胆假设，小心求证"。假设之处能求得证据，必为所当疑者，此与善疑之义不悖。至于胡先生说"为学必于不疑处可疑，对人则于有疑处不疑"之语，表述不明确。其意盖谓学问应于人所不识之疑处点拨其疑，拨而辨之，非谓胡思乱想，妄自标新也。

今天倡导"走出疑古时代"，可笑！从无疑古时代，今日更无此时代可供"走出"。

【补】《张横渠集》八"在可疑而不疑者，不曾学。学则须疑"。譬如行道者须问路，"若安坐，则何尝有疑？"卜词文化也是从疑开始，"卜以决疑，不疑何卜？"

于右任诗

1924 年于右任诗：

风虎云龙亦偶然,欺人青史话连篇。

中原代有英雄出,各苦生民数十年。

此可称为咏史诗,用瓯北句而改其意。据 1924 年以后历史细绎此诗,意味之长,可深叹也。此诗不知始载何处,偶得读之,佩服此老之历史识见。所难料者,数十年之时限词也。

"瓜菜代"

老早就知道"瓜菜代"这个词,以为"代",指瓜菜代替粮食。如今才知道 1960 年中共中央文件提出的瓜菜代,是三样,即瓜、菜、代食品。代特指树叶、草根、玉米芯一类。中央还成立周恩来、李富春、李先念、谭震林、习仲勋的"瓜菜代领导小组"。更可叹的是 1958 年中科院曾承担"粮食多了怎么办"的课题,1960 年又改成"粮食少了怎么办",即改为研究"代食品"。1960 年 11 月 9 日,科学院党组向中共中央报送了"关于大办粮食代用品"的建议,研究出了八种代食品,而在此之前,饥民已尝尽了多种"代食品"。

俞平伯论《红楼梦》

手懒,多日不记札记了。韦奈《我的外祖父俞平伯》(团结出版社,2006 年)引俞之言曰:"现在的评论,把曹雪芹和《红楼梦》捧得太高,好像没有任何缺点,其实不然,你细读前 80 回,就会发现有很多问题。而且,曹雪芹没有把这部作品完成,原因可能很多,但你说是否可能是他根本写不下去了呢?"韦奈问:"你是说他江郎才尽了?"他笑了笑说:"我只是有这么个念头,前80回铺得太大,后面要收住,的确不容易。所以我说高鹗很了不起,你知道有多少种续书的版本吗?惟有高鹗是成功的。不管怎么说,《红楼梦》现在是完整的,如果只有80回,《红楼梦》是否能有现在的影响都很难说。""续书中败笔是有的,但不要求全责备。高鹗若不做这件事,别人做会更糟,是你来续,还是我来续,反正我是续不出!再说,前80回就没有败笔吗?"俞在病中写有勉强能辨认的字:"胡适、俞平伯是腰斩《红楼梦》的,有罪。程伟元、高鹗是保全《红楼梦》的,有功。大是大非!"俞不满他自己和胡适对后40回的考证,不赞成全盘否定后40回的作法。这想法他在病前曾多次提及。

记住:1.做学问执着而不固执;2.正确认识考据学的地位及其对文学、对史学的关系;3.做文要想到章法,不能铺得太大,铺大了收不了场,这点太重要了;4.老年自省:凡学问、典籍、人物,炒作不能过头,过了头就会有翻案文章。

炅

罗炅快十个月了。要记得给罗新说,炅亦有桂音。又,裘锡圭从《老子》(马王堆汉墓帛书整理小组,1976年,14页)之说,又据《黄帝内经素问》,断定炅为"热"的异体字,往往与冷对举,亦不读为回、桂。又,唐兰《文物》1975.7曾有文探索古文字,认为大汶口文化遗址出土陶器上四个象形符号⛤即炅字,还有几个被今人俗称为"日、月、火",为炅的繁体字。此皆为罗炅名字趣闻。(《文史知识》2006年第9期《凤的文化解读》则解这类符号为少皞氏图腾"太阳鸟"，亦即凤鸟，刻画符号达 24 种，均在陶尊上。同样的符号在山东各地出土陶尊上多至五件，如"日、月、火"。饶宗颐认为是坛上祭祀日月现象，亦有人认为是太阳鸟负日飞行，以求与少皞氏以鸟为官相符合。此二说则与原始文字之说无直接关系。）

女性与相声

电视中看到女演员说相声，深感不是滋味。妇女丽质柔姿，是其生理本色，唱歌舞蹈是其所适所长，女性从一个方面构成社会之美，不应当从相反方面强勉作秀。相声以其意蕴、语言、表情等显示演员的才能，但毕竟属于滑稽者流，要靠江湖闯荡、市井翻爬、口舌较量，始能练就。这些都不是女性所长，女性在相声舞台上绝不可能展现与男性同样的才华。《红楼梦》里提到相声，但相声都是即时应景之作，不闻有几百年积累优秀"段子"遗产。当代女性有志于此，看来是走错了门。司马温公曾有请禁妇女相扑剳子，若今日有温公在，当吁请他除了要上禁妇女相扑剳子外，再上禁妇女相声剳子，还请他上禁妇女举重、蹴鞠剳子。这不是压抑女性，是为女性争取人性和人格。

治学"段子"

说到相声段子，我借用这个名称，记下几则札记，作为读书心得，也称之为段子，但不是逗乐之意（只是借古人文词以述己意而已）。

一、借"高筑墙，广积粮，不称王"之意论为学之道。重在恢弘格局，厚重根基。（高筑墙：学植厚重坚固，能经冲撞。广积粮：年年积蓄，思想有活水源头，非"学饱而才馁者"[《文心雕龙·事类》]。不称王：学海无王，永远如此。）

二、用《鹤林玉露》语论悟性。（"道不远人"条载尼《悟道诗》）为学要有敏锐的感觉，抓题目，治史要有思想，要深层感悟，以小见大，"于无声处听惊雷"，反之是史料视而不见。吴曾引《孟子·告子》"大匠诲人以规矩，不能使人巧"，以释袁天纲知牛牝牡（《漫录》卷十八），故读书得审其言外之意，始能得其巧。言词已明者则无待思虑，亦无学问可言也。（规矩人人一样，巧则各有新招。）

三、借用纳兰《饮水词·采桑子》（笺校本，33 页，辽宁教育出版社）"帘影谁摇，燕蹴风丝上柳条"句。观察历史动态，于细微处连接历史的片段，构成一幅历史整体画面。（古人咏游丝之作不少，如清人张惠言《木兰花慢·游丝·同舍弟翰风作》，谓游丝是春魂。南宋张炎《南浦词》"溪燕蹴游丝"句似是纳兰"燕蹴风丝上柳条"所祖。纳兰此词据说"拟思妇之辞"。）

归纳为恢弘（格局），敏锐（感悟），细腻（功夫）。

【补】"帘影谁摇，燕蹴风丝上柳条"句，从帘开句，全句遣词表意均在隐显、虚实、有无之间。细吟细嚼，像饮一杯上好的碧罗春，看一幅名人的写意画。这是文学，讲究韵味，讲究美。你看，开句说，本是稀疏的帘，而且是帘影，哪能看清一只轻盈的春燕飞翔，更不用说看清风中游丝，更不用说蹴足的动作。然后还有，风丝中一蹴，居然产生了反推之力，将燕子送上了春天初抽的细细的柳条。那初抽的柳条，是连轻盈的燕子也承载不了的。所以这种诗句的构成，是以显衬托隐，以实带出虚，以有来掩盖无，功夫十分细腻。

历史写作首在求真，韵味也是有的，但"美"吗？想一想。

曲园太炎故事

太炎于1897年离开杭州诂经精舍以后，献身维新变法，为了不连累本师曲园老人俞樾，于1901年赴苏州拜见老人，然后发表《谢本师》一文，脱离师生关系，老人亦公布"破门声明"，于公于私，甚为得体。因而想到一良先生写向陈寅老谢罪之文，求寅老不以其曲学阿世而革除教门，事类曲园太炎而格调有异，不知一良先生当时是否思及曲园太炎故事？晚清桐城三家，俞樾传章太炎，吴汝纶传严复、林纾，均有光大之处，唯王闿运传杨度，品学均非上乘。湘人弱矣，于今犹然。

东坡境界

东坡《定风波》，元丰五年（1082），黄州。自序"三月七日沙湖道中遇雨，雨具先去，同行皆狼狈，余独不觉。已而遂晴，故作此词"。其下片有句："料峭春风吹酒醒，微冷，山头斜照却相迎。回首向来潇洒处，归去，也无风雨也无晴。"（潇洒，一本作萧瑟，似胜。此据1998年中华版《全宋词》288页。清王文诰辑中华版《苏轼诗集》卷四一"独觉"有句"回首向来萧瑟处，也无风雨也无晴"。据此知《定风波》之潇洒当为萧瑟。）余按，"也无萧瑟也无晴"句,正是我回眸所思之语。东坡以之入词,又以之入诗,当以其深有蕴味。

现代化与"国学"

2007 年 7 月 20 日夜偶然想到这些话:

○现代化和炒作"国学"不相融。(不是指国学内容)

○中国的现代化儒学是润滑剂,说到底还是西化。

○要考虑的是西化中该保留什么,能保留什么?

○这需要理性选择,不是某种感情如什么主义的问题。长远的结局会是与理性选择一致的。所以理性选择也就是自然的选择。

○保留不是静态保留,而是动态保留。

○国学,没有这个"学"。国学,说说还可以,不可以太认真,尤其不可以用国学"市利"、以国学"壮胆"。

○"国学",说多了,说得天花乱坠,真像有那么回事,就是在说政治了。

○早年科学水平低,也不大懂什么科学方法,提"国故学",后来提"国学",都可以理解。今天说事都得有个科学表达,符合科学内容才行,否则就是"市利",或者就是瞎说,从上行而求下效来说就是为了"壮胆"。"国学",不能太认真。《爱莲说》:"可远观而不可以亵玩焉。"(借用濂溪语,用其词非用其意。)

【补】清末民初的国学,是国将不国之学(李零语)。今日炒作的国学,是崛起大国之学。

李零论"国学"

关于李零,有很多好印象,近读他纪念张光直文章(2001)说,20世纪初出现的"国学",是"国将不国"之学,顿感此语深切我心。"国将不国之学"近日被炒热,成了"崛起大国"之学,可叹。"国学",是无定义之学,是没有固定的研究对象和研究方法之学。只是"国"在其手,学术云乎哉!改日再写关于此道之札记。

再说"国学"

读报时得知戏曲频道主持人白燕升《冷门里,有戏》中的几句话:"唐诗衰败时,当时的人一定也经历过类似我们现在也经历过的心态(按指所谓京戏衰败)。但是紧接着宋词崛起了,宋词的崛起并非唐诗简单的重复。而我们常犯的错误是:在宋代喊叫振兴唐诗。"说得好,今天叫喊振兴国学、振兴儒学的人,不该这样想一想吗?

人生杂感

曹操《善哉行》"既无三徙教,不闻过庭语",是草根学民自述之始。苏轼《定风波》"回首向来萧瑟处,归去,也无风雨也无晴",这是草根学民回眸所思之语。人,一辈子不能拜偶像,更不能自为偶像。大处要不放弃理性分析,要"有守"。人,一辈子要知道自我定位,不受捧,谦比满好。

日日改《史探》,求教新峰者,"非畏先生嗔,却怕后生笑也"。

语出自《寓简》。

从观念中去掉一个长字，如师长、家长、首长等等，除了作为职务符号。西方人能做到，中国人做不到，特别是首长，他们心中无长字，就失除了安全感、荣耀感、权力感。他们心中，长，不是责任，不是义务，不是付出，是权力和权利。家长的"长"，也不能"长"。

忽然读到一个平常人的格言："诚无悔，恕无怨，和无仇，忍无辱。"好。

"大事难事看担当，逆境顺境看襟度，临喜临怒看涵养，群行群止看识见。"这几句话很好，据说出于明代中期的吕坤《呻吟语》，尚未查看原书（中华书局有《吕坤全集》三卷本）。

"作"

《张横渠集》卷一〇释"作者七人"，谓伏羲、神农、黄帝、尧、舜、禹、汤。"所谓作者，上世未有作而作之者也。"尧始推位，舜始封禅，尧以德，禹以功，汤始革命。武王述汤事，不得为作。"孔子已是言述而不作也。"以此论今人之"作"，则何如？（此解"七人"与《论语注疏》异）

南宋道学与党争

《齐东野语》卷一一"道学"条，言南宋道学之弊，或至于"或抄节语录，以资高谈；或闭眉合眼，号为默识。而扣击其所学，则于古今无所闻知；考验其所行，则于义利无所分别。……而遂使小人得以藉口为'伪学'之禁，而君子受玉石俱焚之祸者也"。韩侂胄用事，凡不附于己者，指为道学，尽逐之，已而更目之伪学，荐举者、结保者皆用"如是伪学者，甘服朝典"。"一时嗜利无耻之徒虽尝自附于道学之名者，往往旋易衣冠，强习歌鼓，欲以自别。"附会迎合，可叹也矣。历史的经验值得注意！意识形态之争化为派别之争、政事之争，古今皆然，于今为烈。庆元党禁。案周密《癸辛杂识》续集下有"道学"一条，可看（《集成》2778，322页）。谓道学之名起于哲宗元祐（1086），盛于孝宗淳熙（1174）。似韩侂胄诛（1207）后始歇，时铁木真始起。

读《癸辛杂识》

《押韵语录》条（《癸辛杂识》续下）刘后村（克庄）尝为吴恕斋作文集序云："近世贵理学而贱诗赋，间有篇咏，率是语录讲义之押韵者耳。"按兰亭赋诗，率多玄言；道学语录之起，入南宋，率多语录诗；近数十年，文艺概入八股，样板戏者，好听的八股戏也。至今歌坛非情爱则八股，电影剧小多如此。

《癸辛杂识》别集上，朱熹之葬用悬棺法，术家云"斯文不坠"（2778）。别集下"置士籍"条宋亡前夕，度宗咸淳七年（1271）置士籍，盖"科场之弊极矣"，县州乡之贡士应举者结罪具保，登于州漕部。国亡在即，弊政何可消弭！

《力报》

偶读《作家文摘》2007 年 9 月 11 日第 11 版载《父亲严怪愚与范长江的交往》一文，得知严为抗战时《力报》负责人，《力报》于长沙大火后迁邵阳，1939 年 3 月首载范长江推荐的揭发汪精卫投敌一文，早于中央社发布半个月。我 1942 年为《力报》写文，《力报》已在衡阳，何时由邵迁衡，不得知。五十年代知《力报》副刊叶帆（与我联系的文艺副刊主编）死，与叶帆同事的何满子则似尚在，居上海。志此备查。《作家文摘》之文作者是严怪愚之子严农，该文原载 8 月 19 日《中华新闻报》。

读《老学庵笔记》

《老学庵笔记》开卷头条谓徽宗南幸至润，郡官迎接，宦者立轿旁呼"道君传语，众官不须远来"。卷二"崇宁间"条记兴学校，州郡聚学粮，士人入辟雍，皆给券。置居养院、安济坊。修神霄宫，官吏无敢少忤道君之意。北取燕蓟，调发以军期为言。州郡多冗员。我意"道君皇帝"的出现是一个复杂的社会现象，值得留意，不能只以昏君二字当之。

《老学庵》卷六，闻人茂德言：沙糖中国本无，唐太宗时外国贡至，云此物以甘蔗汁煎。自此中国方有沙糖。唐以前书传言糖者皆糟耳，如糖蟹、糖姜。

午思

又是几月未记事了。正事只做了审定廿四史修订本修定方案的数种。就我而言,应付而已,并无心得。时俗重老成,有这把岁数,硬是被拉出来,"牵着黄牛当马骑",推不掉,只好顺着走。其它时间浪费很多,想读书,就是懒,没力气。坐下来,一个是胸闷,一个是脑晕,一次只能坐 20 分钟,想到的零事,想记下来,一懒就溜走了,再也想不起来。

午睡,睡不着,就成了"午思"。这两天"午思",是想到周。难得的人才,同辈中少有,多少是埋没了。一月周诞日,拟献花志念。

昔年函周曰:春秋绝笔,止于获麟,写完手头文章(似为暨艳案),即不再写。孔子死于获麟(哀十四春)之后二年(哀十六春),我急症在 1989 年后一年半,该死而未死也。致病在赶写暨艳文投邮之日,事之巧合若此!凡圣绝异,而巧合天成。

《公羊》、《榖梁》皆止于获麟,左氏则止于孔卒。而左氏则释获麟最确。《左传》哀十四疏引《孝经援神契》:"麟为圣王之嘉瑞,此时无明王,麟出无所应。出而遇获,失其所以归。"孔丘有感于获麟,因以辍笔,此解可通。

历史学的 5W

拉斯韦尔的 5W 传播模式:(其实还应有个 How)

谁 who?

说什么 says what?

对谁说 to whom？（教师要留意 to whom，史学则不必）

通过什么渠道 through which channel？

取得什么效果 with what effect？

这比过去少了一个 why，多了一个 whom。Why 是历史学而不是传播学的要求，而 whom 不是历史学要回答的。

脱离裨贩学术的时代

北大 110 周年，有文章忆及蔡元培、胡适，说到他们办大学十分强调科研，强调教授不能只是知识贩子，而是要创新。胡适提出不提高就说不上普及，这当然是就北大的任务而言。1922 年 12 月 17 日胡在《北京大学日刊》写了《回顾与反省》，说："我们纵观今天展览的'出版品'，我们不能不挥一把愧汗。这几百种出版之中，有多少部分可以算是学术上的贡献？"他还说："祝北大早脱离裨贩学术的时代，而早早进入创造学术的时代。"他在前一年，1921 年，写过一首小诗《兰花草》："我从山中来，带得兰花草。种在小园中，希望开花好。一日望三回，望到花时过。急坏看花人，苞也无一个。眼看秋天到，移花供在家。明年春风回，祝汝满盆花。"同在此时（2008），北大出版了 30 年"百项精品成果集"，这展现了蔡、胡大半世纪后，北大是否"脱离了裨贩学术的时代"。谁来解答？

多作文自工

《东坡志林》一"记六一语"："顷岁孙莘老识欧阳文忠公，尝乘间以文字问之，云：'无它术，唯勤读书而多为之，自工。世人患作文字少，又懒读书，每一篇出，即求过人，如此，少有至者。疵病不必待人指摘，多作自能见之。'"此公以其尝试者告人，故尤有味。

三偷

又想到释皎然《诗式》"诗有三偷"：偷语、偷意、偷势。偷语为"钝贼"，罪责明显；偷意谓偷人构思，改头换面，"事虽可罔，情不可原"；偷势则"才巧意精，若无朕迹"，可以判释其罪。我想，学古人不免要偷古人，若在"偷势"，则是读通了古人之书文，于精中更求其精，这是踵迹而进，是正常的学术更新之道，只是要说清楚，不掩古人之功为好。

余庆

后蜀孟昶门联："新年纳余庆，佳节号长春"，这大概是当年取名的直接依据，名号从节日来。更早则是"积善之家必有余庆"，出《易·坤》。

牛顿名言出处

If I have seen further it is by standing on the shoulders of Giants. 牛顿这句话源自中世纪的一位法国哲学家 Bernard of Chartres。

陈寅恪先生早年代表作

寅恪先生 1944 年当选不列颠科学院通讯院士，推荐人是 Eric Robertson Dodds，Arnold Joseph Toynbee，S. A. Cook 三院士，主要依据三十年代成就，列举文章有《天师道与滨海地域之关系》、《支愍度学说考》、《东晋南朝之吴语》。选此三文为代表，确实体现了三位院士的学术眼光。三文涵盖学术层面之广，研究见解之新颖深刻，并世无双。陈先生不是知识贩子，而是一代史学的领军。

用史料的境界

《潘汉年案审判前后》一书（中国青年出版社，2010 年）载 1962 年审理时最高法院党组不开会听取汇报，由合议庭请示谢觉哉院长，谢老说此为中央定案，法院只办法律手续。他引"屈贾谊于长沙，非无圣主；窜梁鸿于海曲，岂乏明时"为启示，又用文征明《满江红》，词曰："拂拭残碑，敕飞（岳飞）字，依稀堪读。慨当初，倚飞何重，后来何酷。果是功成身合死，可怜事去言难赎。最无辜，堪恨更堪怜，风波狱。　岂不念，中原蹙！岂不惜，徽钦辱！但徽钦既返，此身何属？千古休谈南渡错，当时自怕中原复。笑区区，一桧亦何能，逢其欲。"谢老嘱下属勿再探索隐情，但所隐之情是否只在现知某一事，恐怕是永久秘密。"徽钦既返，此身何属？"要害或在此。写历史探微，引用材料要做到谢老这种境界就好。文征明词，系其偶见宋高宗赐岳飞御札碑文残件，有感而作。

右军鹅

"右军鹅"为书法中意象比喻经典。陆佃《埤雅》六谓鹅"善旋转其项,古之学书者法以动腕,羲之好鹅者以此"。后人更以鹅之习性动作——与作书作画比照,皆不如以鹅转项与书画动腕比照妥贴。此外则鹅性顽傲,似与书家画家铸就人格有相关之处。六朝人席地作书,习于悬腕,更似鹅项旋转。此中道理,近日始有所悟。

郭登

牛僧孺《幽怪录》谓郭登为厕神名。近闻北京建豪华公厕,任人承包,恐承包人将于厕内悬郭登神位,以求利多。且拭目待之。

第二部分

＊

讲稿文稿

东汉王朝的衰落：内在矛盾

就中国历史而言，王朝的衰落有一般原因，如政治腐败、经济凋弊、人民暴动、蛮族入侵等。但每个王朝的衰落，还有更深刻的内在原因。

一、"复高祖之业"

光武帝刘秀被称为"中兴之主"，他创建的东汉王朝，以"复高祖之业"相号召。谥法"能昭前业曰光，克定祸乱曰武"，光武的谥号，说明了东汉与西汉在政治思想、政治和经济制度上的直接继承关系。

国家稳定的基本要求是国家掌握人口。西汉社会，自耕小农数量众多，土地分配比较均匀，兼并问题至少在西汉前期还不很突出，因此皇权比较稳固。秦汉政府用户籍制度掌握自耕小农的丁口和土地状况，以维持西汉统治秩序。所以徐幹在《中论》中把户籍制度说成是"国以之建典，民以之立度"的根本制度。户籍制度有效实行，与皇权稳固互为条件。秦汉之际，很多自耕农和小地主"相聚保山泽，不书名数"。刘邦下令"各归本县，复故爵（军功爵)田宅",基本上不用武力就使逃亡者复归户籍,说明皇权威力之大。西汉后期,出现了新的情况,流亡农民依附于"大家",但国家还可以用经济手段如假民公田、减免赋税等招徕他们。所以平帝元始二年(2)的统计,户籍所载口数为五千九百余万人,这是一个很大的数目。从国家有力量掌握户籍制度这一基本情况出发,西汉制定了与此适应的租赋制度、兵役制度,以维持帝国的财政和武力。光武帝"复高祖之业",也包括恢复西汉这些制度。

二、社会的变迁和制度的僵化——名实分离

西汉后期出现的大族地主,是社会结构中的一个新因素,上述的"大家",多属于大族地主。他们占夺土地和人口,破坏着西汉的统治秩序。由于昭宣以前西汉皇权比较稳固,他们的发展相对说来是缓慢的,但越到后来就越快起来。西汉之际的战争,给他们以急剧发展的机会。据《汉书·地理志》和《续汉书·郡国志》材料,我们知道光武初年户口数不足西汉末年的十分之二,经过光武帝 33 年和平时期,明帝即位时户口也只有西汉末年的30—40%。这不能以战时死亡来解释,主要原因是大量的土地和户口进入了大族地主的田庄。东汉政府本来应当另外寻找与此情况相适应的统治制度,但他们却采取改变这种情况以适应旧制度的办法。为了夺回这些土地和人口,建武十五年(39)实行度田。度田事件引起了大族地主的猛烈反抗,"郡国大姓及兵长群盗处处并起,攻劫在所,杀害长吏。郡县追讨,到则解散,去复屯结"(《光武纪》)。光武帝的军事镇压使武装反抗沉寂下去,但度田的目的即检核土地户口以恢复有效的户籍制度,并未达到。在

法律上，度田和案比户口成为东汉制度(度田见范书《刘般传》，案比见《周礼·司徒》郑注、《续汉书·礼仪志》、《后汉书·安帝纪》、《吴志·薛综传》等)。实际上，八月案比与所谓"养衰老"礼同时进行，案比已失去了核实户口的意义。

有效的户口控制不能恢复了，但建立在这个基础上的其它各项制度却一仍西汉之旧，这样就出现了名与实的分离，导致了混乱。东汉的田租口赋制度，由于大族地主隐匿土地户口，官吏不能准确掌握，实行困难。官吏为了考绩，往往虚报土地户口，更加重了自耕农的负担。睡虎地秦律有关于隐匿土地户口者的处理规定，但都是官吏为了侵吞租税而隐匿，未见地主隐匿之事，与东汉情况大不相同。东汉兵役制度，由于户籍混乱，难于征发，不得不多用募兵和刑徒，这与西汉适龄男子均有服役义务，"虽丞相子亦在戍边之调"(《昭纪》注如淳曰)的情况也大有不同。

东汉沿袭前朝制度，无法实行，等于没有制度。以土地制度为例，建安时荀悦作《申鉴》，谓"或曰：'复井田欤？'曰：'否。专地，非古也；井田，非今也。''然则如之何？'曰：'耕而勿有，以俟制度可也。'"(专地，谓买卖由己。)缺乏可行的制度，这是东汉总的情况。

三、一个缺乏改革的朝代

中国历史上的重大王朝，往往有草创—兴盛—稳定—改革—崩溃等阶段。例如西汉和唐。东汉则是缓慢上升(光武、明、章)，急剧下降(和帝以后)，没有一个蓬勃发展阶段，没有高潮，没有制度上的创造(与西汉比)与革新(与魏晋隋唐比)。可以说，东汉是没有改革思潮的朝代。

我们知道，王充是一个敢于对传统思想提出怀疑的杰出的思想家。但是从《论衡》看来，一涉及社会历史问题，他就认为人是无能为力的，只有听任命运的安排，丝毫没有改革的主张。王符的《潜夫论》对社会弊病有许多揭露，也提到制度应当"各随时宜"，但也没有具体的革新办法。王充与王符都是在野的人，他们尚且如此，在朝的官僚士大夫更是缄口不言。

为什么东汉在朝的士大夫没有改革的思想和主张呢？因为改革有一个取什么方向的问题，或者是坚持已有制度而改变现实，这在当时办不到；或者是承认现实而改革已有制度，这必然要削弱从西汉继承的专制国家的皇权，他们不愿也不敢。

建安年间，东汉政权实际上已被替代了，这个时候，在朝的士大夫中才出现改革主张。如前引荀悦主张"耕而勿有"，仲长统主张"限夫田以断并兼"，要求"画一定科"。建安时，在哲学方面有所谓名家（Nominalism）思潮的出现，主张综核名实，以矫正名实相违之弊。荀悦、仲长统、徐幹都有这种思想。历来认为名家思想的出现是由于选举伪滥，名实不符，并以稍晚的刘劭《人物志》为证。但名家思想不只针对选举而发，而是针对整个时代的名与实违的弊端。具有这种思想、在政治上取得成就的，是"术兼名法"的曹操。（以法律为例，易代之际乃有改制。《晋书·贾充传》"元成之世，及建安、嘉平之间，咸欲辩章旧典，删革刑书"，司马昭"亲发德音，厘正名实"。）

四、大族地主在东汉制度以外求发展

大族地主既要发展自己的政治经济利益，也要维持东汉政权。这两者实际上是不可得兼的。而东汉制度又不允许他们兼并人户。所以他们只有在制度以外,通过各种非法手段求发展。大姓兵长抗拒度田,即是这种性质。大田庄隐匿户口,组织部曲武装,都是非法的。《四民月令》中反映的社会秩序,有许多是不能从东汉法令制度中找到根据的。

五、皇权膨胀和外戚宦官之祸

东汉制度名实相违,不能有效实行,使皇权失去了许多支撑力量。它只能依靠各种制度中的一种——官制,来加强自己。这就是在官制方面进一步加强专制皇权。东汉皇帝通过尚书直接管理政务而不经过丞相。丞相(三公)只是名义上的政府首脑,其实际职能是燮理阴阳,即调和天人之际的关系。皇帝在政务中依靠官卑的尚书,避免了相权的掣肘;在宫廷中则专用作为家奴的宦官,得心应手而无滞碍。这样,虽然别的制度失灵,皇权比西汉更大,东汉还能存在下去。

排除了相权的干扰,皇权成为一切权力的化身。这样,当皇帝因年幼、疾病等原因而不能独自实现这种权力时,又出现了皇权旁落的问题。最便于窃取权力的,是皇太后或皇后的父兄,即所谓外戚。皇帝要收回权力,往往只能依仗宫内的奴仆,即宦官。宦官假借皇帝的命令推翻外戚的统治后,自己又居于权力的顶点。外戚或宦官当政时,遇到皇帝死亡,都力图拥立幼主,以继续维持自己的权势。公元2世纪东汉诸帝均幼龄即位,就是如此(和10岁、[殇]、安13岁、[北乡侯]、顺11岁、[冲]、[质]、桓15岁、灵12岁、[废帝]、献9岁)。

请注意,幼主连续出现,是外戚宦官专权的原因,更是外戚宦官专权的结果。更根本的原因,是①社会结构的变化(大族的发展)和②权力结构的变化(皇权成为一切权力的化身)。西汉昭帝(八岁即位)时霍光专权和元帝以后王莽当权,已是先兆。不过那时社会结构和权力结构的变化不如东汉那样突出。

六、皇权落入曹操手中的原因

在东汉社会中,官僚队伍的主体、社会影响最大的势力,是从大族地主中产生的世家大族。外戚宦官当权,往往要拉拢他们。由于东汉没有相权,世家大族在朝廷中很难形成压倒一切的权势,哪怕是社会地位最高的杨氏、袁氏也是如此。但是世家大族在支撑东汉政权方面是最有力量的:是他们镇压了黄巾暴动,是他们消灭了宦官势力,是他们号召反对篡权的董卓。他们在公元2世纪末最有条件取代东汉政权。但是东汉政权最后却落入非世家大族的曹操手中。原因是:

1. 按照东汉官制,没有任何一个世家大族的代表能够达到权力的高峰。袁氏、杨氏世代三公,也不能掌握朝廷权力。他们缺乏攫取最高权力的思想准备和物质准备,在皇权面前犹豫不决。

2. 他们束缚于两汉的传统和经验,没有改革精神,因而无法摆脱东汉末年的社会危机。

3. 他们受儒家思想薰陶,特别是名节思想的影响,效忠东汉,不敢反对东汉政权。《后汉书·儒林传论》说其时"人识君臣父子之纲,家知违邪归正之路"。东汉末年世家大族的张温、皇甫嵩都掌握了军队,完全可能取代东汉,然而还是顺从皇帝,散兵就拘。

这样,在权力的真空中,非世家大族的曹操夺得了政权。但是曹操也不能改变时代的现实。他自己也逐步制定承认现状的各种制度,逐步向世家大族转化了。

东晋门阀政治：历史背景和基本内容

　　三国两晋南北朝，居于汉唐两大统一王朝之间。按照以汉唐为基准的传统观念看来，只能视之为闰统。这四百年中，没有开拓性的英主，没有盛世的文治武功，没有灿然可观、影响深远的典章制度，没有蓬勃发展的社会经济。以汉唐相比较，这个时期似乎没有多少历史内涵值得深思，值得研究。二十四史中，从《三国志》到《隋书》，占了十二种，不说明这四百年历史的重要性，而说明其杂乱无章，董理乏人。相对言之，这四百年历史的研究成果积累甚少。

　　20 世纪以来，受西方史学影响，中国古史研究逐渐深入，视野逐渐开阔，三国两晋南北朝承前启后的历史地位才被人逐渐认识。在这方面，日本明治维新后培养的史学家得风气之先，走在中国史家前面。内藤湖南的《概括的唐宋时代观》提出六朝至中唐的所谓"贵族政治"问题，并界定此时期为中国中世社会。桑原骘藏《历史上所见的南北中国》，从空间上把包括这四百年在内的南北双方各自的地位加以论说。白鸟库吉关于中国古代民族和语言的考证，给研究此一时代民族历史提出新的问题，介绍新的方法。他们的史学眼光大大超越了乾嘉。后来陈寅恪《隋唐制度渊源略论稿》一书，从一个新的视角把隋唐制度与南朝北朝制度联系起来。他的《唐代政治史述论稿》以"关陇贵族集团"和"关陇本位政策"等独创的概念,在前代历史中探寻隋唐政治的根源,使研究工作深入了一个层次。我自己深受陈先生的启迪。

汉唐之间,中国历史确实逸出常轨,历史的本质因素被杂乱现象掩盖了,三国两晋南北朝这四百年历史的承上启下作用,因此也隐而不显。

以汉唐为基准,参用陈寅恪研究魏晋隋唐历史的方法,我认为三国两晋南北朝历史的各个方面都有承上启下的内容。试以下述几方面为例:

意识形态占支配地位的不再是儒,亦非反儒,而是外玄内儒,玄中寓儒。这也就是所谓内圣外王,这是很带修饰性的说法。纯粹的玄学并非完全没有,但这样的人物在那个时代起不了什么作用,其学术成果也没有多少遗留。真正起作用的人物虽具玄学外表(这是时代的需求),毕竟都是按儒家规范行事,汉代儒学经历了玄学的形似否定阶段,回归于唐代的儒。

选官制度,九品官人法取代了察举制的统治地位,但并非废除察举制。四百年中察举制时兴时替,成为皇权升降的重要标志。隋唐的科举制,其制度内涵主要不是直接继承九品官人法,而是上承察举制而有因有革(这认识来源于阎步克的著作)。

皇帝的绝对权威下降,统治者群的主体不再是东汉那种拥戴一姓皇帝的世家大族,而是其权威越来越大,甚至能直接运转皇权的门阀士族。门阀士族当权,特别标榜本族先人阀阅,但却不废皇权。当皇权重新凌驾门阀士族,并使自己尽可能具有中国传统形式时,隋唐盛世就将孕育产生。

汉族的绝对统治地位在北方让位于胡族,汉族政权只能避胡自保于南方。北方各胡族此消彼长,却都伴着本民族汉化的总趋势。孕育隋唐汉族政权的不是南方的汉族政权,而是脱胎于北方各胡族的政权。隋唐时期大量保留了胡族血统和习俗,但高层次的文化却多是继承南方。南方是汉族文化的广阔腹地,北方则是活跃的民族熔炉。维持汉文化于不坠的是南方;发展汉民族,使汉民族得以更新壮大的任务,则由北方承担。可以说,四百年的历史其所以必要,在于等待北方民族融合的完成,等待北方汉族的更新壮大。五胡乱华看来是截断了汉族的发展,破坏了汉文化的流传。但是隋唐历史所见,却是汉族茁壮更新,汉文化发扬光大。

在上述举例的诸方面中,我择取门阀政治进行研究,探讨政治格局变化中的相反与相承,我思考,暂存于江南的政权为什么会出现门阀政治的格局?我把门阀政局定义为门阀士族与皇权的共治,来自秦汉皇权政治,回归于隋唐皇权政治,是中国皇权政治的一个变态。它的出现,远因是士族阶层已完全发育成熟,在特定条件下,能起独特的政治作用,近因是永嘉南迁的司马氏朝廷仍有存在的理由。魏和西晋是门阀政治酝酿阶段,南朝,特别是齐梁则是逐渐回归于皇权政治并与北方合流的酝酿阶段。中间的东晋才是门阀政治的典型形态。(上文举例说到四百年历史承上启下的四个方面,都与门阀政治有所联系。)这就是《东晋门阀政治》一书的基本构想,我归纳为几个方面加以叙述。

一、门阀政治是皇权政治的变态。皇权政治是古代中国的政治常态,秦和西汉建立了一整套符合皇权政治要求的制度,其合理的社会基础是广大小农阶层的存在。东汉时期皇帝的独裁统治从制度上发展到了一个高峰,但由于豪族、士族的出现而越来越丧失了其合理的社会基础。世家大族出现,依附关系发展,小农阶层稀薄,国家统治力量减弱。因此皇权政治势必出现变化。

试取两种典籍比较:一方面,以《续汉书·百官志》与《汉书·百官公卿表》相比,显示皇帝的专制独裁权力从制度上加强了;另一方面,以《续汉书·郡国志》与《汉书·州郡志》相比,显示朝廷对编户齐民和垦田数量的控制大大减弱了。这影响社会各方面,影响各种制度。最突出的是西汉建立于对小农及耕地严格管理基础上的兵役制和赋税制,东汉时表面依旧,却由于基础空虚而内容大变。我说过,东汉是没有制度的时代,意思是东汉制度脱离社会实际,名实不符,有制度等于没有制度,社会秩序常在制度之外维持。曹魏率先实行赋税制和兵役制的改变:赋税制,主要以户为单位而不计人丁;兵制,放弃整齐有序、全国通行的征兵制,而采用豪强大族蓄养私兵的方法组织国家军队。这一转折虽然不能不影响皇权的存在状态,但在当时还是皇权政治的调整而不是自我否定。魏和西晋的历史大体如是。这是皇权不能不顺应豪族发育而被动作出调整。

是在八王之乱和五胡乱华局势逸出常轨以后,出现了所谓大漩涡、大断裂、大反复。大漩涡,指五胡依次入主中原,在民族熔炉中完成本民族的进化,表现为动乱的激化,变化的猛烈。这当然是指北方。大断裂,指各民族基本上都是从抢劫和屠杀的原始状态开始,建立统治,然后走向秩序化、制度化和汉化,每次民族统治的交替都是一次断裂,多次交替构成大断裂。这主要是指北方,但也影响南北关系。至于大反复,主要指秦汉皇权政治面临社会内部结构性变化和社会外部撞击而变形,经过四百年基本是动乱的状态,终于回归于皇权政治常态,这是兼指南北社会总体。东晋门阀政治是中国历史逸出常轨状态下存在于南方的百年政治格局。

二、大族与皇权共治只能在永嘉乱后的南方出现。决定司马皇统不变而又不得不与士族门阀共治的,有四个原因:(1)胡汉民族矛盾十分尖锐,晋的名号可起团结抗胡作用;(2)晋的皇统虽然权威不大,但在南方依然存在;(3)一个有力量、有威望、能扶持晋室于飘摇之际的士族阶层已经发育成熟,而他们需要一个保障他们家族在江东利益的政权。因此士族代表人物走向历史前台,与皇权实行共治。当然这不是皇权政治的常态,因而不能长久。门阀士族作为士族的高层代表,每一家都有其发育成长和彼此取代的复杂过程,而门阀士族作为一个阶层整体,也有其发育成长和被取代的过程。这些都是《东晋门阀政治》一书探讨的主要内容,占有大量篇幅。(4)一个具有一定发展水平可供停驻的又有纵深腹地可以回旋的南方地区。江南不是洪荒之地,江东又有洪荒之地。

三、门阀政治得以维持的具体条件,我归结为"皇帝垂拱,士族当政,流民出力"。其中北方流民出力一条有很丰富的内容和深远的历史影响。屏蔽江淮、保障江左,靠流民;平王敦之乱,靠流民;淝水之战靠流民组成的北府兵。以后刘裕逐桓玄、灭东晋,都用北府兵力。

四、回归于皇权政治,必须等待那些形成门阀政治的主要原因一一消失,所以是长期复杂的过程。(1)南渡百年了,北方形势逐渐明朗,南北民族矛盾趋于缓和,司马皇统不再如先前那样不可或缺;(2)门阀士族还存在,但总体上说越来越腐朽,越来越不能控制军权,因此层次较低的士族凭借武力,利用机会,上升为实际统治者,并且转化为南朝的皇权;(3)南朝皇权既控制又尊重门阀士族,让他们保有官位,条件是服从皇权并容忍一个寒人阶层在政治上存在。这种关系又构成南朝历史的纷繁画面;(4)南朝延续百余年,是由于等待北方民族关系的进一步澄清,等待北方皇权的稳定,等待北方出现一个孝文帝奠定在全中国恢复皇权政治的基础。

晋宋之间,改朝换代的义熙之政为什么需要如此之长的时间呢?我想,义熙不是简单的改朝换代,而是改变统治阶层,改变政治格局,所以要做的事情太多。我由此又想到,孝文帝以后的北方,梁武帝以后的南方,各有数十年的动荡作为过渡,这也是历史的需要,以澄清南北社会演变的未了之局,准备皇权政治和大一统的最后回归。而且,有了孝文、梁武以后的过渡阶段,还不能稳定地完成皇权政治和大一统的回归,还必得经过一个短短的隋代才能达到唐朝的盛世。回归于唐的皇权政治,已不再是汉代那样的皇权政治,它们之间的或同或异,又给后人提出了许许多多的研究课题。

中国大运河南段形成的历史背景

一、大运河概貌

1. 大运河的基础是它的南段,即浙东运河(130km)、江南运河(330km)和淮南运河(190km),这些本来是为江南地区服务而开凿的。隋炀帝开大运河,可以说是这三段在北方的延伸,其中的浙东运河不在隋炀帝开通之列,名义上不属于大运河。浙东运河最发达的时期是在南宋。

2. 隋炀帝于7世纪初开大运河,把运河改造成为为洛阳服务。

①修复并改造江南、淮南运河。

②从洛阳向东南,利用黄河冲积扇的自然倾斜和原有的辐射状入淮河道,修成通济渠入淮。

③洛阳东北开永济渠,虽有河道可以利用,但缺乏发达的水源系统,难于长久维持。

3. 元代于13世纪在永济渠上的临清凿河而南,接徐州(当时黄河已改道入淮),成为为北京服务的新的大运河系统。

4.目前正在进行的修复计划,基本上是明清的京杭运河,除便利地方运输(例如常州市,目前一半的运输是靠运河)外,更着眼于南北煤粮资源的运输,特别是水资源的调剂。可以说,这是为改造国土服务。

二、对大运河南段历史考察的三点意见

1.运河南段浙东、江南、淮南三段,都是分裂时期的历史产物。它们始凿于分裂时期,连通于分裂时期。

浙东运河首凿于春秋末年,《越绝书》中所谓"山阴故水道"就是今绍兴至上虞的一段运河。两晋之际的贺循所修运河,当是完成浙东运河全段,西起钱塘江的西兴堰,东至上虞的通明堰。至于从通明堰向东引,连接余姚江、甬江以通于海,则是南宋时事。所有这些兴修,都在分裂时代而不在大一统时代。

江南运河也是分裂时代的产物。江南运河的南段和中段,始凿于春秋末年的吴王夫差,江南运河的关键部分是其北段,即今丹阳至镇江段。这段运河我认为是吴王夫差争霸中原、开通邗沟前后,利用丹阳、镇江间山间自然河道,形成雏形。《越绝书》所谓"吴古故水道……入大江,奏广陵",其"入大江"的水道即江南运河的北段。这段运河,秦始皇曾加利用和改造,孙吴末年又进行过重大改造工程,主要都是在重叠的山岭间开辟新河道。为这一段运河调剂水量的练湖,是两晋间陈敏所开。上述人物除秦始皇外,都属分裂时期。

江淮运河(又称邗沟、中渎水),初开于吴王夫差。邗沟由原来连接博芝、射阳诸湖的弯曲水道改变为"津湖径渡",初创于汉

魏之际的陈登。

在中国古代历史上,远离首都的地区,其区域经济的发展,在分裂时期比在统一时期更为显著。分裂时期区域经济的发展,往往给统一提供了更高的经济基础。这是一个周期性的发展过程。出现于分裂时期的浙东、江南、江淮运河促进了区域经济的发展,也给随后出现的统一创造了条件,提供了保障。

2. 分裂时期出现的这些运河,并没有永远地造成一个闭锁的区域系统以巩固分裂局面,而是发展了与外界的交往,有利于统一的出现。

据有江东的人,他们首先的要求,当然是保全由运河沟通的区域以作为自己的立足点,因而运河有巩固分裂局面的作用。但这不是运河所发挥的政治作用的主要方面。正是由于运河沟通了与外界的交往,包括进行战争,江南才提高了自己的发展速度,增加了自己的活力。

浙东运河的开发,与持续甚久的吴越之战相关。江南运河与江淮运河,都与吴王夫差的北上争霸相关。孙吴既须依靠江南运河以立国,又有与外界交往的迫切需要。它把政治中心由太湖屏蔽的吴,迁于京口。当它再迁建业而离开运河时,另修破冈渎与运河相连接。所以建业赖运河立国,运河则支持建业向外界发展。

在中国历史上,浙东、江南、江淮运河从来不是分裂割据的象征。浙东运河所经的绍兴,有禹庙、禹陵、禹穴。在汉代,绍兴是以夏禹、秦皇并祀的,一个是华夏圣君而以治水至于会稽;一个是一统天下之主而有会稽之巡行。这是华夏文化南被和南北统一的象征。会稽靠运河与华夏相连,所以运河也具有南北统一的象征意义。

3. 把分裂时期的运河改造成全国大运河的一部分,非有统一国家不可。统一国家扩大了运河的效益,从而使运河得以长久存在。在这方面我们自然首先想到隋炀帝,但不只是隋炀帝一人。

秦始皇在开通运河方面也有值得纪念的事迹。秦始皇东巡,循江南运河而南,所以江南运河线上留下了许多此次东巡时所定的地名,如丹徒(镇江)、曲阿(丹阳)、由拳(囚卷,嘉兴)。甚至秦淮河之秦,也来源于秦始皇。我们知道,曲阿,是秦始皇听说其地有天子气,乃凿云阳直道使之阿曲,这实际上是顺应地形地势以开通一条今丹阳至镇江的河道。弯曲河道与直道相比,虽增加了河道长度,但却降低了河床坡度,限制了水流落差,便利船只航行。就连破冈渎以及其西段的方山,也据说是秦始皇时所凿,分别见《通鉴》卷一五三梁中大同元年胡注及《元和郡县图志》卷二五。此后至孙吴末年,岑昏奉命修凿这段河道,"斩绝陵垄",工程内容与秦始皇时类似。

隋炀帝以前,两晋之际的陈敏,是最先具有以运河沟通中原与江东构想的少有人物之一。(他到江淮一带着手建立一个转运系统,沟通江南运河、江淮运河以及淮水、泗水等,漕运江东粮谷以济中原。他在丹阳修建练湖,主要目的是调节江南运河北段水量以利航运。)陈敏已有了南北大运河的构想,但真正完成南北大运河,只有统一了的隋代才有可能。

隋以后,唐宋大运河的作用不限于唐宋帝国内部。大运河的一端通过明州港以通海外诸国,另一端则从洛阳西出以接陆上"丝绸之路"。可以说,大运河起着沟通陆上"丝绸之路"和海上"丝绸之路"的巨大作用。这也只有在统一的中国能够实现,在分裂时代是不可能的。

近来听到一种意见,认为中国如无古运河的修建,也许航海事业会发达得多,因而资本主义就会同欧洲国家同时发展起来。这种意见我不同意。因为,一,元代如无大运河的漕运,沿海漕运虽可能增加,但这与远洋航行并不相同。二,中国远洋航行发达不起来,另有原因,并非有了大运河之故。郑和远航在哥伦布之前大半世纪,但郑和远航并没有导致中国远洋航海业的发展。

在中国古运河考察中所获得的这三点认识,也可以说是我自己从一个侧面所见中国古运河开发史的某些特点。中国这样一个历史延绵不断的统一的文明古国,是中国先民留给我们的宝贵遗产。就统一这一点说来,我认为最可宝贵的还不是统一时间的长久。事实上中国历史上的分裂曾反复出现过,分裂时间也不很短。中国历史中并不是只具备统一的条件,而丝毫没有分裂的条件。民族的、地域的、内战的诸多原因,都有可能导致一个时期的分裂。封建经济的闭锁性的一面,是长期存在着的影响统一的因素。不过我更认为,按照历史的昭示,最值得宝贵的地方还在于,即令在分裂再现之时,中国人并不自安于分裂,分争各方总是力求寻得恢复统一的路径,人们生活的各个方面,包括思想感情、经济联系、政治交往,也自然而然地孕育再统一的条件,使统一成为全社会不可抗拒的潮流。而且在此后形成的统一国家,其立国的基础和统一的程度,往往比过去的统一国家更要宽广、更要牢固。中国古运河开发的历史,具体而微地体现了中国历史的这一特点。(我从古运河考察中所见所思而产生的这种认识,也许是凭借以小见大的历史眼光,也许只是主观臆断,所以我不敢信其必是。)

东胡的时代

——关于乌丸的几个问题

东胡的乌丸(乌桓)族是中国古代史上深具活力的民族之一。从乌丸入塞以后在北方活动的年代、地域、经历看来,她理当在五胡十六国时期独树一帜,自王自帝,显现其民族的历史作用。但事实却不然。同属东胡的鲜卑族慕容部入塞晚于乌丸,在十六国中建有前燕、后燕、南燕,此外还有南凉和未计入十六国中的西燕。北燕统治者虽为汉人,北燕却是一个鲜卑化慕容的国家。鲜卑拓跋部更是担当结束十六国乱局、下启隋唐的历史任务。而先起的乌丸族却在半路上逐渐消失,在历史上只留下面貌不清的隐约身影。这个现象引起不少史家的思考。

一、乌桓入塞潮流

汉武帝时霍去病击破匈奴左地,乌丸得以经由辽东、辽西、右北平附塞西行。鲜卑随乌丸之后而来。匈奴十余万落残留漠南,袭用鲜卑名号同时活动。这样,北方边塞内外出现了乌丸、鲜卑、匈奴三种势力彼此裹胁吞并的民族互动流程。

乌桓部落分散，没有整族的统一行动。她们之间以及与北方官府之间的互动关系颇为复杂，其中乌丸之众常被汉官招引守边，或被引入塞内为乌丸突骑，参加北方征战，以至流散于北方郡县。乌丸主体部分则逐步沿塞西行，至于代郡、雁门郡，其间也有分化，只有少数西徙朔方。由于乌丸与汉官较具亲和力，东汉建武二十五年（49）将幽州刺史兼领的护乌丸校尉府移置于上谷郡西北幽、并二州接境的宁城，作为官府监护北方附塞各族的总管机构，并正式允许乌丸入塞。由此可见东汉官府认为，此时所谓北方三虏（匈奴、乌桓、鲜卑），关键是乌丸。上谷宁城从此成为乌丸集散之地。和林格尔出土汉墓（约桓帝时）校尉幕府壁画内容，反映了此种情况。乌丸由此南入代郡、雁门郡，数量颇多。东汉以后经历几个朝代，护乌丸校尉府的地点和名称大体未变。直到公元386年前秦灭代，迁乌丸府于平城，乌丸府始不见于历史，但上谷宁城乌丸人颇具实力，依然如旧。乌丸来自辽东、辽西附塞至于上谷、雁门，至此有于延水谷可南，如来自蒙古高原，则径逾阴山，无需走此路。可见乌丸校尉府设此的必要性。

二、护乌丸校尉府和檀石槐庭的并立

护乌丸校尉府所在的上谷宁城（张家口），地处燕山山脉和阴山山脉之间，附塞入塞各族聚集较多。其中的乌丸以此为通道，大量流向代郡、雁门郡，甚至由此扩散至于陉岭南北，太行东西。汉晋政权在这里设立以护乌丸为名的军事监护机构，说明汉与乌丸亲和力较强，大宁是沿塞各民族移动的枢纽地带，乌桓此时是起主导作用的特殊一族。

大宁接近灅水(今桑干河)中游支流于延水(今洋河)。于延水及其分支蜿蜒勾通于燕山、阴山之间,也勾通塞内塞外。于延水北端接近辽阔的漠南草原,是各族东西驰骋必经之地。于延水南端则是入塞通途。东汉以后,于延水域成为乌丸、鲜卑以及与之混杂的匈奴竞夺之地。①

首先在于延水域塞外取得优势位置的,是鲜卑檀石槐。檀石槐于东汉桓帝时建庭于弹汗山歠仇水上,"东西部大人皆归焉"。歠仇水就是于延水,而于延水东塞内不远就是护乌丸校尉府。校尉府并护鲜卑。鲜卑庭和乌丸府在这里沿水隔塞,地理上呈对峙形势,这种形势预示着中国北方一个东胡人(包括乌丸和鲜卑)的时代将孕育形成。目前是乌丸主导,乌丸将陪伴鲜卑逐渐为鲜卑让出历史位置。至于鲜卑之中,则是慕容驱除,拓跋得利。这个时代将延续到北朝之末。

檀石槐建庭后,鲜卑势必挤压先此到达于延水域的乌丸南徙,及于代郡、雁门郡,因而有代郡乌丸滋扰,为时甚久。建安末年曹操命田豫佐鄢陵侯曹彰征讨代郡乌丸,代郡稍安。雁门郡鲜卑压力加大,雁门北部不守,撤郡至于灅水上源和陉岭一带。其时牵招任雁门太守,他主要靠早已进入雁门的乌丸力量,与入侵鲜卑对抗。(田豫守昌平、牵招战马城二地均在乌桓校尉府之南。刘琨始割陉北五县地与猗卢。按五县除马邑外均在水南陉北,曹魏所弃大体是水北之地,陉南北仍在曹魏。)

关于雁门乌丸,论者都重视牵招"表复乌丸五百余家租调"的

---

①于延水域后来出现过不少值得注意的事。檀石槐后人由此入侵代郡、雁门郡。拓跋始祖力微由此迁驻阴山,遂居盛乐。拓跋郁律(平文帝)、拓跋贺傉(惠帝)都曾以水域的东木根山为都。拓跋纥那(炀帝)几次经水域北出草原东奔。北魏六镇之一柔玄镇也置于此。怀荒镇则在今张北县境。

记载，认为此处的乌丸已经成为纳租输调的农业居民。不过此记载的下一句是"使备鞍马，远遣侦候，虏每犯塞（按虏指鲜卑，塞指陉岭句注塞），勒兵逆击，来辄摧破"。"复租调"正是"备鞍马"的报赏。这说明雁门乌丸此时还处在马背生活向农耕生活的转化之中。不过雁门乌丸驻止之处宜于农耕，这对他们最终转化为农民十分有利。

王国维《邸阁考》[1]文中，举《魏书·食货志》所载有司请于包括小平在内的水运八处设邸阁仓储，又举他所见传世古印"新平邸阁督"印为证，说明㶟水上游为粮产之区[2]。小平（城）就是新平（城），其名代王猗卢时始有，地在㶟水之阳，也就是牵招之时雁门郡的北境。新平城产粮食[3]，北魏建国后如此，上溯至猗卢时如此，再上溯至牵招也当如此。我推定这一带就是《牵招传》所叙五百余户输租纳赋的乌丸人的家园。乌丸人农业化，可以理解为与此处原有汉民的融合。（加并州是乌丸入塞的故乡。卫雄、姬澹败死，桑干放在何处？）

---

[1]《观堂别集》卷一，据《王国维遗书》，上海古籍书店1983年。

[2] 按"新平邸阁督"印，故宫藏印。罗福颐主编《秦汉南北朝官印征存》（文物出版社1987年）第318页录印并出简注，谓据《晋书·地理志》雍州有新平郡"。此注有误。水次置邸阁以司粮务，邸阁督不可能冠郡名，故知此新平邸阁不在新平郡。王国维以小平邸阁与此印证，定此新平城即小平城，不确。魏收书三见小平地名，均皆小平津。又，《官印征存》以此编入两晋官印，亦不妥。新平非《地理志》之新平郡而为猗卢时之新平城，晋人名之曰小平城，但此处设邸阁则为循北魏有司之请，督印自当编入北魏官印。

[3] 新平城所在处产粮，还有《魏书·和跋传》可证。道武帝斩和跋，跋与诸弟诀别，谓弟毗曰："㶟北地瘠，可居水南，就耕良田，广为产业。"和跋盖示意其弟南逃，故作"㶟北地瘠"之语。其实水南水北皆产粮，而南尤富。猗卢当年向刘琨索取五县之地，尽在㶟水南北。

三、"幽并东有务桓,西有力微"的形势

《晋书·卫瓘传》说:"幽并东有务桓,西有力微,并为边害。"务桓、力微深相钩结,"瓘离间二虏,遂致嫌隙,于是务桓降而力微以忧死"。务桓即代郡、雁门乌丸(雁门郡北部之地魏时已为弃地,似以灅水为界),力微指定襄、云中一带的拓跋。卫瓘以泰始七年(271)八月除征北大将军、都督幽州诸军事、幽州刺史、护乌丸校尉。此年正月并州匈奴北部帅刘猛叛出陉岭句注塞,与雁门乌丸以及与云中拓跋相结,构成大患,乃有卫瓘护乌丸校尉之授。《晋书·武帝纪》咸宁三年(277)"使征北大将军卫瓘讨鲜卑力微",同年力微死于同在一起的乌丸王库贤的谗间,这就是卫瓘"离间二虏"的成效。拓跋部落联盟一时离散,可见卫瓘受命讨力微,用离间而非用武力,取得重要成果。

西晋时"幽并东有务桓,西有力微"的代北形势是如何形成的呢?

代北东部雁门、代郡之地乌丸充斥,前已说明。代北西部定襄、云中、五原郡由拓跋力微占领,其过程还须考虑。一般认为,《序纪》所见献帝邻就是决策引导拓跋南移"居匈奴之故地"的推寅(后推寅),也就是檀石槐所统西部鲜卑一支的推演。拓跋南移由献帝邻之子圣武帝诘汾实现。神元帝力微即诘汾之子。诘汾、力微所居之匈奴故地,即五原郡阴山北麓之头曼城[1]。但此说有

---

[1] 说详马长寿《乌桓与鲜卑》,上海人民出版社1962年,第243页。力微之子沙漠汗为魏晋质子,其时力微在西,乌丸在东,拓跋与晋无利害关系,质子在晋盖赖晋牵制乌丸,拓跋本身从未形成对魏晋军事压力,晋亦无力侵拓跋。

两个疑点,其一是"匈奴故地"是笼统说法,难于确证即头曼城;其二是力微是由延水域迁于盛乐,其间有十余年过程,而不是诘汾已迁头曼城,力微由头曼入盛乐。

《序纪》力微本因"西部内侵,国民离散",依于没鹿回部窦宾有年,并娶窦宾之女。力微"请率所部北居长川,宾乃敬从。积十数岁,德化大洽,诸旧部民,咸来归附"。力微正是在长川蓄积了力量的情况下,才逐渐转移至盛乐。(《序纪》系"始祖请率所部北居长川"于248年前之"十数岁",约魏青龙、景初之间,拓跋并没鹿回,尽控诸部,控弦上马二十余万,在248年正始之末,嘉平元年[249]迁盛乐。)长川是于延水的北源,周围是漠南草原。力微当是循草原西徙,至于阴山、盛乐,中途或曾停驻阴山以北的牛川,所以牛川成为北魏特具意义的地点,拓跋珪重建代国,必于牛川与诸部落大会,郊天建元。力微由长川西徙是拓跋大事,必见于符契,汇入"代歌",为拓跋后人公认,所以孝文帝太和十七年(493)迁洛诏中追叙先人迁徙历史,还说到"神元北徙,游止长川"①。

力微究竟是由什么地方北徙长川的呢?长川即于延水北源之说,历来无异议。古人游牧,滨水而居,以方位言,力微部落自当驻止于延水中下游,地在长川之南。所以才有北游长川之事。由此可知,拓跋部本已沿于延水南移,但未随鲜卑寇略代北;甚或在鲜卑各部相继溃散后或遇乌丸压力,不得不退出于延水谷地,由长川逐渐西移。原来出入于定襄、云中一带的南匈奴,此时已入并州,拓跋部乃渗入五原、云中、定襄,生存繁息其间。

这样,我们就可以对《卫瓘传》所说代北地区"东有务桓,西有

---

① 《日藏弘仁本文馆词林校证》,中华书局2001年,第274页。

力微"的形势作进一步的说明。代北东部指平城以南,原雁门郡的北半部及于灅水。这里的居民主要是乌丸人,还有自汉末以来迁徙于此或溃散积淀于此的鲜卑诸部人,以及不多的汉人。代北西部,指黄河以东,阴山以南,自定襄、云中、五原扩散的拓跋驻地。代北地区东西两边,乌丸先来而拓跋后到,乌丸较开发而拓跋较落后,乌丸散漫而拓跋有较巩固的部落联盟。两者共生于代北地区百有余年,乌丸不能自保,接受拓跋统治,终于融入拓跋之中,使拓跋壮大而得以结束十六国局面,开创北朝历史。这就是我在《代北地区拓跋与乌丸的共生关系》一文所论叙的内容。

四、乌丸的杂胡化

杂胡化是汉魏以来北方乌丸、鲜卑、匈奴混杂所产生的必然趋势,是长期的历史过程。各族的不同部分,以其所处民族环境、自然环境和互动关系的差异,出现杂胡化倾向有早有晚,有隐有显。一种杂胡,往往有强势群体起主导作用以显现其特性。拓跋族有较强的部落联盟,经过长期历练,虽容纳了大量匈奴、乌丸而呈现杂胡化倾向,但拓跋在其中的主导地位都始终巩固。在西河、朔方、陇西地区的众多杂胡,还具有相当突出的西域胡成分。循着这种历史趋势考察乌丸踪迹,隐略可见代北乌丸的杂胡化过程。

文献所见乌丸,晋以后逐渐模糊,看不清她的主要面貌。所以内田吟风氏《乌丸鲜卑之源流和初期社会构成》文中考叙乌丸历史,只及曹魏时期"乌桓族的溃灭和鲜卑族的兴隆",此后就不再有系统论说。唐长孺《魏晋杂胡考》中认定魏晋以后乌丸已是杂胡。马长寿把乌丸和鲜卑合在一起研究,乌丸由于资料稀少,没有本族政权为其历史载体,只能是鲜卑的陪衬。北魏历史上,拓跋更以征服者姿态不承认乌丸实体,淡化乌丸历史,《官氏志》竟说"其诸方杂人来附者,总谓之'乌丸'",误导了史界对乌丸历史的认识。(晋武时入塞北狄 19 种"皆有部落,不相杂错"[但久远则混杂难分]。其中赤砂种当不例外,刘聪所统赤砂当即此。但塞外亦留有赤砂种。)

在这里,我想对乌丸杂胡化问题说一点意见。杂胡化是五胡十六国时期北方各地民族混杂所形成的一种普遍现象。在长期激烈的民族冲突中,不同民族的分散部落逐渐流徙,一个区域有时有不少不同民族部落混驻。在长期共处之中,各部落以其人口多少、习俗差异、文化高低之不同,在共同环境中释放出不同的影响,逐渐形成一个共同群体,她们就是一种杂胡。这个新的群体或者仍用其中一个强势民族的名称,或者获得一个新名称。在华北地区,这种杂胡大概都是匈奴、鲜卑、乌丸三族部落的不同组合体,在稍西部分则有内徙的西域胡部落成为某些杂胡的组成部分。十六国至北朝时期,杂胡化的出现是必然现象,是民族融合的一种特殊形式,是汉化的先期阶段。

杂胡化出现,往往是在战乱较多,物质文化和精神文化破坏较大,相异民族的零散部落集聚而汉人又很稀少的闭塞地区。这里汉文化不可能起主导作用。某一胡族在数量上或在文化水平上拥有某些优势,影响共处的其他胡族,也影响在其中的汉人。所以杂胡化也包含了汉人的胡化。杂胡化实际上起着消除某一地复杂的民族隔阂的作用,但是杂胡化难于形成一种新的民族。一种杂胡,经过几十年,或者百年就会消失,消失在汉文化之中。晋、陕之间黄河两岸的稽胡,包括匈奴、西域胡、汉人等成分,北魏末年开始出现,是特点较显著、维持较久、资料渐多的一种杂胡,但到唐代早期也消失在汉化之中了。

乌丸族也有分合变化过程。较早进入雁门郡、代郡、太原郡的乌丸,大概经过一段半马背上、半农耕的生活以后,沉积在灅水两岸,陉岭南北,以至于太行以西,汉化为农民了。拓跋猗㐌、猗卢时在汉人卫雄、箕澹等人率领下的乌丸军存了二十年,随着拓跋内乱而奔回并州雁门,溃散在灅水上流,结果自然也是汉化了。分散在中原各处的乌丸突骑之众,曾被前赵石氏强制徙于襄国,其后也逐渐汉化了。她们之中都没有显见的杂胡化过程。

《卫瓘传》中所说的"幽并东有乌桓,西有力微"的这部分代北乌丸,是魏晋以来乌丸的主要部分,她们通过与拓跋百余年的共生关系,实际上先是拓跋化,然后又随拓跋汉化而汉化了。

乌丸民族变化最混杂不清的部分,是所谓乌丸独孤问题。匈奴北部帅刘猛叛晋出句注塞时,本是匈奴屠各。后来别分裂为两部分。刘猛之子勿仑领部在代北活动,就被称为乌丸独孤;而这个乌丸独孤的群体存在了近百年,独刘猛族子刘虎领部入朔方,却被称为匈奴铁弗。为什么会形成乌丸独孤的名称,按现知资料,是个无法说清的问题。据推测,刘猛叛晋所统屠各中未有乌丸,后来居朔方的铁弗是匈奴屠各,而留驻代北之众的独孤部或独孤所统之众,则是役属屠各的乌丸。也可能是刘猛叛晋出塞后在代北兼并了一部分乌丸,遂有乌丸独孤之称。这些都只是推测而已。

乌丸是强悍的民族,但是乌丸入塞与其他民族发生关系时一般都受制于他族,难于居主导地位。中原活动的乌丸突骑一直由官府统领,不曾成为独立武装。代北乌丸与拓跋共生的百余年中,拓跋一直影响着乌丸的发展,以致于将乌丸溶融于拓跋之中。

只有来自并州的乌丸独孤拥有自己的名号，甚至刘亢泥一度受后燕封为乌丸王。看来这也只是后燕利用广宁乌丸为缓冲力量以防拓跋的策略，看不出刘亢泥一族在代北乌桓中本已拥有如此地位。所以一旦拓跋珪消灭刘亢泥，乌丸也就随之消失了。现在从《魏书·官氏志》内入诸族中，可知乌丸族只留存为一个姓氏，即桓氏。乌丸另一姓氏库氏可知本渔阳、上谷乌丸库傉官氏；流入并州的乌丸薄氏本是薄奚氏所改。《魏书》列传中一些重要武将如莫含、罗结等多人本出乌丸，但本传中全无乌丸痕迹，只有经过细密考证才能发现其本来的族属。（这个阶段，这个群体的乌丸属于杂胡，别的乌丸不一定是杂胡。）

剽悍的乌丸民族驰名甚久，五胡十六国时都未曾成为独立力量自帝自王。不但如此，几百年来乌丸没有较明晰的历史可叙。从未产生过史传可稽的名人如鲜卑檀石槐之类。这是什么缘故呢？除了偶然因素之外，我们可以从陈寿、范晔书所载乌丸传中，在乌丸民族文化习俗找到两点解释。其一是乌丸"无世业相继"，无固定姓氏，因此难于形成巩固的群体，难于形成民族文化积累，难于形成共同的民族历史记忆和民族意识。其二是过分崇尚武猛，以部落健者之名为姓，始终未形成有效的部落传承秩序，因此群体比较散漫，易分难聚，常处于被指挥状态，为人作战，易于同化于人。（难于形成秩序井然的群体社会。缺乏内部维系的强固力量如血缘联系等。）

民族大动乱逐步澄清中出现的杂胡化现象，民族融合现象与政治上纷乱割据走向统一过程中出现的地方局部统一，是同一性质的过渡形态。这两种现象的出现，是中国这样的多民族统一大国的一种自愈性调节机制，是可贵的调节机制。

东胡的时代

——拓跋史中的几个问题

几年前我开始拓跋史题探索，选定的范围是尚少为人留意的一些模糊区域，一些看似历史断裂之处，一些解释不清的现象，勉力做点工作，希望对理解十六国—北朝—隋唐历史过渡问题有所助益。

拓跋族在中国古史链条中，处于终结十六国百年纷争，下接齐周，开隋唐统一大局先河的关键位置。拓跋僻处代北百余年，一旦走出代北，就能从部落联盟首领一步完成专制集权帝王的转化，并能稳定北魏一朝统治，与前此十六国乘时而起、骤兴骤灭者迥然不同。这里除了一些偶然因素本文不论以外，包含着民族发育水平不同的重要原因。民族发育指民族整体文明程度的提升，而不只是指少数领袖人物的汉化程度，指整个民族是否有了接受更高文明秩序的准备。十六国各族开国首领几乎都有相当程度的汉化，赵翼所谓"僭伪诸君有文学"，他慨言："人亦何可轻量哉！"但这些"有文学"的君主却难于改变族内依旧的胡风胡俗，这就是《刘曜载记》史臣所感叹的"若乃习以华风，温乎雅度，兼其旧俗，则罕规模"。汉化的胡族首领能够战胜战场上的对手，却无力维持族内秩序，无力避免和弭平争权的内乱。内乱几乎总是五胡诸国灭亡的导因。拓跋正是在这个关键方面不同于前此五胡之君，她是在完成了一些重要准备以后，带领能够接受新的秩序的拓跋及部落联盟各族进入中原地区，一举树立并巩固专制君权的。我重视两方面的准备，其中一项准备是建立适合专制君权的继承制度。（北魏没有明显的胡汉分治，如设单于台等［有南北部之分］，与离散部落有关。）

我从探究拓跋后宫子贵母死制度渊源切入，发现北魏帝国的这项制度竟可以追溯到拓跋部落联盟早期，拓跋母后借强大外家部落势力以固权位的事实。凭借母后及外家部落以维持拓跋部在联盟中君长地位的这一有利的历史传统，维持了很长时间，但是到了拓跋君长向专制皇权转化的时期，这一传统恰好又成为拓跋前进的最重要的障碍。道武帝拓跋珪是在母后及外家的庇护下获得权位的。拓跋在完成皇权转化过程中，母后及外家权力对这一转化的障碍作用，并非一目了然，必有一个认识过程。拓跋珪着手解决问题必有蓄积力量和观察时机的准备。他必需针对旧传统作多种试探，采取各种步骤。最后，当局势已很清楚，而他又有了各种准备之后，他才有对哺育和庇护自己而现在已成为障碍的人，包括母、妻和外家下手的决心。所以道武帝得以实现和巩固专制皇权，并使北魏王朝得以延绵久远，不同于前此短暂的十六国，是经过相当长期而曲折斗争的。这一点，前人并没有当作问题来研究过。我把北魏后宫子贵母死制度置于这一背景中来思考，似乎找到了较深层的原因，使之可以作历史的理解，而不是只看到阴谋诡计，只看到残酷野蛮。阴谋诡计和野蛮残酷是有目共睹的事，无须史家揭露。史家的工作，是更应探究道武帝竟是如何从野蛮中走入文明，从残酷中建立制度。这才有了北魏和北朝的历史。

子贵母死制度主要是母后及外家部族擅权中产生的问题，我顺此想到，拓跋珪时期的外家部族主要是贺兰（母族）、独孤（后族），而我记得在探究离散部落问题时见到的主要也是贺兰与独孤。因此离散部落这一长期被关注的问题竟与子贵母死制度问题具有完全相同的历史背景。这一认识的获得使我很感高兴。

但是反证提出来了。既然子贵母死制度从根本上消除了母后专权问题，为什么后来又出了个冯太后左右北魏政局达数十年之久呢？为了解答这个问题，详细考察冯太后的经历，很快就获得了答案。原来北魏后宫并没有真正的嫡庶制度，北魏立有皇后，但这是遵循胡族部落旧习，以宫人手铸金人能成功者立之，她不是新立嗣君之母，但嗣君立后自然被尊之为太后，这是第一种太后。嗣君则是以后宫生子者立之，嗣君被确定，其生母就被杀死，嗣君立后追尊生母为太后，这是第二种太后。嗣君婴幼无母，往往要专人乳养，乳养者易与嗣君建立亲密感情，死后被尊为保太后，也称太后，这是第三种太后。冯太后属于第一种，她是文成帝皇后，按常例献文帝时被尊为太后。但是与嗣君献文帝无血统关系，也无乳育之恩。但是文成帝死而献文帝未立之时，发生了宫廷政变，此时没有重心人物，平叛者非借太后名义不能诛叛者。冯氏权力欲极强又有能力，借此机会在十二岁的献文帝登位后窃取了权力，甚至一度临朝听政。这是历代宫廷斗争中常见之事，不难理解。冯太后的诡计更在于她逼献文帝禅位给嗣君孝文帝，由她自己执政，这才真正开启了另外一个局面。她能做到这一步，关键是她巧妙地利用了子贵母死这一残酷制度为自己窃权所用。

按理说，冯氏所在的北魏中期，子贵母死制度产生的条件，即母后及外家强大难制局面已不存在，子贵母死制度已失去存在理由。而冯氏正是充分利用这一僵化的祖制，在献文帝后宫产子后立为皇储，由她养育皇储，并赐死其母。她实际上是想发挥前此保太后的作用，让皇储即位后铭记她的养育之恩。她知道控制了这个婴幼儿，就等于掌握了北魏政权的未来。后来皇储即位，即孝文帝，冯氏是太皇太后。孝文帝是个了不起的君主，但直到冯氏之死，他始终在冯氏控制之下。不但如此，冯氏还把不少冯门女子引入后宫，告诫她们如果后宫产子，一定要及早杀其母而抚其子，这样就能使冯氏世代擅权。仅孝文帝就立过两个冯氏女为皇后。北魏中期以后，子贵母死这一僵死制度正是赖冯氏而得以保留下来的。

子贵母死不是一项重要的制度，我之所以发掘出这些与之有关的线索，是由于它能把几项拓跋大事都钩连起来，并使之得到新的解释。而且，子贵母死制度形成北魏一朝独特的君位传承制度，居然保证百余年中在君位继承上未出现太大的动乱，基本上维持了统治者内部的稳定秩序，这正是北魏能久存而前此的十六国皆速亡的一个明显区别。（它实质上是在比较野蛮条件下［缺少嫡长继承这种宗法秩序］部族从兄终弟及转为父死子继的一种折衷办法，效果显著［十六国没有一国解决了这一问题］。继承制上改旧俗是与利益紧扣的，十分困难。）

迁徙到阴山代北地区的拓跋，并不是很大的群体。《官氏志》提供了一份庞大但并不全备的氏姓材料，各种氏姓都有其民族来源和演变过程，都有在代北或附近的活动历史。但是他们进入中原时打的是拓跋一个旗号，而不是许多族类的杂牌军。可见诸多民族在过去百余年中有一个融合过程，在已知史料中都没有直接表现。我在考证拓跋史个别问题时发现拓跋史中随处可见乌桓的影子，判断乌桓族正是拓跋族在代北发展中首要的民族伙伴，因此萌生了探索拓跋和乌桓关系的思想。我逐渐发现，乌桓的战斗力强而内聚力弱，拓跋早有维系部落联盟的组织力而缺乏武勇，这正好是互补的，因而两者能在代北共生而不是一个吃掉一个的简单过程。共生的基础自然是两者同属东胡，语言习俗相同的缘故。我找不出两者互补共生的主线索，只有从多方面的蛛丝马迹中来钩稽史料，分析认识以充实拓跋早期历史的一些内容。

乌桓内徙比拓跋早得多。汉武帝时就有大量乌桓从辽东、辽西、右北平、渔阳、上谷五郡逐次入塞，以后又向西向南浸润弥漫，人数累积不少。一般而言，入塞乌桓并没有形成区域性的集中，（否。代郡乌桓，雁门乌桓……）因而不可能建立民族势力（？），除了一部分受制于汉族统治者的所谓乌桓突骑以外，小股的乌桓人只有插入汉人社会的缝隙之中，逐渐走向汉化。这种迁徙势必受到原有汉人的抵拒，能容纳的乌桓人不会太多。

这股潮流中的乌桓人，有附塞者顺长城而西至于燕山山脉和阴山山脉之间地带，南下代北，也有已入塞者溯㶟水中游河谷而西，所谓"代谷"一线，至于代北。代北地区，由于东汉以来多数郡县已被撤消，汉人居民稀少，比较适宜乌桓迁入。所以东汉以后乌桓从东面进入代北就成为显著潮流。东汉建武二十五年（49）置护乌桓校尉府于大宁，就是为了监护这个地区的乌桓（以及鲜卑）。

晚至东汉后期，尾随乌桓之后大量南下的鲜卑，实力过于乌桓，于护乌桓校尉府以西偏北之弹汗山建庭。拓跋是西部鲜卑的一支。据《序纪》力微记事和孝文帝太和十七年迁洛诏书（《日藏弘仁本文馆词林校证》本）追溯拓跋先人迁徙诸事，知曹魏之时拓跋部已驻在于延水（今洋河）下游，力微由此北徙长川（于延水上游），约十数岁，于曹魏甘露三年（258）始迁盛乐。显然，拓跋西徙盛乐，是避开沿代谷西行的便近路线，北退至长川，聚集了一些部落力量,再沿塞外草原西迁至阴山,再南折盛乐。为什么取此路线?只能是于延水南至代谷迤西一带已被先来的乌桓人(还有其他的鲜卑部落)占领,拓跋无从通过之故。

这里我曾提出一个不解的问题。东汉建武时乌桓布列之区为辽东属国、辽西、右北平、渔阳、广阳、上谷、代、雁门、太原、朔方,这是其时自东向西的几乎全部幽、并边郡,唯独缺雁门与朔方之间的定襄、云中、五原三郡,恰恰为西徙阴山盛乐的拓跋部留下生存空间。这可证明不是史料漏列。后来得到同行帮助,知道三郡地区是东汉时南匈奴内徙暂驻和活动之地,南匈奴主体由此南下,成为魏晋时的匈奴五部。此说并认为是拓跋顺利地在此三郡蔓延的原因。这样,在代北地区就出现两种民族力量并存,东面是乌桓,西面是拓跋,两者同是东胡,语言相通,习俗相近,长期接触,彼此渗透,前后百余年之久。(代北拓乌共生形势始成。卫瓘所忧,即在此形势已成之后。)

这就是我的代北拓跋、乌桓共生关系思路的第一步,从此衍生的问题,是从拓跋历史中寻找乌桓人,说明他们在共生历史的存在和所起的作用。这个题目是比较难于实证,因为乌桓没有内聚力量,没有严密部落组织,更没有自己的政权,甚至他们英猛悍战的民族特点也只能从汉魏以来驰名的"乌桓突骑"得到证明,而乌桓突骑的组织者和统率者历来都是当时居统治地位的其他民族而不是乌桓自己。乌桓以武力供人驱使。到了拓跋、乌桓共生年代,为拓跋征战的乌桓武力,也是由拓跋人和汉人统率的。因此,只有从一些隐晦的拓跋史实中来探寻乌桓踪迹,我首先抓住的是桓帝祁后的族属问题。祁后在拓跋史中扮演的角色和遗留的影响,都十分重要,如果能证明祁氏出于乌桓,拓跋、乌桓共生的证据就比较充分了。我做了多方面的考证和考察。(我认为史籍记桓后作祁氏或作维氏，二字当时音读一致，只是汉字的不同译写。与祁后同时的祁姓人物全是武将，而且不似汉人，应即乌桓突骑首领。乌桓由塞外内迁所经之地，在汉代留下女祁地名，乌桓重母，或以母名祁者为姓。祁后在拓跋内战中总是居于中部东部，以东边护乌桓校尉府广宁之地以及东边部族为庇护之所等等。）总之，我认为我的证据接近了祁后出于乌桓一说，但是毕竟找不到一条铁定证据，与结论还是隔了一层纸。不过说祁氏出于东方部族，与西方以盛乐为据地的拓跋有着大不相同的色彩，是可以的。何况，力微死时其身边有乌桓王库贤，可证其时两族是互相渗透的；1956 年内蒙凉城有"晋鲜卑归义侯"和"晋乌桓归义侯"金印及拓跋猗㐌银饰牌同出一坑，也是鲜卑拓跋和乌桓长期共生于代北的旁证。而且穆帝拓跋猗卢末年出现的一场拓跋内战，也含义了相当明显的拓跋与乌桓冲突成分。2002 年秋我从北大馆藏未整理的图片中发现了"代王拓跋猗卢之碑"的拓片，这是拓跋建国前能见到的唯一碑拓。

拓跋建国前史上，一方面是到处有乌桓的影子，却不见公开正式的代表人物，另一方面却又有从并州南匈奴北部分裂出来的铁弗、独孤，活动于代北地区，都被冠以乌桓名号，尤其是独孤，被拓跋和慕容认定是乌桓的代表。实际上代北真正的乌桓人在长期共生中已融入拓跋（《魏书》列传中有些拓跋人可考证出于乌桓），而独擅乌桓之名的独孤只能推定是出于匈奴、乌桓、拓跋混生的杂胡，可能乌桓成分更显就是了。

从华北全局来看，东汉以来代北地区以及更西的朔方（鄂尔多斯）被视作边荒，衰弱的中枢归并和撤消代北郡县建制，代北汉人也陆续迁出，实际便利了各少数民族自由开拓。而护乌桓校尉置于人宁，只是起到从幽州地区观察代北动静的作用。

拓跋乌桓共生，其地域也扩及黄河以西的朔方。代北、朔方关系密切。前秦、前燕并立之时，前燕从幽州关注代北，而前秦则从关中关注朔方。这样，从幽州西经代北、朔方以达关中，无形中形成一条多民族交往的线路。苻坚强大，为发动淝水之战作准备，对朔方地区各族作了安顿，稳固了自己的后方，然后发动淝水之战。我疑苻坚能发动几十万各族人马投入战争，与苻坚整顿朔方诸族有关，但无直接证据。只是凭《载记》的文字记载和前秦仅有的两通碑文予以疏通，证明了朔方地区民族关系调整与稍后苻秦灭代以从关中经朔方到代北为主要行军路线，并且假手被视作乌桓的铁弗、独孤来管理灭国以后的拓跋。

灭代以后，前秦曾迁乌桓府于平城，这只能推定自大宁西迁，这是关于最早进入代北的乌桓人的可见的最后信息。此后乌桓的信息在史籍中更是罕见，乌桓拓跋基本上完成了融合，独孤则到亢泥被灭（396），乌桓消失了。顺便提及，有学人正在从事钩稽北魏群臣中原属乌桓人的资料，已有一些成果。《魏书》史臣对乌桓人的状况已不甚了了，所以才在《官氏志》中说"其诸方杂人来附者，总谓之'乌丸'"，从而否认了乌桓实体的存在，是不确的。实际上，乌桓是一种特定人群，和林格尔墓壁画中护乌桓校尉府图中可知乌桓人的形象。后来出现了从匈奴北部分裂出来的独孤、铁弗，他们有乌桓称号，其中种族意义现在并不清楚；而除了独孤、铁弗以外，不见有什么资料把其他杂类称为乌桓。看来并不是"诸方杂人来附者"都可称作乌桓。

纵观代北拓跋历史，经历了三大转折期，第一是277年力微之死和部落联盟解体，导因是乌桓王库贤使谗背叛。第二次大转折是猗卢之死和拓跋内乱，关键是乌桓之后叛归刘琨。第三次大转折是苻坚灭代及统治拓跋，其间乌桓铁弗和乌桓独孤有很多的参与。历史上的民族互动关系，凡是构成重大政治变动的事与人，容易被记载在史籍中；至于经常起作用的相互影响，不容易找到直接证据，有时只能从某些民族尽管有各种矛盾冲突却又长期不能分离这个方面，来反衬彼此的密切关系。拓跋乌桓即是如此。最后的结局，是拓跋凭其部落联盟组织的优势而发育成长，延续长久，乌桓则由于缺乏民族内聚力量而融合于拓跋之中，成为拓跋的组成部分。

拓跋乌桓百余年的共生中冲突虽多，毕竟不是你死我活的关系，两者同为东胡，语言习俗相通当是重要原因。

拓跋在与乌桓百余年共生中发挥了拓跋部落联盟的组织的传统作用，补充了包括匈奴在内的新鲜血液，包容了部落联盟中他族之长例如乌桓的勇猛悍战，发育成长，实际上形成了新的拓跋族。百余年的历练也使拓跋获得了较多的统治经验，建立了巩固拓跋部内权力传承(如子贵母死)的重要制度，实施了稳固对联盟部落统治的重大措施(如离散部落)。巩固对联盟各部的统治，实际上就是否定部落联盟本身而走向专制皇权，这使北魏统治得以长期延续，北魏统治衰败后的齐、周、隋局面，可以说仍然是拓跋影响的延伸。通过所谓关陇集团，这种影响也在唐代政治、社会中起作用。拓跋直接统治虽然只在北方，但对隋唐历史的作用超过南方。所以我认为，四至六世纪的中国历史，可以视为东胡的时代。

回到会议主题"中国历史文化的质变与多元性格"的讨论。我谨就所谓汉化胡化类型之外，补充"杂胡化"一类民族关系陈述意见。

2世纪以来北匈奴西迁草原、鲜卑南徙至于匈奴故地以后，匈奴余众留者十余万落数十万人，丧失了独立的冲击能力，皆自号鲜卑以求生存，"鲜卑由此渐盛"。一部分南匈奴则从阴山区域南下五原、云中、定襄，逐步进入并州，成为魏晋时并州匈奴五部。留在草原的十余万落匈奴分为许多较小部分而存在，有的还保有独立性，有的成为他族的"别部"，有的则与他族融合。就文化形态而言，匈奴文化是草原最先进的文化，此时作为草原主体民族的乌桓、鲜卑，其文化无不受匈奴影响，这从已出土乌桓、鲜卑墓葬文化内含可以确知。而且从乌桓、鲜卑诸部群体成分来说，其中容纳有匈奴人是常有的。（《官氏志》北方诸部多混有匈奴，甚至拓跋部本身也被南朝视为匈奴别种。）

入塞的南匈奴，辗转南下，成为并州匈奴五部，他们在流动过程中有乌桓、鲜卑等族裹胁在内，也是自然的事。（在中国古史中，族属偏见不是不起作用，但根本之处并不在纯种族的差别，而在环境养成的文化异同。）并州匈奴北部大人刘猛出塞至于代北，又西至朔方，其后继者分为铁弗和独孤，并带乌桓名称，显然说明并州匈奴北部本来与乌桓相混杂。匈奴北部不但南迁中与乌桓多接触，而且居并州后隔陉岭长期与代北乌桓为邻，刘猛所部并具乌桓名称是可以理解的。稍后，独孤部独擅乌桓之名，铁弗部则自称匈奴，虽然按世系同出刘猛之后，后来判然为二，其中有我们不能说明的具体原因，只能推测铁弗本来是以匈奴为主而含有乌桓鲜卑（胡父鲜卑母），独孤则反是，当为以乌桓为主而包含匈奴。所以在魏收书中铁弗直入匈奴族，而独孤则独擅乌桓之名。至于拓跋与乌桓同属东胡，互相包容更是容易。铁弗既被目为乌桓，史传说铁弗是胡父鲜卑母，而不说是胡父乌桓母，此中信息亦可知矣。

关于杂胡化的思考

中国北方杂胡化,当自 2 世纪始,可能有五六百年过程。根本动因,我想是匈奴西走后遗留的十余万落,约数十万口,皆自号鲜卑,裹在乌桓、鲜卑中接踵南行,在各种复杂条件下形成许多彼此相近而又各有不同的地域性的群体,带有各种不同名称。值得思考的有如下要点:

△匈奴人在南来各族中文化最高,人口相对于主要征服者鲜卑族说来并非绝对少数。在某些局部可能还是多数。所以在不同时间、不同地域形成的各种杂胡中,匈奴人和匈奴文化的影响往往是随处可见的,其次才是鲜卑、乌桓。乌桓、鲜卑墓葬中几乎到处可见匈奴文化遗存。

△铁弗称胡父鲜卑母,高车实则是鲜卑父胡母("或云其先匈奴之甥也",见《高车传》)。其他杂胡种族也多与匈奴有关。(此点参考了《文史》2001 年第 1 期 109 页朱学渊《鲜卑民族及其语言线索》)杂胡的混杂民族成分中,匈奴是最常见的民族。

△有些地方的杂胡则可能是某种西域胡与匈奴的融合。当然,还有柔然、丁零的作用。杂胡,还可能是两种以上胡人揉合的产物。同样是某两种胡人,在不同地域、不同环境或不同时段,以及各族属人口不同比例条件下,也可能又有所不同而带有各自的

名称。杂胡之"杂",于此可见。

△乌桓由于族落缺乏凝聚力,是弱势群体,所以不见有何杂胡明确承认是乌桓与匈奴相混的族落。这也与《官氏志》所说四方杂人皆谓之乌桓的说法有某种联系。

△朱学渊文提出草原较野蛮的鲜卑人征服较文明的匈奴人必然带来各种后果的见解,是有启发的见解。

△西部原住民氐和羌是否有自己的"杂胡化"过程或参与北方民族"杂胡化"的过程,也值得思考。特别从碑铭所见关中羌人族落之多(唐诗中还有关于羌村之类语词)。看来,此等羌人与周围汉人及其他族人融合途径也值得思考。

△杂胡化是中国及周边诸多民族进化到一定程度,即有某种农耕化倾向、有建立政权能力,纷纷拥入中原时的产物。杂胡名目众多,看似极端纷扰,但却是由极端纷扰过渡至逐渐澄清时期的一种民族现象。它与北方民族政权兴替是同一种历史内涵的不同表现,一种是政治的(政权的),一种是社会的(民族的,文化的)。两种表象的共同成果是各民族的融合。

△杂胡化实质上是曲折的汉化,体现胡族汉化的一波三折过程。杂胡化既是各胡族融合的一种形式,也是各胡族汉化的一种形式,因而在中华民族形成中有其重大的价值。

△杂胡民族关系发展的一波三折,很有历史内容,值得细究。如相当多的汉人杂胡化(时,地,条件,历史作用,后果)。六镇府户的汉人,先是鲜卑化,入中原后全部汉化。这也是一个杂胡变化可以比照的历史过程。稽胡是重要另证,可作个案考察。关中羌村中的汉户(北朝后期造像碑铭中有羌村造像题名杂有汉人名,唐代羌村之名常见于诗人题记,等等)。安史乱时幽冀大量西域胡。杂胡现象只出现在北,南方无此名,说明南方

民族关系不同于北方。北方和西域常有新的族种入侵内地,是杂胡形成条件;南方则较封闭,少有此种条件。(周考四种胡,见《北朝的民族问题与民族政策》;唐长孺《魏晋杂胡考》。)

2001.9.18 晨

致曹永年信两封论乌桓与拓跋相关问题

永年教授：

近日，先是收到贺岁卡，接着又读到关于乌桓问题长信，非常高兴，也非常感谢。小文能有知音细读，而且还愿花很多时间写出意见，这实在是我莫大欣慰。我想，你连小文下部分一起读完，能见教之处一定更多，希望你不吝时间，多找问题，助我把此文改得好一点。我已77岁，此文也算得上暮年之作，自知体脑都不堪负荷，连爬图书馆都不可能，基本上是用手头一点书，还未能查遍查细。如果能放在手上再过一年发出，也许能好些，但又怕这东西放在手边，日夜放心不下，身体更受不了，所以就抛出了事。今年第一期《历史研究》还有一篇小文，一并拜托赐教。

郁粥奔乌桓资料，我思考过，由于我把这几年史事重点放在平文与独孤刘路孤共处东木根山的考证上，自以为得意，遂把郁粥奔乌桓问题放过了。当时以为地在离石，所奔乌桓不知何处乌桓，要引用的话又是一件"无头命案"，而小文中"无头命案"实在太多了，所以未加深究，实在可惜。经大函提示：①平文在离石，正是"图南"；②其时离石以北在拓跋手；③平文能打仗，草原奔驰，由离石远奔东木根山一带，并非不可能；④所奔乌桓可解释为路孤；⑤年代大体符合。有这种种理由，就应重视此一资料，不应轻易弃置。我现在想作一建议：你能否据大函写成评论文字，迳投《中国史研究》，引起讨论，岂不是很有意义的事？代北史实，内蒙学者可指正处一定很多，不止此一处，希望先生考虑。拙文疏漏处已发现不少，如《水经·河水注》有"诰升爰水"等，这种资料我失之交臂；又如东木根山，《清一统志》标在察哈尔，当是经过考察，其根据虽也可能只是《读史方舆纪要》，但毕竟比我笼统之说要有说服力；又如参合陂所在，我知严耕望考证过其名"搬过家"，但我懒得查找，也欠妥当。严格说来，这都是衰龄之作，不足为训。拉杂写来，字迹了草，请谅。顺致

春禧

　　春节后可能要搬家，届时赐函，请寄系里。近期还是寄旧址。

田余庆

2001. 1. 10

永年教授：

　　承先生偕夫人赴医院探视，相谈甚欢。病中想到一些问题，草此奉闻，请先生考虑。我因体力不好，作长函有困难，所以盼先生赐知府中电话号，以便以后有事时可电话商榷。

　　一事。郁粥问题，还是盼早日写成文章发表。我很赞同你的见解和思路。前此友人滕昭宗以及罗新也谈及郁粥只能是平文，但都无先生的深入探讨。万望先生不可因我曾写某文而感不便。我引先生为知音。无论是互补，是商榷，是纠误，都是学界的好事，都是我所欢迎的。何况我谈代北问题，是新涉入，与你有几十年的积累者本有不同。这决不是客气话，而是出于科学良知。郁粥奔乌桓，可否解释为奔东木根山与乌桓独孤（刘路孤）汇合？顺

致曹永年信两封论乌桓与拓跋相关问题　｜　231

便一提，我前次覆函如尚在手，可否请先生复印一份给我？有劳了。（本函也请复印一份。）

二事。《序纪》平文事迹甚少，《通鉴》甚至怀疑平文"功业"不确。你所考虑的问题，于认识平文的"太祖"地位，于读通《序纪》，均甚重要。我前后所草有关拓跋小文，有出版社愿集为小册子，名为《拓跋研究》出版。我自知内容不充实，但由于健康不佳，近期难得续写有关文章。如果先生大作刊布有日，甚盼允许转载于小册子中，以充篇幅，以补缺陷。这自然须有先生同意。我建议此文可放开一些，立足于史证而从较大范围论证平文在拓跋史中的地位和作用，不必拘泥于郁粥一个名字的问题。

三事。近年思索拓跋，朦胧中有于将来撰写《魏书·序纪》笺证一类的打算。我很推崇胡适的两句话，对朋友于可疑处不疑，做学问从不疑处有疑（大意）。研究《序纪》就是要从平淡处找问题，要放开眼界，广搜已有成果，细审看来无关实际却很有意义的资料（典籍与文物等），使《序纪》真正成为认识拓跋、认识内蒙（以及晋北）历史某个阶段的重要资料，成为一种拓跋族的"元朝秘史"。我觉得最好对旧有笺证一类写法有所变更，有考有论，用寅恪先生的而不拘泥于用乾嘉的写法。如今我自伤迟暮，知道自己做不成这项相当繁剧的工作了。我细想，有能力、有兴趣、有基础完成这项工作的，只有你。你特别有在代北地区生活的经验，熟知典籍文物、山川地理和人文背景，可以随处考察。按你目前年龄、健康状况，潜心三年一定有成。估计所需经费不大，内蒙能解决，如实有困难，我也许还可以想想办法。这事要你费点时间思考，如有倾向性意见，盼能见告。

该说的说完了。搞我们这一行，最困难的是人才难得。林沉过世,我深感惋惜。你健康状况很好,甚盼抓紧时间利用,不必太多地瞻前顾后,也不必预先设想太高太难,你以为然否。

　　舍间电话为□□□□□□□□,通信处是□□□□□□□□□□□□□□□□□□□□□□。只是目前小区还未正式通邮,近期寄信还是写历史系为好。

田余庆

2001. 4. 27

定襄之盛乐与云中之盛乐

读《魏书·序纪》,盛乐有定襄盛乐与云中盛乐二名。案盛乐西汉置县,属定襄郡,称成乐,东汉边郡地界调整,定襄郡东移,定襄盛乐遂属云中郡。拓跋鲜卑入驻云中、定襄等郡,在曹魏时。其时云中郡、定襄郡均撤治,另在今山西五台以南、呼沱河上游之境置新兴郡,分设云中县、定襄县于新兴郡之中。至于两汉云中郡、定襄郡故地,在拓跋治下仍有云中、定襄旧名沿袭使用,但已非严格意义上的汉晋郡县名称。

盛乐之名,如沿袭西汉政区旧称,可作定襄盛乐;沿袭东汉政区旧称,则可称云中盛乐。所以《序纪》定襄盛乐和云中盛乐二名可以解释为同指一地。后代史籍对此二名未见有何考订,我疑史家也视为同一地点。我在自己的旧作中也是这样认定的。

但是,当我试将魏收书中此二地名按时序排列分析之后,感到二名是严格区分的。现在试将使用定襄盛乐的资料排比如下。

①《序纪》拓跋力微三十九年(258)"迁于定襄之盛乐"。案此为魏收书中定襄盛乐的最早记载。据此可知,魏收叙史时地理区划以西汉而不以东汉为准。如以东汉为准,当云"云中之盛乐"。

②《序纪》昭帝拓跋禄官元年(295)国分东、中、西三部,穆帝

猗卢统拓跋西部，"居定襄之盛乐故城"，亦即力微所居之地，西汉定襄之盛乐（成乐）。其地有西汉故城。

猗卢此时所居标举为"定襄之盛乐故城"，当为西汉定襄郡之成乐县城。十五年后穆帝六年（313）"城盛乐以为北都，修故平城以为南都①"，自平城"更南百里……筑新平城，晋人谓之小平城"。前云猗卢居"定襄之盛乐故城"，此云猗卢"城盛乐以为北都"，则此拓跋北都之盛乐当即盛乐新城，而且此新城并未称定襄盛乐新城。魏收书两个盛乐并存就是这样来的。我推定，作为北都的盛乐是所谓"云中之盛乐"（详见后论），考古所见的和林格尔以北的盛乐遗址，当即313年所城的拓跋北都盛乐新城，城址在西汉云中郡境。而定襄的盛乐故城，当与盛乐新城距离相近，在新城之东南面，只是准确的里程和方位有待探索。

两汉地志所见，云中郡与定襄郡毗邻，定襄靠东，云中靠西；盛乐故城与盛乐新城都在这个毗邻的部位，故城靠东，新城靠西。所以西汉时的成乐在定襄郡。东汉政区经过调整，此二郡整体东移，西汉始设的成乐（盛乐），故城仍在定襄郡内，拓跋猗卢313年设为北都的盛乐却在两汉的云中郡内。可证猗卢"城"盛乐为北都，并非修旧有的定襄盛乐，而是另城盛乐于较西之云中郡。魏收书在很多地方提到盛乐，都要区别是定襄之盛乐，还是云中之盛乐。实际上前者指盛乐故城，后者指盛乐新城；盛乐新城今地可以确指，盛乐旧城则尚存疑。

此后数十年中，魏收书不见"定襄之盛乐"之称，只有到六镇起事后北魏广阳王深用兵代北之时答灵太后问，说到"定襄陵庙

---

① 西晋以今山西代县地设平城县，属雁门郡，所以以汉平城地称故平城，重加修复。同理，"盛乐故城"当指西汉成乐城。

之至重,平城守国之要镇"。所谓定襄陵庙至重,所指即是从神元帝力微到穆帝猗卢居定襄盛乐故城时段内,拓跋一直以此为中心区域。从"陵庙至重"言,我疑作为拓跋早期皇陵的金陵,当在定襄盛乐故城,即西汉的成乐附近。

穆帝猗卢之六年(313)"城盛乐以为北都",其地即今内蒙和林格尔之北,出土的盛乐遗址。魏收书在一个时段内被称之为云中之盛乐,以与稍东的定襄之盛乐故城相区别。我们可以推定,定襄之盛乐故城,在神元之三十九年,在穆帝之六年(258—313),都是拓跋的核心所在。穆帝之六年定北都盛乐、南都平城和更南的新平城的格局,表明拓跋在代北的局面正在向代北的东部南部扩大。穆帝三年已得到代北之马邑、阴馆、楼烦、繁畤、崞五县之地,这是代北较发达的地区,又是进入并州的通道,理当有相应的就近控制的考虑。所以新平城之设是必要的。但是直到此时,拓跋的中心还在定襄的盛乐。

昭成三年(340)"移都于云中之盛乐宫",始有"云中之盛乐"之称,标举云中盛乐,自然是与定襄盛乐相对而言。拓跋以定襄之盛乐为重心,到以云中盛乐为都,历经258—340,凡八十余年。其间出现过几次摆动。

注意:337年烈帝翳槐复立"城新盛乐城,在故城东南十里"。340年昭成帝什翼犍"移都于云中之盛乐宫"。(此后昭成纪记"车驾还云中"事甚多),341年"筑盛乐城于故城南八里"。

定襄之盛乐移为云中之盛乐,是西移;代郡之参合移动为雁门之参合,也是西移。两处西移可能都在猗卢、平文以后,我疑反映了代北东西两部分乌桓势力与拓跋势力此消彼长。昭成时(340年)始正式移都于云中之盛乐宫。此后"云中之盛乐"在魏收书中始消失。(341年"筑盛乐城于故城南八里"如何解释?

"故城"是否仍指定襄之盛乐？是。)

[编者按]此稿写作年代较早，后经过与殷宪等学者的讨论，在较晚的笔记中，田先生认为定襄盛乐在今和林格尔附近，云中盛乐在今托克托附近。参见本书第一部分笔记"力微自长川迁盛乐的路线"条(第 100—101 页)。

致殷宪函论盛乐问题

殷宪先生：

　　大函奉悉，承告猗卢碑另有拓本及题记，以及关于定襄盛乐与云中盛乐考察资料，长我见识，十分感谢。先生正在写了却两个盛乐公案之文，此事于早期拓跋研究意义重大，而且此文章只有山西内蒙学者最能把握多种细节，最适合撰著。闻之顿感兴奋，至盼大作早日完成，早日受惠。留意《太宗纪》等处多有"云中旧宫"及其"大室"记载（点校本页49、53、60、71、601……），太宗行幸至此，多停驻盘桓，且有赐大酺、班大赦之举。弟疑此即最早之云中盛乐"宫室"，于拓跋族（不止是太宗）深具历史纪念意义。桓帝死于"云中华殿"当亦指此处。此云中盛乐旧宫大室疑即托克托古城遗址，426年"幸云中旧宫，谒陵庙"，似可推知旧宫即金陵所在位置（据拓跋潜埋习俗，疑陵庙但有表记，恐无瘗存）。

　　五年前曾有幸赴祁皇村考察，并以所见所思收入"祁皇出于乌桓"之小文，疵误之处自知甚多，只作假说，未敢断定祁后确出自乌桓。承先生告知今祁皇村二百多人口中竟有厍姓一百五十人，此资料甚有价值。据知今日厍姓读音为舍，唐以前厍与库本无分别，库有舍音。《说文》、《玉篇》均有库字而无厍字，二字分列，读音有别，自《广韵》始，此点钱大昕已经点破，见《十驾斋养新录》。

我据先生指点，认定此村居民库姓者当是千余年相承，应即《官氏志》之库姓，为乌桓库傉官所改。若然，则祁皇村多库姓居民之资料，可作拙文所论祁皇出于乌桓之又一旁证，为祁皇出于乌桓的假说添一砝码。顺便问及，该村库姓居民读本姓为she，还是读为ku，先生如果知道，盼便中示知。

先生所列猗卢碑另一题记，弟反覆阅读，认为与拙文所录应当都是柯氏所作，其内容可相补互证处较多。其出土地无，弟考定在雁门；先生所见谓出达赖营，此为大异。弟思之，谓出达赖营之说，柯氏未列出处，测有两种可能。一为贾人随口提供，以明来历，本难据为定说；一为柯氏确知，但略去证据。二说今已无法判断是非，所以拙文推定碑出雁门之说似可暂存，以待后证。

至于桓帝死在云中华殿"而碑发现于大邗城"之例，可推测穆帝死雁门山中而碑现于达赖营。但鄙见以为二碑性质不同，桓碑为纪其一生行事功德，可以不拘地点。穆碑只是表示其人死所，颇似汉刑徒砖文，某某人"尸在此下"之意。碑与葬所理当接近。

此问题弟未思及，得先生高见，甚盼能读到先生发表于日本《金石书学》大文（近托同事赴日者觅得复印寄回暂未完成。先生如手头有抽印本，可否赐寄一份。先生所获柯氏拓本及题记，如果方便亦思借阅数日。不情之请，先生鉴谅。眼疾术后，书写不便，为答厚意勉谨陈鄙见）。

即颂冬祺

弟田

古史分合中的国土开发与民族发育

一、分与合的古史模式

　　分与合交替出现，循环往复，是中国古史的一大特点。分与合是政治现象，分合变化往往表现为复杂纷纭的，有时甚至是非常激烈的社会冲突，影响中国古史的方方面面，今天研究起来可以益智，可为龟鉴。

　　透析分合现象，可看到不同时期的分合不完全是同一地域、同一人群社会、同一经济水平、同一文化层面的简单重复，简单回归，而是内容在不断深化、不断更新的社会运动。如果久分不合，就不会有今天的中国；反过来说，一贯的合，万世一统，这种现象不但中国古史没有，任何幅员广大的国家都没有。中华民族（中国各民族），是在分与合的反复中发育壮大；中国历史，是在分与合的反复中曲折前进；中国文化，是在分与合的反复中不断积累升华。在这个过程中，合是主导形式，合里孕育着分；分是合所不可或免的补充，是更高形式的合的准备。直到西方列强入侵中国之前，中国古史一直维持着这种发展模式。在此以后，历史仍然有分合问题,但是增加了新的因素,性质也有所不同了。

二、地区发展不平衡与古史分合

中国国土开发,肇自远古。但是有较清晰文字记载的大规模的国土开发,自西周始,重心偏在北方。西周始受封诸国,主要在中国北方的东部。每国方不过数十里至百里,国土开发只是星星点点①。经历若干世代,点浸润成面,面连接成大片,这样才发展成一个个具有割据性质的诸侯国家,一个个相对独立的地方经济区域,不过文化系统则小异而大同。各个区域之间逐渐形成交通网络。诸侯国接触日多,矛盾积累,但却缺乏高层的有效的政治协调和节制,久而久之,就逐渐进入一个以战争为特征的时代,战争的目的无非是邻国相吞,抢夺土地人口财富。有名可稽的百余诸侯国变成了数十国,十余国②,以至七国,然后出现东西二帝,然后是独一无二的秦始皇帝,兼并战争停息了,六合一统了。这显示出,兼并战争实际上是北方各地分割发展由不平衡到渐趋平衡的浪潮造成的,战争的结局是渐归于合。由分到合,也就消除了这类战争,促进了各地区的互补互利的自由交往。

北方文化逐渐向南浸润,并同南方本土文化由接触而趋于交融。不过这种交融暂时尚不具备深度和广度。由分到合虽然赅括南北,但是真正具有较高水平的地域发展,基本上还只限于北方的东部和西部。北方的东部、西部的不平衡性,从更早的时代

①据《史记》西周始受封诸国《世家》资料。
②春秋国数,参考顾栋高《春秋大事表》卷五而约略言之。

即已存在。

秦汉的合，逾四百年，其间创建了巩固合的许多制度，形成了保障合的国力基础。中国以合为主导的历史基石，是在这个时期奠定的。不过北方各国走向合的漫长道路中，结盟关系经常变换，难合易分的倾向在深层的意义上仍显著存在，东西对抗时盛行的合纵思想一直保留于秦始皇以后几百年的历史中，不时起着作用。关东诸侯灭秦、楚汉相持、七国之乱、秦徙六国后、东方势力交攻新莽、关东诸侯共灭董卓，这些大事，都隐隐约约包含着合纵思想，亦即北方的东西对峙思想。再往后看，十六国北朝，东西对峙还反复出现，只不过此时期更重要的已是南北对峙，古史中的分合问题已进入一个更高阶段了。

分和合，在地域上转变为南北问题，说明早已起步开发的南方地区（其中江东、江汉、西蜀几处更显著）在中国发展总进程中占有越来越重要的地位，中华民族活动空间扩大了。从此以后，分，主要是南北之分；合，主要是南北之合。不过南方腹地开发仍有待时日，南北之间若要合得牢固，还需若干反复。荆楚、吴越、巴蜀文化的遗留，秦五十万戍卒的派遣，汉代南方郡县的增置，两汉之际和东汉后期人口的南流，吴、蜀政权和建康五朝的经营，都有助于南方的开发，都是巩固南北之合的重要因素或重要步骤。

国土开发由不平衡走向平衡，是由分而合的前提。而文化的小异中存在着大同，是由分而合的最必要的社会条件。我们知道，国土可能由于种种原因而暂时分裂，但文化在中国历史上大体上是未曾"分裂"的。

在古代条件下，合的时候，优先得到发展的地区往往是首都和少数城市及其交通线附近，其余广大地区则被忽略而缓慢得多，这又形成地区发展上新的不平衡，孕育分的新因素。倒是在分的时候各国可能具有比合的时候较多的机会,提高经济文化水平,发展境内外的交通,以保障其政权的生存,从而有助于使全中国的开发趋于均衡。而这,又为重新出现合的局面,提供了更广阔的地域和更丰富的文化经济资源。如果没有春秋战国,北方东部地区不会如此迅速而普遍地得到开发;如果没有六朝,没有南宋,江南的普遍发展也要缓慢得多。

中国历代史家都重合轻分,因为合的时候往往有圣君贤相,有文治武功,有繁荣的经济文化,有灿然可观的典章制度,有和平稳定的社会秩序,如此等等,这些都是在分的时候难于出现的①。这个理由无疑相当充足。但是如果我们站得更高一点来观察古史,思考古史的来龙去脉,就不能不承认合既有因,分亦有因;没有分的孕育,无从取得面貌一新的合。只有给古史上的分以恰当的地位,才能体会合的必然,解释合的价值。史家谈古史,应企企以求其合,察察以审其分,使分与合都得到历史的说明。陈寅恪先生论南北朝的分孕育了隋唐的合,给后学的启迪就是如此。

三、各民族发育与古史分合

华夏族(以后的汉族)有其发育成长问题,中国各族都有发育成长问题,华夏族与其余各族在各自发育过程中还有彼此交往相互影响问题。凡此种种,都与中国古史的分与合有密切关系。

---

①《日知录》卷一六《史学》条引宋人倪思曰:"举人轻视史学。今之论史者独取汉唐混一之事,三国六朝五代以为非盛世而耻谈之。"顾炎武不以此为然。

华夏族在种族上并不是封闭的，在文化风尚上的排他性也不甚强烈。所以华夏族以其经济文化影响其他各族的同时，也吸收各族文化，甚至吸收各族人口，以充实自己。由于人口数量和经济文化优势，华夏族自然而然在中国民族关系上起主导作用和重心作用，而且始终如此。这一点，对于中国古史分合中以合为主，是决定性的因素。

华夏族发育成长迅速，相当程度上得益于中原或接近中原的蛮夷戎狄人口陆续熔融于华夏族中。这有利于合。至于边远民族，其生存环境较差，四邻交往较少，发育过程较慢，也是自然的事。不过一般说来，多数边远民族在其自身发展的某个阶段，都会出现农业化的趋势，企图寻求较为有利的农业生活环境，整族地或部分地向中原靠近，形成渐进的、和平的附塞和内徙运动，增加与汉人接触的机会。这种民族内徙运动，有时与毗邻农业民族的影响，与中原帝国的招引，或与其他民族的压力有关。如果中原帝国出现危机，具有相当发展水平的附塞内徙各族有机可乘，他们就可能参与中原的角逐，形成猛烈的民族入侵浪潮，促使国家由合而分。如果这种入侵涉及许多民族，形成多次的反复的入侵浪潮，国家的分合变化就会格外混乱。从大处说，中国古史上出现过两次由多种民族入侵引起的大动乱，五胡乱华是一次，契丹、西夏、女真、蒙古迭起是另一次。就动乱的程度和分合形势的复杂性而言，前者远胜后者。以后出现的满洲入侵，情况简单一些。

五胡入侵，中国南北一分为二，壁垒森严；五胡依次建国覆国，更使北方出现频繁的分合交替，几乎战无宁日。各胡族都有长期内徙的历史背景，都处于大体相似的具有较强活力的发育阶段，只是卷入北方动乱的时机参差不齐。一个刚刚入主北方的胡族,等不到消除民族仇视、提高汉化水平、巩固本族统治的时候,就被另一个入侵的胡族代替。不过,被推翻的胡族政权,其人口的多数都不会退出中原,而是沉积在广大的中原各地,继续走农业化和汉化的道路,成为中原永久居民。归根结柢,这又壮大了汉族。

由民族入侵引起的一再反复的分裂动乱,造成了极大的社会灾难,这是史家所同声谴责的。但是在灾难的另一面,却又有一个不易被注意到的、未曾中断的潜在运动,即各民族的熔融。这是一个影响深远的积极的古史进程。各胡族都曾经是胜利的征服者,被征服者的绝大多数是汉人,其余的则是数量较少的他族胡人。但这种秩序难于巩固下来。历史要等待征服者在文化上为被征服的汉人所"征服",才能出现北方各地由分而合、南北由分而合的可能。文化的"征服"同边远民族附塞内徙一样,也是渐进的、和平的进程,也需要很长的时间,与风驰电掣般的军事征服不同。所以十六国南北朝的四分五裂,竟延续数百年之久。民族熔融,文化"征服",终于导致由分而合,强化了汉族的生机。这是历史性的成果,是历史对民族灾难所给予的补偿。

中国古史以合为主导的分合情况,即令对于入主北方的胡族首脑,也有显著的影响。入主的胡族首脑只要具备相当的实力,就不再安于分的现实,就要极力求合,首先是求北方之合。匈奴刘渊部众附塞内徙有年,冒汉朝帝姓为刘氏,以继刘备光复汉室为己任。羯胡石勒无文化,不知书,但也懂得宁合不分的道理。他听人读《汉书》中郦食其劝刘邦立六国后事,大惊曰:"此法当失,云何得遂有天下?"至张良谏,乃曰:"赖有此耳!"[1]拓跋氏以魏为国号,明明是表示代汉为帝。道武帝拓跋珪把拓跋先祖可以

---

[1]《世说新语·识鉴》。

稽年的历史定在文帝沙漠汗神元元年岁在庚子开始,而此年正是曹魏代汉的黄初元年①,这当不是巧合。

　　凡是统一过北方的五胡之主,都自居中华正统,以统一六合为务,汲汲于向南用兵。这类战争在南北文化所存在的胡汉差异尚未基本消弭以前,总不免具有民族入侵性质,但也并非没有分中求合的主观意愿和客观影响。司马光论正闰与古史分合的关系说:"臣愚诚不足以识前代之正闰,窃以为苟不能使九州合为一统,皆有天子之名而无其实者也。"②他的见解是,谁能使九州合一,谁才配称为真正的天子。

　　需要说明一下:古史分合所涉诸民族,都是中国境内民族,各族关系都是中国国内问题,不涉及现代意义的外国入侵。如果是外国入侵导致由合而分,那就要另作分析。还有,古史中单纯由权势者的割据造成分裂,不涉及或不甚涉及社会内层因素,这类事例甚多,一般为时短暂,属政治史个案问题,本题也不置论。

四、几点认识

　　(一)本题从中国古史立论,认为分合交替是古代中国发展的一种模式。国土的广度、深度开发由不平衡趋向平衡,然后又出现新的不平衡,为古史提供了分合反复的可能性。分孕育合,合滋生分;分里有合,合里有分。合从来不是永远不变的国家形式,没有分的出现,甚至连合的观念也不会产生。《春秋》大一统,就

---

①《十七史商榷》卷六六《追尊二十八帝》条。
②《资治通鉴》卷六九魏文帝黄初二年条"臣光曰"。

是对分的否定。但是中国古史中的分并未造成国家历史中断，这使中国古史发展大异于其他所有文明古国。其所以如此，华夏族（汉族）及其文化起了重心作用，是决定性的因素。古人早已从历史的表层看到了分久必合、合久必分的现象，只是未曾发掘社会内在原因。

（二）分合交替不是古史的简单重复，而是古史的深化过程，是国家与民族由低级向高级的前进。分与合，是中国古史的自我调节，客观上具有补偏救弊作用，符合大国发展需要。合，表现为国运的辉煌；分，表现为地区的发展和各民族的勃兴。

（三）分合变化通过一定的政治形式出现，表现为纷繁的历史现象。在不得不分的条件下，史家应力求认识分的某种必然性和历史作用，从而探索更高阶段的合的途径。看重合，又不能无视分。史家往往按历史人物对合与分所起的不同作用而下褒贬，这一般是与人们合的愿望以及古史形成的合的传统相符。但相对说来，分的时期也有宏业，也有精英。

（四）秦汉以后的中国古史有两个大分合周期，每个大周期中又包含若干小周期，多以内徙民族勃兴造成由合而分。这往往出现破坏，形成灾难。世界古国一般都有过这种情况。中国古史的特点是，一度造成分裂的民族，或其主体部分，最终成为今天的国内民族之一，或融于国内民族之中，其优秀传统则构成中华民族传统的一个部分。总的说来，武力的征服者归根结柢在文化上被被征服者所"征服"。中国国家，中华民族，具有极其可贵的凝聚力和亲和力，所以在分与合的反复中像雪球一样越滚越大，越滚越结实，而不会出现历史中断。

十年以前，1984年，我曾参与学界对古运河浙东段、江南段、淮南段为期近月的访古考察。考察中的个人心得，结合文献资料的研究,凝聚为三句话,即一,浙江、江南、淮南运河,即隋以前修成的运河,都是中国古史分裂时期的产物;二,分裂时期修凿这些运河,往往是为了开拓与外界的交往,而不是有意造成一个闭锁的地方系统,以巩固分裂割据的小局面;三,把分裂时期先后凿成的各段运河连通整治,改造为发挥全国效益甚至国际效益的大运河,没有国家的统一是不可能的①。这三句话本来是从一个特定问题的观察思考立论,却也符合本题所论中国古史分合的主旨。

古史中的国家分合模式,在近代西方文明输入以后自然有所变化。不过我想历史变化中总还有相袭相承的一面。中国古史分合嬗变以合为依归。合,有利于发挥国家民族的创造力;合,有利于中华民族为世界文明作更大贡献。即以上述运河考察心得而言,如果没有隋唐统一的恢宏局面,大运河东出明州连接海上丝绸之路,西由洛阳、长安连接陆上丝绸之路,其国内国际功能的发挥就与以前大不相同了②。这可以说是纵谈中国古史分合的最根本的结论。

---

①《古运河遐想》一文,见《秦汉魏晋史探微》(中华书局 1993 年)。
②《唐宋运河在中外交流史上的地位和作用》一文,见《运河访古》(上海人民出版社 1986 年)。

中国古代统一国家的形成及其历史影响

　　统一与分裂,作为国家形态说来,是同一定的地域、一定的历史条件和文化条件、一定的民族背景相联系的。许多国家在近代都出现过统一过程,如普鲁士、意大利、美国。但是中国的统一①是在古代条件下的统一,②在地域上是大范围的统一,③是包括一个以上的民族的统一,④是奠定了统一传统而不是暂时的一度统一,这与任何外国历史都不相同。

　　任何较大的国家,在历史发展过程中,有时合成一国,有时分成数国,这是常见的情况。但是每一个国家的这种发展过程都有其倾向性,或者倾向统一,或者倾向分裂。这种倾向性决定国家发展的格局。亚利山大的大帝国约早于秦统一一百年,其东境Parthia 靠近中国;Julius Caesar 大帝国晚于秦统一约一个半世纪,其西境到了今天英国(London 前身 Londinium 于公元前 1 世纪末筑成),但是没有形成真正的统一,没有形成统一的传统。中世纪的欧洲是分裂的,欧洲范围的统一,从此未出现过。近代欧洲发达国家,都是在中世纪分裂的欧洲基础上产生的,地域比较小。而中国从公元前221 年以来,基本上维持了统一的趋势,并扩大了统一的范围。

　　古代中国的统一得以维持到今天,在世界历史上是一个独特的现象。中外历史学家都在探索这一现象的根本原因，倾向于认为有专制君权来维持。而专制君权得以出现，则由于中国农村社会的或家族的共同体组织十分牢固，具有很强的凝聚力。关于这方面共同体的解释，本文不具论。本文拟从政治上、制度上提出解释。

一、释"战国"

战国作为一个时代名称，始于西汉。战国始义是大国通过战争手段争夺霸权，所以"战国"在战国时期虽非正式的时代名称，但包含了时代特点。

《战国策》燕策一、赵策三、秦策四均有"战国"之称：

> 《燕策一》苏代云："凡天下之战国七，而燕处弱焉。"
> 《赵策三》赵奢云："今取古之为万国者，分以为战国七……"
> 《秦策四》顿弱云："山东战国有六。"

又，《汉书·严安传》："元元黎民得免于战国。"

各个时代都有战争，但是战国时战争有其特点：

1. 规模大，持续长。秦楚都号称"带甲百万"。《赵策三》称各国"能具数十万之兵，旷日持久数岁"。

2. 步兵逐渐为军队主体，代替车战的地位。车战仍有，且车数增多，出现了万乘之国，千乘之家。但真正解决战斗的是步兵，步兵可以在战车所不能到的丛林、山涧、泽国、田间展开。战国铜器有水陆攻战、步兵战阵纹饰，这些战斗在春秋时是没有或少有的。（而春秋时地广人稀，战斗在平原进行，战车有威力。）赵武灵王胡服骑射后，骑兵出现，增加了步兵的机动性和战斗力。（古代以马驾车，春秋末始用于骑，战国始有骑兵部队。）

3. 武器改善，杀伤力强。铁兵器出现。《荀子·议兵》、《史记·范雎列传》都说楚国铁兵锋利。《吕氏春秋·贵卒》说中山国力士着铁甲，用铁杖。出现了远射的弩和弩机。《墨子·备城门》以下诸篇具列攻守器械。杀伤力之例：

> 公元前 293 年秦白起攻韩魏的伊阙之战，斩首 24 万。
>
> 公元前 273 年秦白起攻魏于华阳，斩首 13 万，又沉赵卒 2 万于河。
>
> 公元前 260 年秦白起攻赵的长平之战，俘获并埋赵军 40 万。

经济的破坏，《齐策五》说，一场大战"十年之田而不偿也"。（参杨宽《战国史》，兰永蔚《春秋时期的步兵》）

4. 以河流为专利及战争手段。《孟子·告子》说春秋葵丘之盟"无曲防，无遏籴"，孙奭注疏"无曲防，言不得曲防其水以专利也"。此时限于经济利益。《汉书·沟洫志》说诸国"壅防百川，各以自利"，即《孟子·告子》下所说"以邻为壑"。以河流为战争手段始见于《秦策四》公元前 453 年知伯决晋水灌晋阳。知伯说："始吾不知水之可亡人之国也，今乃知之。"时在战国初年。

公元前 281 年赵攻魏，决黄河堤。

公元前 225 年王贲掘黄河堤以灌大梁，灭魏。

人们创造的新的技术知识，新的生产力威胁着他们自身。春秋末年华元、向戌两次开弭兵之会，不成。

要解决战争问题只有靠战争消灭"战国"。这就是秦的统一战争。

统一的条件逐渐成熟：

1. 七国文化基本同源，经济水平大体相近，因而大国的战争不仅是军事征服，而且带有统一战争性质。

2. 春秋时政治上的迫切问题是"尊王攘夷"。王指周天子，但周天子始终不能再起共主的作用。战国时形势已变。孟子鼓吹王政，即诸侯行王政就可以自王，不需周天子的名义，不需"尊王"。春秋时北方内地的夷狄，战国时大体已与华夏融为一体（acculturation），为中山国，攘夷问题在内地已不存在，只有对匈奴、东胡。

3. 历史趋势反映了统一进程。《赵策三》赵奢说"今取古之为万国者，分以为战国七"。万国，极言其多。到周代，据说有国一千八百。顾栋高《春秋大事表》谓春秋有国一百四十余。春秋初期，可考的封国有 131 个。战国初封国由数十变为十余。大约在秦孝公、齐威王时，七个强国崭露头角。七雄不能维持平衡稳定，其中往往是一两个国家起主导作用。以致公元前 288 年一度出现秦、齐互帝（齐湣王为东帝，秦昭王为西帝，西强东弱）局面，作为秦国连衡的一种策略。以后齐衰，秦楚抗衡。历史过程反映了统一趋势。问题在于是否能有一个国家足以担当统一任务。

4. 秦国最有条件完成统一。因为①关中巴蜀及旧楚之地破坏少，富饶（《平准书》），有力量。②改革（农战政策）的成果，包括法家的政治作用。所以十年统一战争（前 230—前 221）摧枯拉朽，空前规模的大战争，影响深远的大战争。

司马迁说："秦取天下多暴，然世界变，成功大。"两面性：世界变成功大是成果，暴是特点，可以说统一战争是野蛮的残酷的战争。

暴：《荀子·议兵》：秦人"其生民也陿陋（狭厄，通行本陋作隘），其使民也酷烈"。秦尚首功，得敌首一赐爵一级（所以古语战场杀敌谓取首级）。《史记·鲁仲连传》集解引谯周曰："秦人每战胜，老弱妇人皆死，计功赏至万数。"秦律《封诊式》"夺首"，谓瑕丘之战（前266）秦兵为夺首而砍伤同伍，还有二人共抢一首，检验结果，怀疑是本军落伍之士，并非敌首。所以《续汉书·郡国志》引"帝王世纪"谓"秦兼诸侯，置三十六郡，其所杀伤三分居二"，谓民户戍卒三分死二。暴的特点影响及于秦统一以后的政治，所谓"急政暴虐"，导致速亡。

汉人评论秦始皇是两面。一面是颂扬统一。贾谊说他"功成求得"，严安说"一海内之政……元元黎民得免于战国"，主父偃说"功齐三代"。另一面则以急政暴虐导致速亡为诫。所以汉代任务就是继承巩固统一的一面，尽可能改革其暴政的一面。再后的人评价秦始皇，则是见仁见智，取秦之所行来表达自己对当代政治的见解。如柳宗元《封建论》颂秦郡县制以反对藩镇割据；朱熹颂秦法尊君卑臣；王守仁赞秦焚反经叛理之书，认为只是不该烧六经；章太炎从革命进取角度赞秦（《秦政记》）；康有为说秦废分封合乎春秋大一统之义（《大同书》），等等。但清末立宪派多数从反对专制皇权角度抨击秦始皇。

这是一大历史公案，仍以司马迁两面评价为好。不细论。但秦统一得以维持，影响王朝历史二千余年，这是与中央集权的专制君权分不开的，要略加解释。

二、D. C. U.（Despotism – Centralism – Unification）体制的形成

专制主义（despotism）、中央集权（centralism）、统一（unification），这是三个相联系而又不同的概念。秦汉至明清，政治制度的发展，都属于这三个范围。

专制主义指皇权至高无上，超过一切臣民，超过政府，超过法律（杜周："三尺法安出哉！前主所是著为律，后主所是疏为令……"），而且有神化皇权的理论（法—儒[包括法]—阴阳，终始五德说，《白虎通》……）。它的特点是①更强的暴力，更多的恶政；②君权既无节制，要谏就得冒杀身之祸，所以多节臣；③大权易旁落，如外戚宦官。

中央集权指①郡县制代替封国制成为主要的地方权力机构；②中央任免"流官"代替官吏世袭制。中央集权和专制主义互为条件。国家的官制、军制、法律等具体的典章制度，都体现着专制主义中央集权，而与统一国家相始终。

统一，古代也称一统，《公羊》隐元年谓"春秋大一统"。统一与一定的地域、一定的发达程度、一定的民族背景相联系。董仲舒鼓吹的统一，实际含义有①一海内之政，即地域上和政治上的统一；②四海来臣（内华夏而外夷狄），即多民族的统一；③一统乎天子（损抑诸侯）。

专制主义制度和中央集权制度支持着国家统一，甚至在秦汉以后出现的分裂时期，各个割据政权的结构仍然是专制主义中央集权的，而且割据政权也往往力图统一，先是统一某一局部，然后

是统一全国。有时由于外戚宦官专政造成皇权式微、国力衰弱，这种现象也是专制主义制度下皇权旁落的结果。

三、释分封制

维持统一，根本条件是废分封制，行郡县制。这不只是地方管理方法的差别，而是中央集权的根本问题。

郡县制代替分封制有历史的原因。

分封制是西周的国家制度，受封者称封君，有封土。《仪礼·丧服》："君，至尊也。"郑注："天子、诸侯及卿大夫有地者皆曰君。"贾公彦疏："以其有地则有臣故也。"所以分封制含义是封土封民。

分封制是早期国家制度，出现的原因是，社会不发达，农业水平低，耕地不相连。所以周天子分封同姓或异姓贵族为诸侯，让他们带着自己的部民，也带着被征服的殷人部落，去统治一特定区域的土民。在这种分封制下，周天子实际上无法长期稳定地控制诸侯，诸侯暂时也无力与周天子抗衡，周天子与诸侯是相对独立地各自发展。重要诸侯国如：

卫，康叔，武王弟，统治殷王之地，被统治者有殷民七族。

鲁，伯禽，周公子，统治随武庚叛周的奄国土地与人民，被统治者还有殷民六族。

齐，师尚父，太公，统治薄姑氏土地与人民，还有莱夷及其他东夷小国。

（以上三国是武庚叛乱区，平叛后也是周王在东方的支柱。）

晋，唐叔，成王兄弟，被统治者从属于殷的怀姓九宗。

封国多，有千八百国之称，从主要国家看来是部落殖民。

像齐、晋、秦、楚这样的大国，始受封时，据《十二诸侯年表序》说，封地“或百里，或五十里”，秦伯翳始封，地七十里，小国就更小了。

绝大多数封国都非开发地区，而分封制在此时正是有利于开发地方的制度。《齐世家》太公封营丘（临淄），与莱夷争地。郑国于宣王时受封，地在今华县，幽王时迁新郑，“斩之蓬蒿藜藋而共处之”。楚国在若敖、蚡冒时避周人之逼，当西周之末新迁，“筚路蓝缕以启山林”。春秋末，哀十二年（前483）《左传》“郑宋之间有隙地焉”。隙地六块，杜注隙地为间田，今杞县附近。王玉哲《殷商疆域史中的一个重要问题——点和面的概念》（1982年）谓其时疆域为由点到面的发展，实际上这个过程在西周春秋时还在进行。直到战国中期以后，始出现显著变化，农村井邑相望，鸡鸣狗吠相闻。西周末斩之蓬蒿藜藋的新郑，成为韩国都城，经济发达起来。《孟子》中说到当时农村状况就是这样——分封制达到了开拓土地的目的，作用很大。但到战国末，走到了反面，“战国”的战争是其突出表现。

战国末，北方耕地基本相连，人烟稠密，而在政治上都分属于几十个、十几个、几个国家，此时的战争就不再是争夺隙地，更主要的是争夺人口。土地越开发，人烟越密，战争越多，破坏力越大。“争地以战，杀人盈野；争城以战，杀人盈城。”分封制走到了自己的反面，成为社会前进的障碍。统一成为社会要求，分封制必须改变。所以秦始皇行郡县时说：“天下共苦战斗不休，以有侯王。"由分封制到郡县制,约经过了900年的漫长发展历程。

秦始皇事业的核心,是巩固郡县制以巩固统一。焚书事件即由儒生主张分封而起。秦始皇多次巡视东方六国旧地,特别是旧齐,也到旧燕旧楚,留有峄山、泰山、芝罘、琅邪刻石(以及碣石、会稽)。峄山刻石辞:"追念乱世,分土建邦,以开争理……乃今皇帝,壹家天下,兵不复起。"此类意思在始皇、李斯其他言论中还多。《读通鉴论》说"郡县之制垂二千年而弗能改矣……势之所趋,岂非理而能然哉!"

后代分封制和郡县制之争,意义不一。秦代斗争主要是六国子弟要恢复六国局面而以分王子弟的名义提出,这在焚书及秦末战争中反映突出,但未成功。汉以后的斗争则是惩秦孤立而亡,其要求就不是恢复六国,而是恢复西周,而且限于同姓。分封要求客观上还反映统一大国难于治理的问题,特别是西汉初东方凋弊,中央无力,不得不用分封子弟作为一个过渡办法以达到养精蓄锐,稳定统一的目的。其所封建,也非《仪礼》的那种封君。即令如此,中央也不得不为此付出代价——七国之乱。

西周以后全部王朝历史中,就统一和分裂来考察,可以看到如下一些辩证过程和格局(process and pattern)。

西周形式上的"统一",通过分封制统治东方,结果是东方地区开发发展了,形成分裂割据力量,出现"战国"兼并。通过秦的统一战争,实现南北统一。不过其时北方统一有社会的、经济的基础,而南方广大地区的统一还只限于军事征服。

秦统一后对东方统治用郡县制代替分封制,但统治并不牢固,秦的速亡被认为是不分封子弟的缘故。汉初分封子弟于东方,郡国并存。一方面是东方诸国发展力量,出现分裂,另一方面是中央蓄积力量,力图战胜分裂,因此而有七国之乱及平定七国之乱的事件。结果是统一在较高程度上得以巩固，而形成历代以统一为主而又分封子弟衣食租税的制度。

就更高层次考察，秦汉统一帝国孕育着分裂的因素，大致有三：①北方社会中产生豪强、世家大族、士族，具有较强的独立性和割据性；②南方经济水平低下，与北方的凝聚力不强，易于脱离北方；③民族入侵及征服北方。所以东汉末年以来，以王朝崩溃为契机，出现了南北分裂，又以民族入侵为契机，加深了南北分裂。几百年分裂，其结果是民族融合，南方开发，北方恢复，通过北方发动战争，达到较高的统一。此过程发生过两次，一为南北朝，一为辽金元，都是北方统一南方。（王朝历史上没有南方征服北方的事，即令宋以后南方经济力量高于北方，何故？又，绿林起义时还有合纵问题。十六国时前后赵是东西对立，北齐北周也是。）

四、D. C. U. 体制的历史影响

每一种统治权力，只要没有制约，都会有向专制方向发展的倾向。但是每一种向专制方向发展的权力，它能够发展到什么程度，还要看它有什么条件来运用这种权力。中国古代的专制皇权，有一个中央集权的政府系统来运用，在一个很大的统一国家中实现，所以非常强大。

统一、集权、专制的体系，在19世纪以前的王朝时期没有新的理论和新的实践的条件下，是牢固的，无法打破。20世纪以来，才有了新的探索，在维持国家统一的条件下，寻找一种新的权力结构和新的管理方式，这个过程现在还在继续。

由于在古代中国统一与集权、专制皇权构成一个体制，所以

我在讲古代统一的 impact 时也不限于统一，有些 impact 同时也是对中央集权和专制皇权而言的。

统一的国家形态对中国历史的影响：

统一国家的作用是有利于发展经济文化，减少内乱，便于民族融合。但统一不是一个孤立因素，在王朝时期，D.C.U. 是一个体系，统一的国家形态使中国历史的发展具有一些特点，有些特点是直接与中央集权制或专制皇权相关的。（其中有的是不利的，例如在中央集权的统一国家，不利于首都以外全国其他地区的均衡发展。）

1. 各地区发展的不平衡性

从中国与欧洲的比较看来（如果不计其他条件），欧洲没有统一传统的影响，在分裂状态下，每个地区自成一体，形成较小范围的单一民族区的统一国家，均衡发展，互相促进。古代中国发展区域往往限于首都以及供应首都的水陆交通线和少数的政治军事有关城镇，在此以外的广大地区，往往发展缓慢，或者难于得到发展。《史记·平准书》说到的许多城市和经济区域，多是战国时各国都城及其周围区域，其中有一些城市到秦统一后并未继续发展，甚或衰落下来，如旧楚的江陵。（后来的正史《食货志》不列举都会。）秦汉统一国家，不但经济发展集中在首都附近，政治也是这样，而且更甚。秦汉时期江南地区的发展比北方慢得多，江南发展速度加快，是在分裂的魏晋南北朝时期，那时建康成为都城，成都有时也是都城，这些都城附近及交通线上，发展的势头逐步扩散，才使南北社会经济不平衡状态有所改变。南方真正在经济文化上与北方取得平衡，是在另一个分裂时期，即南宋时完成的。（这里是说，统一了容易出现地方不易发展的问题。而不是说，凡是分裂时期，凡是小国，经济文化一定发展更快。就国土的均匀开发说来,分裂时期往往是统一时期的补充。在分裂时期发展起来的地区如江南和巴蜀,终于回归统一,而且使统一更为巩固。)

2. 人身依附关系发展相对缓慢(参《秦汉魏晋封建依附关系的发展历程》一文)

欧洲中世纪和中国封建时期都存在人身依附关系(feudal attachment)。在欧洲,人身依附关系发展成农奴制,出现了持续一二百年的奴农化过程,但中国依附形式、程度和发展道路有所同,有所不同。与欧洲比较,中国的部曲佃客也是半自由的、终身的、世袭的。但作为地租所提供的往往是实物而非劳役;他们一般说来不随土地转让而可随主人迁徙;在很长的时间里(如汉代)他们的身份和地位并没有法律规定。魏晋法律,只是为了限制地主占有依附性的佃客部曲,才有所规定。中国法律上普遍承认依附关系,到《唐律》中才完备,这距依附关系的出现已一千年了。如借用农奴化一词,则中国不是一二百年,而是一千年,而且还未达到欧洲那种水平。

其所以如此,是由于专制主义中央集权国家干预并抑制着这一自发发展的过程。法律法令对此先是禁止(不予承认)(秦汉),然后是限制(魏晋),再就是放宽(南北朝),最后是承认(唐)。专制国家其所以干预、抑制这一过程,是由于须要维持赋税兵源,控制人丁,使其尽量少流入私家。依附关系的发展是不可阻抗的,利之所在,国家也保有依附民(屯田民、杂户、隶户……),这反过来影响民间依附关系的扩展。应当看到,均田制是在国家走向强大之时对民间依附关系进行的最后一次大规模的干预,而均田制的失败,反映了国家终于全面承认依附关系的现状,在此前提下另图求治之道,这属于唐宋以后的历史内容。

马克思主义史学认为人身依附关系的存在是封建制的一个

要素。专制国家干预依附关系发展,是中国封建社会长期性原因之一。由于专制国家存在以及由于商品货币关系的存在,中国民间的依附民一般说来没有达到欧洲的领主与农奴那样的依附程度。而且一般说来,中国农村总是自耕农民占多数,依附民占少数。

3. 资本主义因素发展相对缓慢

此题从略。注意郑和远航红海及非洲东岸,比哥伦布发现新大陆要早大半个世纪。郑和军七次远航,船舰六十余艘,人员二万余,但以天朝命官,宣扬国威为主要政治目的,与哥伦布寻求财富大不相同。又,专制统一国家传统的重农轻商政策,中央集权官僚体制无孔不入,征发勒索。不允许近代资本主义生产因素偏离王朝轨道。

4. 对学术、宗教发展的影响

Despotism-Centralism-Unification(D. C. U.)国家体制需要自己的意识形态。法家思想有助于这种体制,但无弹性(elasticity),以法家思想得天下者,不能以之治天下,秦祚短促是其显证。汉初经过一段道家无为思想的过渡时期,终于确立了独尊儒术,代表人物是董仲舒(是统一国家决定了新儒学的出现,而不是相反)。董仲舒以先秦儒家思想为核心,尽可能吸收法、道、阴阳可用的部分,细致地安排了有利于D. C. U.的内容,例如天人感应说,屈民伸君、屈君伸天说,这是说君权受之于天,天意解释权在君主;又如德刑相辅,《春秋》折狱,这是使法律儒家化;又如崇尚春秋大一统,一统乎天子,四海来臣,这是说统一的多民族的统治秩序。董仲舒使儒学从属于君权,受君权的保护;董仲舒使儒学富有弹性,能吸收有利于君权的新内容。后代儒学可以吸收佛教思想。直到近代西方科学冲击中国,还出现了"中学(即儒学)为体,西学(西方的自然科学和人文科学)为用"。所以,我认为与 D.C.U. 国家紧连的意识形态是儒学,而儒学不是宗教。

困难的是宗教与君权的关系。宗教超尘脱世,有自己的崇拜对象(神)和教义、礼仪、戒律、组织、财产,与世俗的政权不同。以佛教为例,僧人尽管可以把某些教义解释成为有益于王朝教化,但僧人本身应当是不臣天子的,这样就产生了教权与皇权的矛盾。东晋时有一场关于沙门是否应当礼敬王者的辩论,辩论文章后来搜集在《弘明集》中,大体说来,僧人不主张礼敬王者,大臣则主张沙门应依中华礼教,礼敬王者。《广弘明集》中还有不少唐代沙门是否应拜父母的辩论文章。这类问题不管理论上说法如何,实际上都反映教权不能超过皇权,教主不能超过皇帝,教义不能与儒家伦理完全相反对。这是 D.C.U. 体制的不可改变的原则。

由此可知,中世纪宗教的作用,在中国比在欧洲要小得多,小于君权,小于儒学。中国是无国教的国家。政教的这种关系,甚至不以皇帝个人意志为转移。梁武帝个人可以三次舍身于同泰寺,他代表的皇权则决不会屈从于教权,决不会承认佛教为国教。在政治上,宗教的地位比较软弱,所以农民暴动可以以宗教为工具,而宗教却不可能组织农民进行宗教战争。宗教的不同也没有成为使国家分裂的一个因素,由于宗教的原因而造成分裂,哪怕是暂时的,在中国历史上也极为罕见。

5. 形成了农民战争的历史传统

为什么中国历史上出现全国性的大规模的周期性的农民战争的传统?这个问题不能只用反抗剥削压迫来回答,因为剥削和压迫只能说明农民必然要反抗(这在全世界历史上是一样的),而不能说明必须以周期性的大规模战争形式来进行反抗(这是中国历史的特点)。

欧洲中世纪晚期发生过许多农民战争,如14世纪1358年法国的和1381英国的农民战争,16世纪1524—26年德国农民战争,以后还有俄国农民战争等,但规模都有限。德国农民战争参加者约为10万人,持续两三年,流动数百里,这些都无法与中国古代农民战争相比。(欧洲农民战争都在中世纪晚期。)

中国古代农民战争是 D.C.U. 体制的产物。农民战争周期大致与 D.C.U. 王朝兴衰周期相近。农民战争的主力总是自耕农民。有些王朝的建立者就是农民战争领袖。

中世纪的欧洲,农民被分割在领主的庄园中,散居各地,没有机会进行联系,他们与国家没有联系,剥削的轻重随主人而不同;他们要取得共同进行战争的协议困难无比。所以他们习惯于顺从,默然忍受一切。而在中国,在秦统一以前,农民受剥削受压迫状况因地因时而异,反抗的酝酿和起义成熟时机都各不相同,而分散的暴动又被各国疆界隔开,难于联成一气,无法形成大规模的战争。

秦始皇统一了赋税徭役制度,统一了法律和司法制度,这些制度一般都是全国通行,所以自耕农民处境基本相同,起义成熟时机也大体相近。在统一国家之中,就其主要区域而言,农民流动作战和官军镇压,都不存在封国疆界的限制。所以秦统一后仅仅十几年,就出现了陈胜起义。可以说是秦的统一造成了组织秦末农民战争的条件。以后起义每朝都有。(陈胜农民战争不能只以秦暴政来解释。暴政决定反抗,并不能决定以农民战争形式来反抗。)

大规模的农民战争与统一国家相伴产生,这种现象与全国一致的徭役制度有特别密切的关系。按统一以前的《秦律·徭律》、徭役指近处之徭,如修墙不满一年而坏,"令其徒复垣之,勿计为谣",如果是远处之谣,不可能做到。又《汉昭纪》元凤四年如淳注男子"皆直戍边三日,亦名为更,律所谓谣戍也"。我怀疑戍边三日是旧日(秦统一以前)律文保留下来未加废除的条目。律重于令,故丞相子亦在三日之调。但实际上又无法实行,因而有一岁一更之制,起于汉初(吕后?文景?)。

统一后的大国,徭役与古时大不相同。

贾谊《新书·属远》论徭役,说古时国家小,徭役不出五十里、五百里,"及秦而不然。……输将起海上而来,一钱之赋(一本作"贱",疑是)耳,十钱之费,弗轻能致也。上之所得者甚少,而民毒苦之甚深,故陈胜一动而天下不振"。

《汉书·晁错传》论宁边备塞事曰"臣闻秦时北攻胡貉(貊),筑塞河上,南攻扬粤,置戍卒焉。……非以卫边地而救民死也,贪戾而欲广大也……秦之戍卒不能其水土,戍者死于边,输者偾于道。秦民见行,如往弃市,因以谪发之,名曰谪戍。……发之不顺,行者深怨,有背叛之心。……陈胜行戍,至于大泽,为天下先倡,天下从之如流水者,秦以威劫而行之敝也"。

《汉书·严安传》淮南王安谓秦讨南越"当此之时,外内骚动,百姓靡敝,行者不还,往者莫反,皆不聊生,亡逃相从,群为盗贼,于是山东之难始兴"。按秦谪戍南越在三十三年。群盗,《秦律》有解。

《汉书·主父偃传》秦"使天下飞刍挽粟,起于黄(潢川西?)、腄(山东福山)、琅邪负海之郡,转输北河(河套地),率三十钟而致一石。……盖天下始叛也"。

《盐铁论·备胡》:"古者天子封畿千里,徭役五百里……无过时之师,无逾时之役……今山东之戎马甲士戍边郡者,绝殊辽远,身在胡越,心怀老母,老母垂泣,室妇悲恨,推其饥渴,念其寒苦。"

《盐铁论·执务》:"若今则徭役极远,尽寒苦之地,危难之处,涉胡越之役,今兹往而来岁旋,父母延颈而西望,男女怨旷而相思。"

《盐铁论·徭役》:"今中国为一统而方内不安,徭役远而外内烦也。古者无过年之徭,无逾时之役。今近者数千里,远者过万里,历二期。长子不还,父母愁忧,妻子咏叹。愤懑之恨发动于心,慕思之积痛于骨髓。"所以中国最早的农民战争在戍卒中爆发。

秦时统一大国,徭役动辄万里,戍卒数十万人,所以起义比较容易在戍卒中爆发。汉代以后徭役赋税之外还有土地兼并,所以起义温床不止是戍卒,还有流民群。

还有,由于拥有至高无上权力的专制皇帝和中央集权的朝廷的存在,不论哪里爆发的较大规模的起义,都可以受到从全国各地调集来的官兵的镇压。陈胜起义后,秦不但发骊山徒镇压,而且把王离率领的戍卒三十万从上郡调到关东。而起义农民也可以向全国(当时主要是北方)流动,而且比较易于把矛头指向朝廷,指向皇帝,以夺取全国政权为目的。《盐铁论·诏圣》说陈胜起义是"匹夫奔万乘"。《诏圣》又说:当此之时,天下期俱起,四面而攻秦。专制皇帝的存在,把分散的起义者的目光集中起来,任何号令,任何协议,在当时都不比这一点更为有效。

而且,自秦以来,中国农民战争的主力一直是国家控制的小自耕农,而不是地主田庄的佃农,在起义的一定阶段,佃农也可能投入起义军,但他们从来不是主力。这一点也与欧洲中世纪农民战争不同。

[补记]

李约瑟《中国科学技术史》第一卷一分册(中译 225 页)认为

皇帝亲自领导官僚政治的结果，反而少掉了一道防止恶政的重要关口。因为官僚可以批评而皇帝本人是不能批评的。结果大权反而旁落到尚书，丞相成了傀儡。后来大权又落入宦官手中，引起皇帝易位经常发生宫廷政变。按此说不如《纲要》之说，又，皇权既是常数，又是变数，亦应注意。

中国史界状况和中日史学交流

　　这里所讲的中日史学交流,年代限定在日本明治维新以后,不包括江户和江户以前的时代,明治以前,中日史学单向影响比较显著。明治以后,日本史学既具有与中国史学极相类似的传统学风与传统方法,又较快地吸取了欧洲史学特别是兰克(Leopold von. Ranke)学派的特点,出现了日本史学,包括日本的中国史研究的重大转折,中日史学交流也就具有了新的性质。

　　明治以来的中日史学交流,大体可分三阶段:一、头五十年,约自明治维新至九一八事变,显著现象是,日本以其史学中反映出的明治维新成果影响中国史学。这是一种单向影响。二、九一八到本世纪七十年代末的第二个五十年,显著现象是中日史学界的隔绝。三、八十年代开始的第三阶段,中日史学交流逐渐恢复到正常状态,但有待进一步展开。

　　第一阶段。一批与明治维新大体同龄的日本史学家,在19世纪末20世纪初逐渐成熟,他们开拓"东洋史"研究领域,发挥创造才能。其中最为中国史界称道的有白鸟库吉、内藤湖南、桑原骘藏、狩野直喜等人。白鸟问世最早,最为世瞩目的研究成果,主要是中国古民族和古民族语言文字研究。稍晚,内藤湖南提出中国古史中的中世贵族论理论,带动了中国史界对魏晋隋唐史的研究。中世贵族即所谓士族本是中国史家素所注目的问题，但以往中国史家并没有人从社会史、政治史的深层加以研究，他们的认识，还停留在赵翼所说"江左世族无功臣"、"南朝多以寒人掌机要"一类议论的水平之上。认定士族的出现具有本质意义，认定士族是一个具有划时期意义的贵族阶层，自内藤湖南始。内藤湖南（1866—1934）作为日本东洋史学大师，与中国大学问家罗振玉（1866—1940）恰好同年，两人也颇有学术交往。罗振玉在考证《论语》郑注"述而"至"乡党"残卷时，说到他所用的唐写本残卷，就是"东友内藤湖南"于宣统庚戌即1910年所寄。内藤和罗两人，传统史学造诣都很高，罗氏在中国史研究方面都做不出像内藤氏《概括的唐宋时代观》那样的文章来。这不是他们个人学问的长短问题，而是两国国情不同、学术水准不同的缘故。日本先于中国走上维新之路，因此出现了白鸟、内藤等一批史学先辈，以其精湛的中国古史修养与西方史学融汇贯通，做出高于中国史家的学术成就，并进而影响中国史学。罗振玉虽留意西学，但偏于经世致用，学术思想、政治思想都是守旧泥古，在历史学上多有劳绩而无开创之功。日本史学的成型基于中国传统史学的熏陶（据狩野直喜说，明治以来日本的文史研究，性质实系清学）；而进入20世纪，中国史学研究的近代化却取法乎日本东洋史学。这一阶段的中日史学交流基本情况如此。

甲午战争促进了中国民族的觉醒，使人们更深刻地感到不向西方学习不足以图存。中国史界人物一般都是既直接向西方学习，又通过日本间接向西方学习。所以学子东渡日本，人数日多，洋务派和维新派人物，都提倡派人留学。张之洞认为出洋一年胜读西书五年，还认为留学西洋不如留学东洋（日本）。清朝废科举制，留日学生数量更是猛增，年数千人。20世纪以来初具规模的北京大学,教师中很多是留日学生。

北京大学把历史学列入各科各馆的正式课程,是 1902 年的事,比日本新型大学设立历史学科晚了二十多年。1919 年,北京大学正式成立史学系,近代化的史学教育趋于定型。二十年代的中国史界除继续崇尚乾嘉遗风以外,重视向西方学习,先是学西方的资本主义,后来也学西方的社会主义。但西方路途遥远,国情不同,资费甚高,语言障碍又大,所以西行人数毕竟有限。便捷的办法还是留学东洋,通过日本向西方学习。北大史学系早期教师,留学西方和留学日本的都有。中国一些比较守旧、只尊重乾嘉的史家,比起既重乾嘉又重新思想和新方法的史家来,其成就就逊色多了。

王国维(1877—1927)小于罗振玉十一岁,学术上得到了罗振玉扶持。但王国维懂得西洋和东洋的史学,能够推陈出新,在考据功底的基础上做出《殷卜辞中所见先公先王考》、《殷周制度论》这样的传世之作,罗振玉不能望其项背。《先公先王考》中说到罗振玉撰《殷虚书契考释》时于卜辞中发现王亥之名,王国维考证亥为殷之先公,并商之于罗及内藤湖南氏,嗣后王氏遂有《先公先王考》诸作。内藤与王氏论学甚多,《观堂集林》卷二四有送内藤诗,有句曰"多君前后相邪许",盖指学问切磋。陈寅恪在《王观堂挽词》中说:"当世通人数旧游,外穷瀛渤内神州。伯沙(伯希和、沙畹)博士同扬榷,海日尚书(沈曾植)互唱酬。东国儒英谁地主? 藤田狩野内藤虎。岂便辽东老幼安,还如舜水依江户。"挽词列举东洋、西洋史学人物,说明王国维学术交流之广;而王国维本人又影响日本学人,有如居江户的朱舜水。后来郭沫若氏居日本十年,与日本学界交流,潜研古史、金石及甲骨文字,亦是中日史学交流的佳话。

陈寅恪（1890—1969）小王国维十三岁，少年时即曾东渡日本，受过日本学术薰陶。老年目疾时还让助手定期给他念日本学术论文，本人论著中也常征引日本学者见解。他是王国维之后兼具深厚的中学根柢和精到的西学方法做出划时代贡献的史学大师，从他的成就中也可以看出中日史学交流。不过辛亥革命后中国人赴西方留学者转多，留美人员陡增。陈寅恪留学德、法诸国时间很长，直接受西方影响更大。

近年偶见日本中年学者妹尾达彦文章，把内藤湖南的中国中世贵族说、陈寅恪的关陇集团说、谷川道雄胡汉政权说串联为一条线索加以介绍。该文虽未论证，但就其所见中日学者彼此影响、彼此吸取的关系来看，是很具启发意义的。

日中史学交流的第二阶段，是三十年代后将近半个世纪，分为战前战后两段。三十年代后，由于政治原因，中日史学界疏远隔膜，失去正常联系。日本的东洋史学者除少数人为侵华张目以外，多数人未变其学术追求的初衷，孜孜研习。日本史界重大的东洋史研究成果，有许多是这一阶段完成的。我上大学时用箭内亘的《东洋读史地图》，用三省堂出版的《读史年表》，表明中日学术联系并非完全没有。战后日本史界有过反思，发自科学良心，令人感动。只是碍于世界局势，日中史学交流未得恢复，理解未得沟通。

八十年代，雨过天青，中日史家交往多起来了，史学交流进入第三阶段。东邻西舍的学术气象和史学成就引起了中国史家、特别是中青年史家的强烈兴趣。他们也有反思，最主要的是认识了教条主义禁锢思想，妨碍史学工作解决实际史学问题，并使自己孤立于世界学术之林。中国史家和日本史家各自经过反思，思想接近，接触增多，理解加深了。为了在中日史学方面迈出新的步伐,我趁此机会向日本同行介绍一些中国史界的具体情况。

一、同七十年代相比,中国史研究有了重要的转机,有希望出现一些出类拔萃的史家,一批高层次的研究著作。这种希望主要寄托在"文革"以后大学培养的人才身上。他们受过正规训练,富于开创性,正在成熟起来,是大学中教学和科研的主体。我说过,中国的史学振兴需要十年生聚、十年教训,见成效当在本世纪末年。我们年纪较大的人有责任为他们铺垫道路,也希望日本史界多关心中国史界的这个阶层。

二、目前初露头角的中国中年史学家将出现事业型和学者型的分化。一部分活跃分子把主要精力用于发挥经济效益的史学工作上,致力于编辑出版的经营。他们经历了西方史学理论热、文化史热、辞书热、古书今译热、典志编修热,起了有益的学术作用,也取得了经济收获。他们的事业是社会的也是史学发展所需要的,但内容却偏于普及。根据近期的动态,从他们之中又将分化出一部分端着"铁饭碗"或放弃"铁饭碗"的"下海"的商人。在市场经济的影响下,这种变化是不可避免的,也可能是必要的。史界留下来的部分,将继续坚守清贫生活,担当起史学提高的任务。这需要有强烈的奉献精神。他们虽然赞同市场经济的发展,但又要使史学本身不成为商品。我们鼓励这一部分中青年史学家,希望他们不失去勇气,为科学事业献身。

三、中青年史学家经过反思、呐喊,学术思想已趋于稳定。西方理论热也在逐渐冷却。各种有益的史学思想,事实上已被或正在被他们吸收消化。过去未曾深思的问题,如史学研究要重视基本功,史学理论的正确性要靠研究结果来检验等,现在已经成为共识。中国史学不会回归于概念化的史学,也不是回归于乾嘉,而是在开拓眼界的基础上重建务实学风,力求宏观和微观的科学结合。要恢复一种好学风，培养一批出众的人才，还需要时间。这就是所谓"百年树人"。

四、经过反思以后的史学界，关注国内外史学的动态，不愿再回到过去那种闭关自守的状态。港台、外国的中国古史研究成果刺激大陆学者求新求深。就外国史界说，日本的东洋史研究特别受到重视，日本的东洋史学同行与中国史学界在学术交流方面共同语言最多，探讨内容也可能最为深广。目前这种交流的潜在能量还有待发挥。中国史家熟悉日语的还不多，这是一大障碍。中国正在出版一套《日本学者研究中国史论著选译》，还将选译出版一套日本中年学者的同样论著。这两套译著将大大便利中国古史界对日本同行成就的了解，在中日史学交流方面起重要作用。

在日本"中世史研究会"的发言（提纲）

1. 告别，致谢，更重要的是多听，多讨论，多交流。

2. 讨论此书，也讨论其他有兴趣讨论的问题。

3. 中世史研究会是日本中世研究的极重要的学术团体，有重大的成就。川胜、谷川二位为骨干。在日本研究基础上发展，富于思辨。理论贡献。里共同体——豪族共同体，表达方式与中国不同，但解答的问题又是中国熟悉的，即个体农民为主体的社会演变为以豪强大族为主宰的社会。这对日本学者说来是外国史的问题，而日本学者却能如此深入地思考，实在使我钦佩。所以，参加中世史研究会的学术活动，我感到荣幸，高兴。

4. 当然，从深层理论说也有相异之处，如按内藤之说，赵宋以前贵族政治超越皇权，秦汉亦如此。我则认为秦汉形成的专制皇权，制约着以后的所谓贵族政治。这是学术交流的常态，说明需要更多的交流。尊重不同的意见，本来是学者应有的风度。

5. 明治以后一批日本著名学者包括内藤、白鸟等位，得风气之先，做出了许多当时中国不可能出现的成果，中国学者受益不少（我也在内）。对他们的学问非常尊重。当时中国又贫又弱又保守，所以有的日本学者受此影响，其历史见解为日本军部所利用。但这是过去的事，而且战后日本史界也有所反思，正如中国史界也有过反思一样。这无碍于当前的交流。从我个人体会说来，中国史作为一门国际学问，中日两国史家的共同语言最多，见解彼此容易做到尊重和理解。内藤说中国历史文化是一棵树，有根有本有枝有叶，独立成形。这比起我最近听到的一位西方史家非议中国历史的话大不一样。我相信诸位研究中国历史，是同意内藤，而不同意相反意见的。

6. 来贵国前后，受到的关怀帮助，使我和妻子深为感动。为联系，一件小事往往要吉川先生耗费很多精力，邮件、FAX……吉川先生接机，安排生活，无微不至。谷川先生为了我在京阪神奈以及其他地区活动，非常操劳。异国学者有兄弟之谊。我能得到这样有名望学者的关怀帮助，倍感亲切。谷川称我为兄，我说按年龄我是兄，按学问你是兄。其他先生的帮助，不一一说。

7. 以文会友，以友辅仁。中日学者交谊，是可以用"仁"来加以规范的。

《史记》说：一致而百虑，殊途而同归。中日学者由于历史原因，文字语言原因，文化背景原因，有"殊途""百虑"问题，但为了追求学术真理，终究是"一致""同归"的。这就是我的信念，我的期望。

为《二十四史研究资料丛刊》进言

标点本《二十四史》出版以后，中华书局立即着手编辑出版《二十四史研究资料丛刊》。梁玉绳《史记志疑》、吴廷燮《唐方镇年表》、王仲荦《北周地理志》等已经刊出。这是很值得高兴的事。

由于《二十四史研究资料丛刊》的编辑出版，我想到了四十余年前刊行的《二十五史补编》。《补编》本来是配合开明书店版《二十五史》而问世的，解放后由中华书局重印。现在编纂的《丛刊》，实际上可称是《补编》的姊妹篇，前者是正史表志的资料，后者主要是正史纪传的资料。有了这两部大书，配合使用，阅读正史就方便多了。

作为一个急切等待的读者，我提出几点希望和要求，千虑一得，聊备参考。

第一，关于《丛刊》子目问题。由于未见《丛刊》编辑宗旨，不知道原拟收录的范围。我觉得最好按照当前多数文史工作者的比较迫切的需要，根据能够流传久远的原则，以正史种类区分，选定子目，例如《史记》研究资料若干种、《汉书》研究资料若干种等等，发表出来征求意见，陆续调整充实。一时搜集不全，也没关系，以后还可以出续编。凡是涉及多种正史，分量较大，又早已以专书形式刊布流传的，如《二十二史札记》、《十七史商榷》、《二十

275

二史考异》等，不必收入本《丛刊》。有些书涉及数史，但分量不太大，流传又不太广的，可以考虑拆开散入各部正史研究资料中。可收的书，以尽量收入为宜。《二十五史补编》收书，每种多则百余卷，如吴卓信《汉书地理志补注》，少者一二页，如卢文弨《史记景惠间侯者年表校补》。只要是该收而又有用的，就应当细大不捐，兼收并蓄。当代学者的研究作品属于本《丛刊》范围以内的，也宜一并收入。属于有关正史表、志方面的研究资料，建议暂时保留，将来辑为《二十五史补编续补》。

第二，关于《丛刊》出版问题。《丛刊》收书，姑且假定为二百种罢。现在每年整理出版一种两种，速度太慢了。即使每年出三种五种，十种八种，也得十几年、几十年才能出齐。时间拖得太长，就难免出现预料不到的情况，使《丛刊》出版受阻。所以我认为加快出书的速度是很有必要的。而且应当集中出书，一批一批地出，尽早出齐。抗日战争以前，商务、中华、世界、开明，都用了十数年、数十年的时间，大力搜访、编辑，出版了不少大部头的古籍汇编，成为近代以来古籍工作的大"工程"，许多前辈为此孜孜不倦，张元济先生更是毕生从事。好些古籍，本来散在各种丛书、全集之中，不便利用；有些甚至是稿本、孤本、罕见本，多年沉睡箱底，不见著录。由于这些大"工程"的完工，一下子使宝藏得到开发，使难见书成为大家都可利用的常见书。如果当年《四部丛刊》、《丛书集成》、《二十五史补编》等大部头书不是汇聚成套，刻期编印，集中出书，而是今年三两册，明年七八册，零星投入市场，散在人手，你买了这几本，我买了那几本，谁也难窥全豹，如果是这样，这些大"工程"也就发挥不了大"工程"的作用。钱大昕为《史记志疑》作序说："分之未足为珍，合之乃成其美。"他说的是注文应兼取各家成果。其实出《丛刊》也正是这样，合而刊之，既便利目前使用，又能传之久远；分散出版，就达不到这个目的。解放后《中国近代史资料丛刊》的编辑出版，给我们留下了很好的经验。

我希望《二十四史研究资料丛刊》按正史种类分为若干集，每集一次出齐。研究成果较多的正史，可以一史一集，例如《史记研究资料丛刊》、《汉书研究资料丛刊》等；研究成果不是很多，或者原书分量较小的正史，可以数史一集，例如《南朝五史研究资料丛刊》、《北朝四史（连《隋书》就是五史）研究资料丛刊》、《新旧五代史研究资料丛刊》、《辽金史研究资料丛刊》等等。整集出书，还可以考虑出缩印本，以节约纸张，降低定价。读者可以按整部《丛刊》购买，也可以分集购买，还可以零册购买。凡整部或分集购买的，可以登记预约。

第三，关于《丛刊》整理问题。《史记志疑》只用点校，我觉得是合适的。《丛刊》所收，估计绝大部分是清人乃至近人所作，不需要作太多的整理，有点有校，就足够了。甚至为了避免旷日持久，延误出书，就是不用新式标点，只要圈点断句，像《丛书集成》一样，也无不可。标点断句自当力求准确，减少差错，但完全无误也是不可能的。解放后所出标点本《通鉴》和标点本《二十四史》，都是用力很大的大"工程"，但都不能说是完全无误；出现一些错误，也无损于这两套标点本古籍的价值。其实我们这方面的工作，比起解放前来，已经是认真细致得多了。解放前商务印书馆出的《丛书集成》，世界书局影印的胡注《通鉴》，断句之误比比皆是。丁福保刻印的《全上古三代秦汉三国六朝文》，断句之误也不少。记得过去读商务出版的《九朝律考》，凡例第一条是"律始李悝。法经商鞅。受之以相秦。"断句错得可笑。解放后中华重印此书，才把这个错误改正过来。即令如此，这对于解放前的出版机构说来，仍是九指和一指的问题，首先是功绩，然后才是缺点。古籍加工的质量问题，应当实事求是地对待。加工中的错误，发现了，再版时改过来就是，不要求全责备，更不要因噎废食，以此延误出书。

有些关于《二十四史》的研究资料，散见于其他书籍中，似可加以辑录，列入《丛刊》中。王重民先生早年在杨树达先生指导下，从《越缦堂日记》和李慈铭的读书眉批中辑录出《汉书札记》等数种，即属此类。此种辑录不宜涉猎太广，贪多求全，只取资料较为集中的书籍，例如《颜氏家训·书证篇》、《困学纪闻》一类书以及若干种宋元明清人的笔记、文集检阅即可，否则势必旷日持久，多劳寡功。如果辑录工作目前无力进行，也可以在日后考虑编印《丛刊》续编时来作。

收入《丛刊》的书，如果有价值很高，难于阅读，而又有人从事过此项专门研究的，当然可以作进一步的整理，在《丛刊》本以外另出笺注考证的本子。这对于重要古籍说来是锦上添花。不过花在精不在繁，更重要的还是锦。古籍的笺注考证当然力求丰富，但篇幅不宜搞得太大。

最后，还想谈一个不只是与《丛刊》有关的问题，即出版古籍也需要有市场观念。古籍市场可能比别的商品市场要复杂些，但并非没有规律。市场上的合理需要，对古籍出版也应起指导作用。有一个文科大学生，想买一部《二十二史札记》，跑遍北京几处较大的新旧书店，结果还是没有买到。这种情况，决不是个别的事。有同志说，北京买古籍，常常是要什么没什么，只好有什么买什么。为了尽早解决或缓和古籍的书荒问题，可否考虑在大规模出版新的古籍以前，先把需要量较大而又有现成纸型的书多印一些投入市场？同样需要的书，按照先一般、后专门的原则，分别轻重缓急,首先满足大学生、中青年文史工作者手头必备书的需要。当然,也要快一点满足较高一级的需要。50—60年代印过的一些大书,例如《太平御览》、《册府元龟》、《全上古三代秦汉三国六朝文》等等,市场上多年不见了,印一批出来估计也不太费事。听说《文苑英华》已在重印。旧版重印速度快,种类多,希望分别轻重缓急,一二年内做到基本上满足市场的需要。就是新印书,也要有轻重缓急。我觉得《二十四史研究资料丛刊》,在史部的大书中应有优先地位。附带说一下,对古籍需要最迫切的,是中青年史学工作者,他们一般说来是"白手起家",要买必备书很多,而工资却比较低,困难颇大。有没有什么办法让他们买到一些便宜书呢? 有些书是否可印一些普及本? 这个问题,也是古籍出版工作中应当考虑的。

买书难的问题有产和销的两个方面。发行机构不甚健全,增加了书荒的严重性。据说书店卖新书,数月卖不完,就当作滞销书进行处理。这条规定用在古籍上很不合理。所以我建议扩大中华书局门市部,出售所有本书局出版的古籍,并尽可能多地代售外地出版的古籍。这个门市部的经营,不应当是有什么卖什么,而应当是该卖什么就有什么可卖。为了保证供应,势必增加书籍的储备数量和储备时间,由此增加的成本费用,应在书价上适当补偿。

第三部分

———— ＊ ————

治学自述

我的东晋门阀士族研究：思路与过程

（未完稿）

一

《学林春秋》编辑组张世林出好了本文的这个题目，向我索答。还说到许多我熟悉的同行师友都答应了写有关文章，我觉得不便推却，只好答应下来。《学林春秋》全书各篇文章命题整齐划一，所以题目也别无选择。现在按题做文，逼使我对以往写过的一本书作出检讨。对我自己说来，这件事虽说不无意义，却无甚新鲜感，如果没有外力催促，我不会想到有此必要。

进入士族问题研究领域，我经过相当时间的徘徊。这个领域的问题受到史家关注，已历千余年了。乾嘉学者经过想象的归纳，从中看出了一些认识，赵翼《劄记》里的有关条目，是大家最常称引的。它反映了当时史家对此问题的认识水平。明治以后的日本学者接触西方史学方法和史学思想早于中国学者，他们把士族作为中国中古时期一个社会阶层看待，力图探索士族阶层的社会作用，并且把魏晋以后的中国社会称之为士族社会或贵族社会,将士族研究推进了一步。稍后,中国学者研究这一问题的方方面面,又经历了几十年,一些研究中国中古史学的大师也特别关注此一问题,认识水平自然是提高了。现在看来,若明若暗之处虽然不能说没有,从理论上也还不感到非常通畅,但细细思考、搜求,又觉得剩义无多,一时找不到下手之处。所以我一直没有明确计划,说不清这一领域究竟有多大多深,有不有可以切入之处可以求得某种突破。借用一句名言来说,我只能摸着石头过河,走一步看一步。

摸着石头过河,必须有石头可摸,有河要过。摸石头就是读书,拾起已被遗忘的知识,积攒新的知识;过河就是思考,整理已有的思路,开辟新的思路。新的思路要能承前,也要能启后,一时开辟不了。作研究,切忌信手拈来题目,提笔就写,而不管能否有所创造,有所发明。我不愿意做那种虽有资料但作不出明确结论的文章。

七十年代末是一个"与民更始"的时代,社会上,学校里,空气变了,觉得有确定一个长远研究计划的必要。这在几十年教师生涯中还是头一回。以往,作大学教师,一切都跟着政治运动转,被动地折腾,无须个人研究计划,也忌讳有个人研究计划。记得那一年"大跃进",群众搞科研,我说过研究工作要"游于艺",要有广泛的涉猎和比较,才能找到合适的题目,作踏实的钻研。没想到这种最普通的见解竟成了批判的把子,说是鼓吹"游于艺"以反对政治。从此,对个人研究计划更是噤若寒蝉。现在变了,作为教师,陡然增加了本当具有的职业感觉,要快快展开科学研究,没有研究,课也教不好。

上面说到的士族问题研究,不是思考着的唯一问题,因为那时我相继开出魏晋南北朝史和秦汉史的专题讲授课,每一专题都是一个研究课题，数目不少，所以终日在脑际萦回的诸多问题中究竟哪一个有展开研究的前景，还有待于选择。

当时的北大历史系，碰巧有周一良先生、祝总斌先生和我三人，都研究魏晋南北朝史。周先生早在四十年代就是中外闻名的魏晋南北朝史专家，成果丰硕；五十年代中期由于系内工作的安排，他转入世界史去了。到了"与民更始"的时候，他已经重操旧业，并很快完成了《魏晋南北朝史札记》的著作。我与祝先生非常钦佩周先生，我们商量，如果周先生领着我们两人一起研究，形成协作力量，相信能出较多成果。我们那时一来对于个人"单干"还不大习惯，二来希望多得到周先生的指点。记得那天周先生很有兴致地同我们商谈这个问题，但是他最后的意见都只是简单一句话："我看我们还是结为松散的联盟为好吧！"周先生意见很确定，无进一步商酌的余地，我和祝先生也就接受了。此后几年，我们三人一直按这个意见办，结成松散的联盟关系，不过我们心目中还是拥周先生为盟主。

我们不搞共同项目，各自分头工作，但有经常的切磋，具体表现在各人所写文章在发表前分送其他二人过目，听取意见，再作修正。好几年中，我们一直采取这种办法，彼此都尽心帮助，不厌其烦。周先生老马识途，对于我们的文章如果没有意见，就意味着文章中不存在重大问题，可以放心。有时他还把自己所见的资料提供给我们。我们从周先生著作中受到启发是很多的。在见解上也有跟周先生相左的时候，即令这样，也不担心他会有什么不快。而且，周先生的论著中涉及问题多，给我们指引路径，提供阶梯，因此也容易找到与周先生商榷的意见。在学术问题的切磋上，我们都不觉得有年辈之分。祝先生的认真态度也很感人，请他看的文章，他都能尽心审读，甚至细致查对史料，一般都能提出好些意见，包括检出硬伤，记录在另纸上。我想昔年殿本正史的馆臣考证，未必有祝先生工作这样尽心。这个时期，我们每人刊出的著作，自序中都提到其余二人的帮助，这不是笼统的客气话，而是发自内心的真实记录。文章有他们二位过目，发表时就感到心里踏实。我深切怀念这一段约摸有十年的沉潜于学术的生活。三人行，必有我师。就我而言，三人行，都是我师。

我的士族研究的著作，恰好就是在这十年中完成的。

二

门阀士族凭什么搞出一代局面呢？千余年来习知的所谓"王与马共天下"之谚，可能还有些罅隙可钻，还有些道理可说。"共天下"是古语。"王与马"的关系套上了古已有之的"共天下"，似乎有些人事沧桑的内容，像当年吕不韦与子楚一样，这就不完全是偶然的碰巧的问题。王，琅邪王氏，士族头等门第，魏晋第一大族；马，司马皇室支庶。莫非这里可以探出点什么宝藏？莫非这就是多日寻寻觅觅的一个突破口？这些想法，今天说来很明白，当时却是隐隐约约，只是对我具有吸引力，觉得值得费力气考查一下。这是我摸到头一个"石头"。

最使我高兴的是，在两晋之际的每一个历史关键时刻，都有一个王，都有一个马，王与马成为褡裆，在舞台上表演。他们是洛阳的司马越与王衍，下邳的司马睿与王导；而下邳的司马睿与王导，过了江就成了东晋朝廷的王与马。与历史相比，马是嬴秦，王氏则是吕不韦。"王与马共天下"也者，岂不是认为司马睿就是王导手中可居的"奇货"吗？找到了这条线索，揣摸到当时人付与此线的蕴义，再把很多零散的史料联在这条线上加以梳理，两晋政权这一种有机的内在关系可以得到说明。这样，历史就有味道了。也许这真是一个突破口。

从王与马结合过程，又联想到另一问题，即为什么只是王与马共天下，而不是别家名望权势人物丝毫不逊于王氏的士族，例如说闻喜裴氏，取得与司马氏共天下的地位呢？

我从王、马关系发展过程的背景中，发现成都王司马颖居邺和东海王司马越居洛阳而相互对立的事态，对于往后的历史有重大影响。邺、洛对立，以荡阴之战而解决，附邺的士族多河北人，附洛的士族多河南人，他们各为其主，而又形成畛域之见。所以当王、马的结合体逐渐南移，一移下邳，再移建邺之时，其中原来附于成都王颖居邺的士族越来越少；东晋初建时的北来士族几乎都是原来东海王越府的掾属，而且大多是河南人。这样，我认为两晋之际只能有王与马的结合，而不能有例如裴与马结合那样局面的论断，是可以成立了。

从上述考察中，我还得到一种认识，就是两晋朝廷局面，从王与马的结合看来是一脉相承的；但是从皇权消长角度看来，王与马关系却发生了微妙的变化。西晋时士族虽地位显赫，但与皇权相比还只能居于装点地位，士族需要依附皇帝或藩王。而东晋主弱臣强，皇权依附于士族而得维持。这种变化说明，史家未曾注意从士族本身变化之中来把握门阀政治，把中古时期由士族运转的政治（所谓门阀政治）看成是始终如一的，并不符合历史实际。由此我想到，士族阶层，尤其是其中居于最高的社会地位和政治地位的门阀士族，其影响社会、运转政治的能力，东晋极具特殊性。先于此，东汉、曹魏、西晋大族社会政治势力渐增，为东晋门阀政治做了准备；后于此，南朝士族徒拥高位，丧失实权，门阀政治已不存在。真正由门阀士族操持政治的时代，只有东晋百年。至于北方中国，十六国北朝时代，由于民族入侵造成复杂局面，还居停于北方的大族多少都处于蛰伏状况；政权在北族之手，更无所谓士族门阀政治。这样，我萌生了一个基本论点，即门阀政治是相对于皇权政治而言的，是皇权政治的变态，它由东汉魏晋皇权政治而来，向南朝皇权政治回归。这是门阀政治的根本性质问题。

至此为止，我觉得自己有相当的理由提出这个假说。士族的社会表现和政治表现，是士族这一课题的主要内涵，如果我能证实这一假说，就能有所贡献。于是我打定了一个腹案，把研究年代断在东晋。

摸住了一块石头，再摸住一块石头，迈着细碎的步子，小心地向前探索，开始过河了。但是河有多宽，河有多深，会不会没顶，一切心里无数。

这里还要补叙一个细节。用前面比喻的话来说，摸着石头不能只是一个劲低头向前走，还要不时停下来看看周围状况如何，想想自己的判断对不对。在历史研究中，这就是要留意判断有无反证，如果有，能否排除，此其一。其二，尽可能丰富已有的证据，不能只知其一，不知其二。

我判定过江以后王与马的政权，实际上是当年东海王越与王衍政权的一脉相传，从而给王与马共天下作出了一个历史性的解释。这只是从人物构成上说。在政策上是否也有一脉相承之处呢？这是否靠得住？我反复思考这个问题，终于从东晋所实行的对北方的民族政策中找到了证明。

不与刘、石通使：①现实的原因，②历史的原因。

这就是东晋坚持远交拓跋、慕容而不与刘、石通使的政策，正是昔日邺、洛相持时期东海王越对待北方不同胡族的不同态度的延续。

五胡驰骋中原,发端于八王之乱后期邺、洛相持之时。那时居邺的成都王颖和居洛的东海王越在诸胡族中各结党羽,仇杀异己,使民族对抗包含于诸王对抗的形式之内。八王之乱结束后,司马颖原来联结的刘(匈奴)、石(羯),陷两京,俘怀、愍,成为北方的胜利者。在诸胡族中却另有所结,形成历史关系。而司马越一党却在江左立定了脚跟,出现南北对峙,民族矛盾上升为主要矛盾。江左的王与马在对待北方不同胡族的态度上完全继承了邺、洛对立时的既成事实,以司马越之友、司马颖之敌为友,以司马越之敌、司马颖之友为敌。

司马越引胡族为党羽,首先是乌桓和鲜卑段部。稍后,越弟司马腾在并州,又引鲜卑拓跋部为援。司马腾离开并州东来,并州吏民万余人随腾到冀州就食,号为"乞活",其中颇有民族成分,这也是拥护司马越的力量。晋元帝司马睿在建康创建东晋,以上各种力量都成为晋元帝所联络、所借重的力量。至于石勒虽与"乞活"一样出于并州,但他与大量同伙是当年被并州司马腾掠卖于冀州的羯人,所以石勒仇视司马腾、司马越兄弟,在北方与匈奴刘渊遥相呼应,以致于共同攻陷洛阳,颠覆西晋。继承司马越法统的司马睿,在江东以"不与刘、石通使"而与鲜卑段部、鲜卑拓跋部、乞活结好为国策,就是可以理解的事,而这是反证琅邪王氏王衍—司马越—司马睿一脉相承,与司马氏政权结合,形成"王与马共天下"局面的一个重要根据。

三

《释"王与马共天下"》发表后,我听到的议论意见中,有说是索隐发微,以小见大之作。我想,发微尚可说,见大则未必。王与马有渊源,但意义大在哪里? 莫非"王与马共天下"开启的东晋政局,还有别的文章可做? 这个问题又费了一个较长的思考过程。

"王与马共天下",从东晋一朝来看,是司马氏与门阀士族共天下。

"王与马共天下",毕竟有尽头。凭我的印象,渡江一二十年后,已不再是"王与马共天下"了。东晋百年历史,分好些阶段,王与马以后,是庾与马、桓与马、谢与马等等。从一方面看,东晋各个阶段,马是常数,与之共天下的门阀则是变数,这说明江左政权不可无司马。从另一方面看,与司马氏皇帝共天下的只能是门阀士族而不能是其他,司马皇室中谁来做皇帝反而要门阀士族选择,这又说明江左政权中不能没有门阀士族。门阀是江左政权中的常数,而司马氏皇帝反而是变数。我由此想到,东晋政治格局正好包含在"王与马共天下"的谚语之中,门阀士族与司马皇权共治,祭则司马,政在门阀。皇帝掌握在门阀手中,而且此一门阀可以替代彼一门阀,但任何门阀若是要废除司马氏的皇统,其余的门阀势必联合起来把这心存僭越的门阀攻灭。这就是门阀政治的格局。

晋元帝司马睿在劲敌刘、石追逐下仓惶南渡建康,事前没有周密筹划,其他臣僚并非一致认同。北方胡族穷于应付各种内部的矛盾,暂时尚无进攻建康的可能,这给王、马一个喘息机会。但是建康能否立足，除了南北对立条件以外，还要看江左政权有不有力量协调内部矛盾，这主要是取得江左吴姓士族的支持，平息上游地区的不靖，搭好建康的小朝廷。这些事，王氏兄弟王导居内，王敦居外，大体上都办到了。只是琅邪王氏功劳越大，王与马越难相安。王与马应当有一些彼此遵循的规则，才能保持权力的平衡，而这些规则有哪一些，并不是一过江就被王、马双方所认识，更不用说遵守了。何况在中原时王与马的结合，琅邪王氏还只能装点皇权，而江左政权中的王与马，皇权只能用来装点琅邪王氏的门阀势力。皇权要能承受门阀的制约，代表门阀势力的琅邪王氏要能处其利而无心，这作为一种将要长期存在的政治格局而不只是权臣挟制皇帝的暂时现象，还须要一个盲目被动的活动过程才能被认识，被发现，被遵循。这种盲目的活动，最重要的是王敦叛乱。

王敦叛乱，以清君侧为名，意在反对皇帝对"王与马共天下"的破坏，建康的门阀士族事实上是赞同的。初获胜利的王敦萌生觊觎之心，并司马氏皇权也在反对之列，从另外一个方面破坏"王与马共天下"，所以门阀士族几乎一致反对。这表明皇权与门阀权力须要找到一个彼此都能保全的平衡点，才能相安无事，东晋政权才能在江左维持。此后数十年中，东晋政局还有过非常混乱的时候，一直到桓玄之叛，开始得到门阀士族的支持，篡晋事成后又受到门阀士族的反对，与王敦如出一辙。

王敦之叛的另一历史教训是，建康在政治上固然需要折冲樽俎的人物以应付危难，更需要有军事上的力量来保障这个小朝廷，使它不致于在危难中动辄为叛乱者所陷。这就是说，要建立足以策应建康的军事力量。这在当时只有流民武装可用。而流民武装具有支援和破坏的两重性，朝廷本不敢轻易使用。这需要有适当的人物来招引江淮流民,并控制他们,使他们按朝廷意志发挥作用而不别生枝节。这样,郗鉴这个人物涌现出来,被发现了。用流民武装是一着险棋,是东晋的一个大政策,对东晋门阀政治的维系起了关键作用,很值得做一篇文章。

永嘉以后北方流民由流民帅统领,结众南来,被东晋朝廷拒之于江淮一带,是一支半独立的武装力量。他们本有抗胡之志,但是为了自存,在统属关系上又是可南可北,视情势而定。在王敦不臣之迹已显,朝廷危难万分之际起用流民力量,是不得已而为之,决心不容易下,关节也不容易打通。其中必有很多曲折隐晦之处,包含在《郗鉴传》鉴"遂与帝谋灭敦"的"谋"中。《桓彝传》,"明帝将伐王敦,拜彝散骑常侍,引参密谋",这个密谋与郗鉴之谋是一回事,所指就是引流民帅以灭王敦。这种密谋的细节,已无法探测清楚,我判断必为用流民帅平王敦之事。根据是一,王敦再叛,是郗鉴公开提出召流民帅苏峻、刘遐入援。二,郗鉴本人原来就是流民帅,入朝后还有旧部留在合肥,他应当与留在江淮的流民帅有较多关系,对他们有较多理解。三,郗鉴一生,甚至郗氏家族,往后都驻留北府京口,督江淮军事,实际上是统帅诸流民帅。用流民帅的负面影响确实很大,苏峻、祖约之乱就是有功的流民帅对朝廷的叛乱。看来朝廷共识是不用流民武装就不能保护建康朝廷,用流民武装必得有最可靠的人物来掌握。郗鉴就是这样的人物,他能"处其利而无心"。东晋北府兵就是流民兵。北府的存在使建康顶住了上游陶侃、庾亮的压力,更重要的是在苻秦大军压境时组织了北府军,打赢了淝水之战。

郗鉴从未在建康执政,却是保卫门阀政治的重要人物,有郗氏的力量才有较稳定的建康朝廷。郗氏力量源泉是流民,所以他不能脱离京口。这样,京口又是值得做一篇文章的大题目。

考察京口北府，眼界又开阔了许多，原来这里的地理位置对东晋太重要了。建康朝廷必须有撑持自己的空间，这个空间首先是三吴腹地。建康与三吴的联系，最重要的就是从大江道出京口，转运河南下。三吴粮食，正是从运河经京口转道长江，供给建康。门阀士族，其家族的生息也需要有个安定富庶区域，这也要靠三吴。所以郗鉴经营京口，除了接近江淮流民、警戒下游防务，并且拱卫京师的军事目的以外，还有对内的重要目的，即控制三吴。这样，北府的地位，郗鉴的地位，在我的认识上又大大提高了。郗鉴据有北府之地，不但无觊觎建康之心，而且屡遏他人觊觎。如果没有郗鉴，没有他奠定北府的基业，恐怕建康政治舞台上各家门阀轮流演唱的大戏，就没有建康这个政治舞台了。

考察郗鉴问题的结果，及于北府与建康的地理关系，使我明白了江左地缘政治的轮廓。江左划江而守的局面，是南北民族关系所决定的。北方民族关系复杂纷繁，一浪盖过一浪，并没有对南方形成持续的威胁，所以南方内部矛盾反而是迭有高潮，矛盾各方的主体都是门阀世族，此一门阀和彼一门阀，掌握中央政权的门阀和割据一方的门阀，其地理表现往往是长江上下游的对立，这就是东晋一朝的地缘政治。具体说来，长江如带，扬州和荆州实际上是分陕而治。扬州联结徐、豫，自成一片，建康为中心，京口藩屏建康，这是中央之局，应当可以号令地方，但地理上却居于下游。荆州联结江、雍，自成一片，江陵为中心，襄阳藩屏江陵，这是地方之局，但却是上游之局，有顺流以制下游之势。门阀之争，常在这种地理条件进行。下游有京口以接江淮流民，上游有襄阳以接江汉流民，所以上下游都有一个武力阶层，都有其军事布局。这一点尤其值得注意。郗鉴以后以迄南朝，东晋门阀政治都与这一地理形势密切相关。这样，我在进一步研究东晋门阀政治运转就多了一个重要方面。有了这层思考，尤其是看准了京口和襄阳在地缘政治中的特别作用，在门阀政治研究中似乎是更上一层楼，视野开阔得多，有更多的话可说了。

四

把门阀政治定义为门阀与皇权的共治，是从王与马共天下之谚中受到的启发。但是王与马结合，渊源于中朝的司马越与王衍，那时王衍依附司马越，还说不上是真正的共治。王导偕司马睿过江后，在草创局面中一切尚无定规。解决北方南渡士族之间的关系问题，解决北方士族与南方士族的关系问题都需要时间。门阀士族与皇权的平衡共处，创造维持和保障这种平衡的必要条件，都更需要实践过程。在实践中解决了一个一个难题，也就相应地获得一些巩固门阀政治的共识。例如解决门阀觊觎皇权问题，就要有一支势力可观的军队，因而导致北府的建置；解决皇权压抑门阀问题，就要剪除宗室外戚，因而有明帝疾笃、庾亮逼宫之谋。门阀政治排除了一个又一个障碍，从而得以在自己的轨道上正常运转，这是王导和庾亮起的作用。所以我断门阀政治起于王导，真正巩固下来，始于庾亮。

门阀政治所可能出现的大问题，多已有所暴露并有所防制；只是各门阀之间反复出现你兴我替的矛盾，如何限制在不致于兵戎相见的地步，还在摸索之中。这是庾亮的任务。解决办法是以空间的扩展来化解矛盾，尽可能推迟矛盾的激化，亦即代兴的门阀先求上游发展。这就是东晋门阀政治在很大程度上表现为地缘政治的缘故。地缘政治能持续几十年而未被破坏，还因为南北矛盾制约着整个江左局面,上下游势力还有共同利益,相反而又相成之故。

在往后的写作过程中,我更深切地感到,史学研究如果要有所创造、有所发明的话,最根本的要求是学与思两方面,史与论两方面,或者说微观与宏观两方面的紧密结合,而且两者是反复交错进行的,彼此促进。研究者必须随时有这种努力,没有资料搜求考镜的功夫,宏观的思与论没有原料,不会出有价值的新思想。资料有些是深藏的、稀见的,但多数不是如此,而是由于我们读书不过细,思虑不够的缘故。例如晋明帝引流民帅平王敦之乱,资料是很通常的,但是理解用流民帅是朝廷极为重大的而且是秘密的决策,从而理解这一决策不但导致朝廷一时安危以外,还有影响到北府与北府兵的建立及其长远作用,却是通过极细微的史料处理得来的。这就是郗鉴与晋明帝的"密谋",以及桓彝参预这一"密谋"。像这种从较细微之处引发出较大的思考,对我说来是常有之事。有时,头脑中一个疙瘩穷思终日,不得其解,或者一种认识得不到证明,忽然从一个普通材料中得到启示而得豁然贯通,这种乐趣,这种收获,简直难以形容。

回到前面"摸着石头过河"的话,对史学研究说来,摸石头就是积攒新知识,就是读书,过河就是思,就是理论思考。两者都不是盲目而行,都不是信手拈来,信步所之。我想,不但是具体研究如此,史学素养也得由此养成。

五

晋元帝以米,东晋经历的各种大事,实际上都是巩固门阀政治必然碰到并且必须解决的大问题。这些大事,就是皇帝与门阀士族之争,宗室、外戚与门阀士族之争,礼法旧门与门阀士族之争,流民帅与门阀士族之争。这些交替出现的斗争都是以门阀士族为一方,一般说来也都以门阀士族的胜利告终,门阀政治因此得以巩固。庾、王作为门阀士族的代表,在这些矛盾斗争中休戚相关,利害与共,往往是多同少异,大同小异。庾、王合力,使皇权屈服了,使宗室诸王不起作用,使动辄推奏士族名士的那些礼法旧门不再有作为,使被引入平叛的流民帅的后遗问题完全解决。门阀政治排除了各种障碍,能够在自己的轨道上正常运转。这些就是作为门阀政治的创立者和巩固者王导与庾亮共同起的作用。

王敦之乱,使王氏与司马氏共天下的地位出现动摇,庾氏势力得以逐步升起。但在门阀政治所面临的诸多矛盾尚未一一暴露和解决以前,庾、王两个家族之间的矛盾处于尚可控制的状况。苏峻之乱是东晋引流民帅平叛的后遗问题,其暴发却是庾亮的决策错误引起。苏峻之乱造成江左极大的破坏,庾亮以此引咎离开中枢,以豫州刺史屯驻芜湖,就近控制朝政,与王导相持。这样,庾、王两个家族的矛盾迅速上升,而这种矛盾突出地以地缘政治形式表现出来。

庾亮退居豫州芜湖,在军事上、地理上只是一步之让,但豫州居扬州的上游,顺流朝发夕至,对建康威胁很大。这是居豫制扬。但是这种形势也促使建康所倚赖的徐州京口重镇适时兴起,以抵消从豫州来的压力。庾亮知道,扬州的王导由于王敦叛乱,其门户望实俱损,不足为庾氏患。至于豫州上游的江州温峤,本为北方刘琨的使者,只可以作为北方劝进的一种力量,但在南并无门户凭借和实力根基;荆州陶侃虽称上游强藩,但门户低微,年老而无出众的子息为继。只要不出现不利于庾的异常事态,庾亮逐个并吞上游势力,囊括荆州、江州和豫州,则庾氏完全取代琅邪王氏,形成庾与马共天下,是并不困难的。

庾亮出镇豫州之年,江州温峤死,地入荆州陶侃之手。再五年,陶侃亦死,庾亮始得移师西上,总制上游三州。

地缘政治,第一是荆、扬对立的出现。第二是荆州取江州以为合力,扬州取豫州以为合力,而江、豫相接,成为上下游两大势力的缓冲地带,从而稳固上下游对立的地域范围。第三是扬州以徐州京口为屏藩,荆州以雍州襄阳为屏藩,这是军事上所必需的。第四,京口、襄阳其所以得为上下游屏藩,都是依靠北来的流民帅,依靠一套绥怀流民的政策,以补充军事力量。所以说流民群的存在是维持上下游各自半独立存在的条件。第五,徐州的北府兵、雍州的襄阳兵,同时是一支对付北方可能入侵的军事力量,这使南方政权得以保持以攻为守的态势,以巩固江左政权。这是当时南北对立形势下所需要的,也是不断招徕和接应流民帅所需要的。从这种总的形势看来,下游一盘棋,上游一盘棋,各自的棋局相似,可能出现的变化也颇相似,从建康—京口关系可以推知江陵—襄阳关系;从扬州—徐州关系也可以推知荆州—江州关系。有了这一认识,我对所从事的课题研究的视野又一次拓宽。从此向后看,江左政坛的好戏,虽分别由颍川庾氏、谯国桓氏、陈郡谢氏、太原王氏演唱,你方唱罢我登场,背景往往虽离不开中央所在的建康,但无例外地牵涉下游、上游,到了此时,我才觉得可以考虑作出一个较完整的写作计划,第一,门阀政治是东晋一朝历史的主要特点;第二,门阀士族的社会政治表现,其典型时代只有东晋。这就是《东晋门阀政治》一书的写作计划。这个时候,离我接触"王与马共天下"的题目,已经过去三年了。

这个时期,《晋书》有些繁杂史料,如官职除授、军事调度等,不明背景,不具首尾,前人著作中似弃而不用。我从地缘政治角度观察,认为上下游对抗形势必须探索到一个平衡点,而这些繁杂史料正是在这个意义有大用处。

例一:《王允之传》,王导侄王允之咸和末(334)除宣城内史、监扬州江西四郡军事,出镇于湖。案咸和末就是陶侃死,庾亮匆匆西上占有江荆二州之时。我断定这是建康王导紧紧把握时机,占领建康上游之地以纾解庾亮的压力。

例二:《袁耽传》咸康初(335)石虎游骑南至历阳。边报至建康,朝廷不核实军情,加王导为大司马、假黄钺、都督诸军以御之。于是分命诸将占领建康上游各要地,看来庾亮出都所据豫州之地,都归于王导。这是王导有意利用不实的边警进占上游更多的土地。

例三:《庾怿传》咸康五年,庾怿受兄庾亮之命远镇魏兴(陕西安康),忽然又被召还屯半洲(江西九江),不久又受命监扬州四郡军事,实际上是恢复庾亮出都时以豫州刺史据扼制建康的军事态势,逼使王允之退出这个区域。这是庾亮对王导的突然反击,使王导军力龟缩建康。

例四:《王允之传》咸康中进征西将军,假节,寻迁江州刺史。这是王导以庾亮初死,有机可乘,乃越过豫州地界,直接攻取庾怿的后方江州。这样,长江一线由西至东,出现犬牙交错的军事形势:荆(庾)—江(王)—豫(庾)—扬(王)。

这是一场发生于咸和九年至咸康六年(334—340)的史籍上不着一字的激烈搏斗,两家暂时持平。《庾怿传》说怿"尝以毒酒饷江州刺史王允之,王允之觉其有毒,饮犬,犬毙,乃密奏。帝曰:'大舅(亮)已乱天下,小舅复欲尔邪!'怿闻,遂饮鸩而卒"。这条资料,史家多不得其解,其实说的就是这一场庾、王为夺取江、豫诸州的殊死斗争。庾怿死后庾、王为争夺江、豫还有激烈暗斗。

争夺江、豫，就庾氏说来是为了扼制建康，保护荆州；就王氏说来则是为了防制上游，保护建康。但保卫建康还有徐州京口问题，它起招徕江淮流民、策应建康的作用；而荆州江陵同样有此需要，因此出现了庾氏对雍州襄阳经略的问题。庾氏经略襄阳，与庾、王江州之争一样，史籍无一字直接说到。只是庾氏借北伐之名，将本驻襄阳而非部属的桓宣（淮、汉之间的流民帅）调开，兼并其部属，使襄阳落入庾氏之手。庾氏达到了这一目的，其实力最盛时囊括雍、荆、江、豫以及建康以上属于扬州的各郡。从地境说来，上游庾氏大大超过下游王氏，也就是说，藩镇超过朝廷。庾与马共天下代替了"王与马共天下"。而且，朝廷曾经面临的问题，如建立北府问题，处理与流民帅（在上游是桓宣）关系问题，上游都经历了。只是由于庾冰、庾翼兄弟相继死亡，庾氏后继乏人，门户势力骤衰。庾氏虽属名门，但起自外戚，无功晋室，而又措置无方，所以此后家族地位，也不能比齐极盛而衰以后的王、谢。但是庾亮助王导巩固了门阀政治格局，在上游开拓了地缘政治的基业，对东晋一代甚至对南朝影响是巨大的。（孝武帝时主相之争，太原王氏两支分倚主相之争，最后亦发展为上下游王忱与王恭之争。）

研究了庾氏及其政治作为，发现了在门阀政治方面还有一些前人尚未注意的史料可以使用，我的视野有所扩大，信心有所加强。我发现自庾氏以后轮流执政的各个门阀，几乎都循庾氏路径，经营上游，才能巩固在建康的地位。门阀政治运转的这种时空条件，甚至在晋宋之际和南朝都有影响。我估计，东晋门阀政治研究已完成了三分之一，前景比较明朗，所以我才敢于接受出版社的稿约。

六

接着庾氏登场的是谯国桓氏。

对桓氏的研究，我用了相当多的功夫去考证桓温的先世。这，一来是发现了须得探索的隐情，二来是要说明所谓门阀士族虽有其家族渊源，但是可升可降（升降契机都是现实政治机遇），并非世袭贵族。我不同意时下许多国内外史家把士族当作贵族阶层，把门阀政治说成贵族政治的见解。所以我在本书各篇中都考证各家门阀士族地位升降，尤其是抓住桓氏大做文章。士族作为社会阶层的存在与中国古代贵族阶层靠封爵和世袭而存在是大不一样的。

桓氏先世有隐情，我从桓玄篡晋立楚以后，庙祭不及于祖一事开始怀疑，又以孙吴因"孤微发迹"而不立七庙一事加以比较，决定"立案侦察"。此案内容曲折，结果查出桓温高祖是曹魏高平陵事件中死难的桓范，是司马懿的死敌，是晋室的罪人。桓氏夷三族，侥幸漏网的子弟自然不敢公开自己门户历史。所以史籍记载桓彝来历不清，入东晋后不以门户显扬于世，而亟求以事功晋身。明帝用流民帅平王敦之叛，曾密谋于桓彝。桓彝以此有功受爵，后来又死苏峻之难，家族在江左地位骤升，才有以后桓温逐步发迹。

庾氏据上游十一年，永和元年（345）庾翼死，桓温代督荆州。不久，后秦灭亡，北方无强敌，江左得以屡兴北伐之师，并于永和七年（351）收复洛阳。江左士族，由于没有哪一家具有足够的势力和影响，可以立即代替庾氏的作用，所以各门阀斗争虽暗斗依旧而明争较少，社会略现安定。桓温就是在这种表象下逐步积累实力，压倒对手。桓温据荆州，与朝廷之间依然呈地缘政治格局，而暗斗手段则是抢夺北伐旗号。此时间内会稽王司马道子执政，朝廷有徐、豫的支持，而桓氏基业主要是荆雍（以及益宁湘广等州），并未牢固控制江州，豫州则欲取之而有谢氏之阻，不得成功。上下游对峙呈胶着状态，或者说不稳定的平衡状态。

桓温自据荆州到枋头之败，前后二十五年，其间他志在经营桓氏家业，徐图建康政权。在手段上他自擎北伐大旗以刺激朝廷，逼朝廷北伐而观其败，取江图豫，并尽力与王、谢家族周旋。事虽纷纭，但桓温静观坐大，步调稳健，并不曾直接以兵力图建康朝政。枋头败后，桓温再不能用北伐的办法以增望实，于是策略大变，始直接进逼朝廷。

这时的朝廷由会稽王昱执政，基本上是一个清谈集团。他们对付桓温步步失策，仅有的军力也在北伐中消耗完了。于是桓温独享北伐声威，两次出兵，都有所获。此后桓温得都督中外诸军事之授，以为再有一次北伐，就可以真正取得建康的屏藩徐、豫二州，独揽东晋朝政。没有料到第三次北伐虽以策略取得徐豫，却大败枋头，桓温在北伐方面再也无所作为，因而专注于朝廷篡事，于是对朝廷取直接进逼态度，以至于篡意也越来越明显地暴露出来了。

桓温为都督中外诸军事，录尚书事，又为扬州牧。他掌握了豫州，徐州也在控制之中，只余下朝中少数居位的王、谢人物，他还不敢造次入都，居姑孰遥执朝政，重现了庾亮出都居姑孰执朝政的局面。而且庾亮当时所急在于统一上游，桓温则已经并上下游于己手。看来桓温篡晋在军事力量上已无顾虑，决斗就转到了政治方面，也就是门阀政治格局能不能制止桓温之篡了。这是我写《简文遗诏问题》一节的主旨所在。

简文遗诏问题，资料十分繁琐，史家一般不屑于研究。我的目的在于，把桓温评价这一老问题置于门阀政治格局这一大背景之中来思考，以取得宏观的视野。但赖以构成宏观视野的情节却须尽可能细致。而翻遍史籍，涉及桓温而又过细的资料，只有在遗诏问题上搜求。这就是居内外朝的王谢士族尽力制约桓温之篡问题。遗诏涉及桓温地位，实际上有三种意见，一是桓温自己希望简文帝明确禅位给他，由司马朝廷变成桓氏朝廷，但桓温惮于王、谢，不敢强夺；而简文料到自己无力抗拒而又心有不甘，于是有"君自取之"的话。二是司马皇室包括崇德太后只能让步到接受依周公居摄，意即幼帝成年以后"复子明辟"。三是王、谢士族连居摄也不能接受，只能是依诸葛亮、王导故事行事。桓温尽管军权在握，但朝中政治优势（门阀政治所决定的）在王、谢一边，终于不得不接受裁决。

近读《朱子语类》论王、谢士族门阀与桓温关系曰："谢安之待桓温，本无策。温之来，废了一君（案指废海西公）。幸而要讨九锡，要理资序，未至太甚，犹是半和秀才。若它便做个二十分贼，如朱全忠之类，更进一步，安亦无如之何。"这里，朱熹看到桓温毕竟是"半和秀才"，只有军权还不够，还"要讨九锡，要理资序"，因而谢安、王坦之还能从容应对，使之有所收敛。如果是朱温之流，无求于九锡、资序，可取即取，如果是这样，即令有谢安在，也无可如何。朱熹把桓温定性为"半和秀才"以区别于军阀朱温。在我看来，桓温虽厕身士族门阀，行检却不同于士族子弟，附庸玄学，骄矜作名士态而亦不为时人认同，朱子谓为"半和秀才"，不为无故。桓温以"半和秀才"而得充数于门阀政治之中，又以其"半和老兵"（这是我仿"半和秀才"而自创之词。"老兵"见《晋书·谢奕传》）而图篡夺司马氏,摧毁东晋门阀政治。在东晋百年门阀政治之中,如此行事的士族人物只有王敦、桓温、桓玄三人,前二人篡夺无成,桓玄初成终败。这是由于门阀政治格局基础未坏,尚有生命力,篡夺者毕竟不为多数门阀士族所容。真能有成的是刘裕。刘裕虽非王庾桓谢门阀之比,毕竟是"好清谈于暮年"(《艺文类聚》卷一四),"颇慕风流,时或谈论"(《南史·郑鲜之传》)的人物,多少有一点"半和秀才"气质。而且,刘裕取代东晋门阀政治毕竟还经过了长达二十余年义熙之政的"造宋"经营。门阀政治格局经过孙恩、卢循的摧残,基础大不如昔。但是即令如此,刘裕想取代它还得"要讨九锡,要理资序",不能像朱温代唐那样简单。

朱熹说,如果当年桓温"如朱全忠之类,更进一步,〔谢〕安亦无如之何"。这是一种假设之词。以王敦、桓玄事迹对比,即令桓温像朱温那样"便做个二十分贼",也可能要被尚有号召力量的门阀士族联合起来赶跑。当然,这也只是另一种假设,不过比朱熹的假设要有根据一些。朱熹看到的是桓温、谢安、朱温的个人行事的差别,我强调的是桓温、谢安之时门阀政治的格局在起作用,所以还要讨九锡,要理资序,朱温则是藩镇割据余绪,有武力就行,别的不在话下。

南宋罗大经《鹤林玉露》"四胜"条引"朱文公曰:'谢安之于桓温,陈鲁公之于完颜亮,幸而揵得他死耳。'"案谢安力抗桓温,关键在简文帝临死时的所谓遗诏问题,事在咸安二年(372)七月,已见上述。桓温未得如愿,怀恨于王、谢。翌年(宁康元年373)二月桓温自姑孰来朝,时人或云欲诛王、谢以移晋鼎。桓温旋疾笃,讽朝廷求九锡,王、谢故缓其事,终于"揵得他死",危机得以缓和。这是同年七月之事。罗氏引朱文公关于"谢安之于桓温"之言指此，与"陈鲁公之于完颜亮"事正好相应（注：采石之役，金兵临江，宰相陈康伯，即文中的陈鲁公，曾力促宋高宗亲征。在此关键时刻，金兵先变，杀主帅完颜亮，金兵始撤。这是又一次"捱得他死"而解决危机之例）。

桓温之死使危机得以解决，确是事实，但若无此偶然事态，桓温也难于得手，这就是朱熹所说"半和秀才"处此关节的特点，资序未理，九锡未到，即令有桓氏欲诛王、谢以移鼎之言，毕竟未成行动。归根极柢，我认为是门阀政治格局不容颠覆。

这里有个问题附带说明。罗氏所引朱文公之言，在上引《朱子语类》同条稍后即可见到。但《语类》作"谢安之于苻坚，如近世陈鲁公之于完颜亮，幸而捱得他死耳！"罗氏所云桓温，在此则是苻坚。案今本《语类》是南宋末年度宗咸淳六年（1270）黎靖德编定刊本，而罗大经似未活到此时，他能看到的《朱子语类》可能是此前刊刻的池州本、饶州本之类。今本《语类》此条为答门人黄㽦（字子耕，豫章人，见今本《语类》所附《朱子语录姓氏》）所问，时在戊申，即孝宗淳熙十五年（1188），注明"饶录"。这就是说，罗氏之说当是本之饶州刊本，早于今本数十年之久。朱熹原来所说的，从版本上说，只能判断应是"谢安之于桓温"，后来在黎靖德本编定时误成了"谢安之于苻坚"。细看朱熹原文，说的本是谢安与桓温事，后来岔到谢安处理淝战之事，然后又回到谢安与桓温对抗事，所以作"谢安之于桓温"是对的。而且，桓温死于孝武帝宁康元年（373），紧接着桓、谢相抗之后，所以有"幸而捱得他死"之文。而苻坚死于孝武帝太元十年（385）八月辛丑，而谢安死于同年同月丁酉，谢安先苻坚四日死，说不上谢安捱得苻坚之死。所以就此一校勘上的细小问题而言，《鹤林玉露》所引朱文公之言是对的，今本《朱子语类》所说为误。而且还可以说，《语类》之误不是误在较早的饶州刊本，而是误在黎靖德编定的今本。

七

形成门阀士族的必要条件，是其传人由儒入玄（参王、庾、桓有关节目），但不是充分条件。形成门阀还必须有事功（桓彝参明帝密谋，谢鲲劝王敦"时进正言"），但玄学与事功有矛盾（谢灵运"事为名教用，道以神理超"，王昶诫子侄"立身行己，遵儒者之教，履道家之言"）。

谢尚儒玄兼备，又得列为方镇（豫州），谢氏地位骤升（其时三良死，中枢和方镇力量都在重新调整。尚取江州被庾所拒，乃稳取豫州为谢氏根本之地）。但桓氏有桓温在前，谢氏只有等待（此时士族子弟尚有可充武职者，如王允之、庾翼、桓温、谢尚）。谢尚—奕—万历任豫州凡十二年。从此奠定了东晋后半期地缘政治的基本布局：徐—扬—豫为一方与雍—荆—江为一方的相持。桓温一度打破了这种相持局面，攫取了徐州和豫州，使建康成为他的囊中物。谢安"捱得他（桓温）死"，恢复了前此地缘政治形势。从谢安阻桓温九锡之请直到谢氏经营的北府兵消灭桓玄而恢复晋室，可以说桓、谢两大门阀直接操持或间接影响东晋门阀政治达半个世纪之久。

陈郡谢氏在江左发展的三个阶段，即谢鲲跻身玄学名士而入胜流，谢尚取得豫州方镇实力，谢安拒桓温遗鼎而又胜苻秦南侵。谢氏门户地位上升至顶峰，在桓温死后，重大事绩有三。其一，在与桓冲夹辅孝武帝时借太后之力尽力逼走桓冲。宁康三年（375）桓冲以扬州让谢安，自己暂领徐州。桓氏在北府无根基，不能起以北府慑制建康的作用,翌年(太元元年,376),桓冲自京口上移至姑孰。太元二年荆州桓豁死,桓冲又西上,还督荆江等七州。这就是步步撤退,直至桓温经营已久的上游荆、雍、江旧地,自保而不图进取。这使东晋出现上下游平衡(桓、谢平衡)和较稳定的局面,对稍后应付苻秦入侵极为有利。此一阶段遗留而影响下一阶段历史的重大线索,除北府兵一事外,还有谢氏有意利用太原王氏王蕴的名士、外戚(后父)影响为谢氏之助,出镇北府,从而将太原王氏引入门阀政治的历史舞台。(桓、谢并非无矛盾,只是限制在共同对苻秦的范围内。)

八　　北府兵(用《北府兵始末》)

地缘政治中有居上下游之间的缓冲势力问题,值得注意。缓冲力量的门户能为上下游接受;缓冲力量所据不是江州就是豫州。缓冲人物一般是较平和而为上下游都接受的人。

温峤

桓伊

真正的北府兵资料,只有两条,其中一条还出于较晚的《通鉴》。而淝水之战也并无详细记载。所以研究北府兵就要找到一个合适的方法。我用的是①主要是纵向看始末;②横向看各种关系。(线索少而案情大)

《学林春秋》约稿

学术自传（稿）

　　整理者按：这篇田余庆先生遗稿，没有标题，未注明写作时间，怀疑是 2010 年前后应傅璇琮先生之请为《当代名家学术思想文库·田余庆卷》所写学术自传的初稿，后弃而未用，另写了一篇自序。这篇文稿只是提纲式初稿，稿纸界格外多有附记文字，似是为日后修改而留的提示。整理稿以"旁注"之名把这些附记提示中的一部分嵌入文稿。因具提纲性质，原稿有些句子未完成，整理中一仍其旧，个别地方加了整理小注。

　　拨乱反正后，（我）得到一生中最好的机会，集中精力做了二十年研究工作，写了一些东西。这些东西对本门学科只能算是点点滴滴，对我个人来说，却感到日有所进，有了一种充实感。现在回想青年时代的自我期望，似乎是略为靠近了。

　　我孩提时代生活于一个单亲家庭，孤独，没有文化环境的熏陶，而且日子过得越来越困难。母亲对我灌输最多的是，长大后没什么可以依靠，只有自己争气，能找个铁饭碗就好，不要到官府找饭吃，那不可靠。我理解母亲心愿，接受她的塑造，懂得只有靠努力读书，才有出路。这种影响之下养成的性格，一方面是做人本分，做事稳当，点滴积累；另一方面却是少见世面，谨小慎微，缺乏对前途的幻想。旁注：不淘气、柔弱。　旁注：与文化家庭孩子从小耳濡目染大不一样。

上初中时抗战爆发，家在战区，战局不定，筹措学费也更困难，所以上学只能时断时续，读完中学已很不容易了。没想到这时发生了第四次湘北战役，我只身逃离家乡，作为流亡学生，反而在大后方顺当地读上不要钱的大学。这是过去想不到的。我的人生转折也发生在这个阶段，真正进入了思想启蒙时期。旁注：中学阶段上过三个学校，换了五个地方，用了八年时间。毕业后能否上大学，又等待了半年。

湘桂撤退后，我到贵阳进了湘雅医学院，以后又随学校转移到重庆。两次徒步逃难：第一次，几个年轻人结伴，从湘北绕道湘中，直到湘桂边境；第二次，从贵阳拉着板车走到遵义。几年辗转流亡的经历，使我对社会黑暗、民族危亡的感受大大加深了。加上重庆学术界左派势力活跃，所以不再满足于只是有书可读，进一步想的是社会怎么办，国家怎么办，读书与救国家、救社会的关系。不知从哪里给了我一种启示，学医只能治一个一个病人，当前更迫切的是改造社会，要改造这个腐败的独裁政府。因此放弃学医，跟着青年人追求民主自由的潮流，去了昆明西南联大。旁注：读书不是为了个人职业，而是为了救民族救国家。

怎么改造社会呢？首先是认识社会。怎样认识呢？要看清它的来龙去脉，纵向认识。这大概就是历史学的功能。但是纵向认识有点太远，还得先有一个横向认识才好，而横向认识社会大概是政治的功能。就这样幼稚的认识，加上浪漫的情绪，使我报考了联大政治系。读了一年政治，了解政治系课程全是西洋知识，与中国搭不上边，这才放弃追求横向认识社会的打算，决心进入历史系。这个弯，拐得是够曲折的了。那时没有功利意识，确是由经世致用思想主导，根本没想到个人得失问题。

这种选择过程，给我以后学历史留下了影响。我关注政治，因而学历史也关注政治历史变化过程，探究历史变化的转折点，偏重在政治史研究方面。别方面的研究也做一点，但不像这方面那样容易入手。长期教通史和断代史，所以其他方面的知识也有，并不特别偏颇。不过研究则多政治史。二十年来我写的论文和著作，大部分是这方面。另外，就是虽然关注政治，但丢弃学业投身政治，我不愿意，这与小时养成的思想志向不无关系。学生运动我是有认识、热情参加的，但希望不废学业。后来我被列入国民党黑名单，在地下党安排下进入解放区，实际上是"逼上梁山"。这种经历，也是解放后常得到"脱离政治"、"白专道路"批判的思想根子。

走学术道路，我条件比较艰难。家庭、战争、学运，中学以后实际上丧失了正常读书环境，所以到大学工作后补充知识成为急迫问题。但是党员、教员兼为基层干部，教书上课反而只是副业，党政活动占绝人部分时间精力，政治压倒一切。同样使人苦闷的是思想退化，政治上如此，学术上也如此。起先是读马列、学苏联，是努力跟的。后来是党内斗争、反修斗争，过去学的又成了错误，受批判。真不知风从何处来，人向何处变。搞运动一浪接一浪，有人说是"神龙"，见首不见尾。失去准绳，只等运动发展。因此加剧了思想矛盾，对工作如群众办科学之类怀疑。北大是重灾区。吕振羽的文章（整理者注：可能是指吕振羽《历史科学必须在毛泽东思想的基础上前进——纪念〈关于正确处理人民内部矛盾的问题〉出版三周年》,《历史研究》1960 年第 5 期)。这导致五九年反右倾机会主义我受到批判。

1959 年批判受了教训,懂事一些,青年锐气和书生气少了许多,懂得一点在政治运动中如何自处,这为我在"文革"中走得稳一些打了基础。基本点是夹着尾巴做人。这点下面再谈。

"文革"以前,政治之余,也尽可能做些点滴研究。就靠这点研究成果的积累,第一,支撑自己所教课程内容每年能变样,这为北大出版全国第一部中国史教材的工作中我能完成承担的任务打了基础(我承担工作量从字数说约 1/4)。这项工作在"文革"前完成,是得到全国认可的(现在看已陈旧了)。第二,积累了相当一些问题,获得了一定素养,实际上为"文革"以后搞研究打了底子。旁注:"文革"前也做了些研究工作,主要是读书和思考。读书集中在两段时间:1953—1957 夜读;1961—1964"调整时期"挨批以后。党组织搞运动就批我,运动过去抓教学又表扬我。

"文革"前在政治运动和学术方面,按当时高调说来,我是右倾的。但实际上,当时被认为右倾的,今天看都是"左"的。"文革"以前的十多年,"左"的框架下写的论文,有害无益。一些应时的文章(受命或随风写的学术批判文章),现在只能称之为"时文",并且伤害了人,是我内心的伤疤。幸亏不多(从批胡适以后)。譬如说,"以论代史"我也得跟,但很吃力。我有过一项较大的个人研究,在当时所谓"五朵金花"范围之内,关于奴隶制社会向封建社会演变中阶级斗争表现形式问题,我写成了九万字的初稿,是热门题,也是引经据典(马恩经典)。我的重要结论,是奴封转变根本在社会内部多种日积月累,其中贯串了阶级斗争,而不在于某一次农民战争。我其实是在"左"的框架里提出并论证问题。但是这个结论有犯忌讳之处,违反当时把农民战争作用极端化的思想,后者被认为符合毛泽东思想,否则是反毛泽东思想,是修正主义。那时曾有史界的老马列在《历史研究》上发表论文,认为在生产关系一定要适合生产力性质的马列基本命题中,强调生产关系变革先于生产力变革的才是毛泽东思想,否则就是修正主义。五九年我被批后偷偷把稿子烧了,因为学校领导人在反右倾的总结会上重重地说:"将来如果发现党员教员再搞修正主义,那就要极重处理,勿谓言之不预。"我不敢再保留文稿,免得成为罪证。而且此后我读史研究的重点就绕过这类"敏感"问题。旁注:这对我以后学术路子有影响,现在看,是使自己学风向务实方向走,是积极的。

"夹着尾巴做人",五九年被用来批判我教育我的话,对以后我的思想影响长远。今天看来这句话有正反两面意义,现在没人提这句话了。我从积极方面接受了,既要夹尾巴,又要"做人"。要自律,但也要独立判断,独立思考。"文革"中,我"夹着尾巴",红卫兵要被解放的干部表态参加"革命",我始终坚持不表态支持哪一派红卫兵,我认为对立两派群众都是革命群众,要和解,而我是"犯错误干部"(那时干部分四类,一是红五类,二是较好,三是犯错误,四是人民外部。干部宁愿自居于犯错误干部一类,以示不是敌我矛盾),所以不应参加两派革命群众之间所谓"路线斗争"。

年纪大了以后,更觉得在学术上也有"夹尾巴"的问题,学术上有个自我定位,要自律,要谦和,要向学问大的人比自己的不足,要有乐于听不同意见的习惯,而不搞惟我独尊。多掂量自己分量之不足,不要沉湎于搞自我欣赏,搞独霸。有一次史学代表大会上要我发言,我说,史学界中青年一代已成长壮大,应当是学界主力,有少数可能已接近同领域的最高水平了,这是大好事。

我借用当年朱升在朱元璋起兵后劝告的话送给中青年学者："高筑墙,广积粮,缓称王。"解释说："高筑墙"是学重功底,"广积粮"是覃思贵有源头活水,"缓称王"是学海无王。我把这三条送给中青年,只是把缓称王改为不称王。做学问一有了称王思想,学问就再也不能前进了,而且会掉下来。所以学问越长进,越要夹尾巴。要做人,要夹尾巴做人。我把自警自勉的话送给中青年同行,不少人感到有用。

拨乱反正之后,我获得过去不敢奢求的机会,全身心地投入教学和研究中。1979年我发表《释"王与马共天下"》一文,颇受史学界重视,这一年我已五十五岁。我想今后可能有二十年时间进行研究,不能不通盘打算。按通例,有成就的人文科学家,其学术顶峰都在五十岁左右,过此年龄一般都只能在已有成就上增添色彩而已,档次难于提升了。而我,不说五十五岁才从起跑线出发,以后能跑多远,我不知道。只是我内心定了几条规则,合理利用生命的这一阶段:一,把教学与科研结合,统一起来,写专题论文围绕着准备开设的专题课进行。二,科研尽可能打攻坚战,不能打游击战。一定要针对实实在在的问题,一定要有自己的心得见解,决不写零敲碎打和不痛不痒的文章,以免分散精力。我只按我的研究所及写文章,不接受命题约稿。不求多发文章,但每年至少要拿出一篇有规模的像样的东西让史学界来评议。这是自我促进。三,暂时不要扩充研究领域,但在已有的领域中要尽可能多垦辟一些荒地,填补一些历史空缺。旁注:毕竟是长期积累,才能取得近二十年这点成果。论文题有些竟是三十年前出现在脑中,等到现在才能有机会写出来。

回头看,我是遵守了自己的约束,但总成果不多。第一,论文和著作可说全都与教学结合;第二,比较安分守己,没有什么驰心旁骛,写的东西多属发微初探一类,言人之所未言,重复劳动并不多。至于质量,只有由学界来评说了。不过较好的势头只维持了十年,九零年一场病使我健康状况大降,病后工作节奏不得不放慢,成果极少,加以暮年的自然衰竭,真正的研究只能结束在上个世纪之末,此后则只能是颐养了。

学术上自我定位:

1.二十年来只有三本著作,成果不多,但得到本学科相当程度的认可,这是社会对我最大的回报。

2.高水平的史学家应是具有丰富精湛的知识,有通观历史全局的眼光。我是从夹缝中艰难成长的,不具有这种水平。高水平的历史学家要有高度的睿智,我也欠缺。

3.我按自己条件所作的研究,注意到实事求是。我力求在一定的层次上发掘历史中的问题,尽可能做出辩证解释,以增益或启发认识。这方面,我的研究具有若干个人特点,如此而已。

我的学术简历

　　学术贵创新。耄耋之年,创新乏力,学术活动已画上句号。这次出书,是由资深行家傅璇琮先生策划引起。我了解傅先生的造诣,情谊所在,不容我拒辞。近日,学界长者周有光先生百五高龄出版《朝闻道集》,论者以为此书不趋俗,不张扬,堪称独立思考、直写心得的智慧之作。他致力学术毕生不怠的意志触动了我,这也是使我勉力答应傅先生邀约而重拾旧作的原因。

　　按傅先生的策划,我还得提供一份概述治学简历和成果的五千字的短序,大概就是一篇学术人生的素描。这个方面我以往未细想过,现在试着勾勒一下。

　　我青少年的时候,颠沛流离,未能获得稳定的求知环境。平凡的家庭未曾给我书卷习气的熏陶。那时是抗战第一,个人成长也是时刻心系民族存亡。后来流亡到大后方,碰上逐渐兴起的学生运动新潮流,青年人忧心国事,痛恨腐败政治,自然被潮流吸引。可以说,我的青年时代,读书求知的机会是靠自我奋斗,在缝隙中获得的。读书欲望虽然强烈,却不存在学术上有多大造就的志向和幻想。后来几经折腾,试过几个学科专业,终于落脚到史学领域之时,我充满欢心和干劲,也由于缺乏坚固的学识基础而战战兢兢。

我起初的落脚点是北大文科研究所民国史研究室。此时我已经转而专注于古代史，研究民国史并不是我的愿望。我在先辈的指点下被安排参加近代史史料编辑。1952年院系调整，调入历史系中国古代史教研室。余逊先生过世，我被指定接替他在历史系的断代史教学工作，主要是秦汉史和魏晋南北朝史，兼教中文等系一部分通史课程。

那个年代的教师，尤其是中青年，多数人都只能随着政治运动的风向飘移，难得有宁静治学和独立思考的条件，业务长进有限，我自然也是如此。我在政治运动之余，把教学当作一小块"自留地"，愿尽心尽力耕作，一来为学生，二来也让自己获得一点教员的奉献感。我的要求不高，阻力却是很大，常被批评脱离政治，这使自己长期感到压抑。

学校也有科研任务。中国史的科研，风向所指，一是学术批判，其中最有影响的是批胡适，但持续时间不长；一是意识形态强烈的五类课题的讨论，向达先生谓之为"五朵金花"。批胡适，我被邀约，写过批判"实用主义考据学"的文章，发表在《历史研究》上。当时自己是初生之犊，以无知而忝列"新生力量"，但心里并非无畏。我自知所懂甚少，跟着风向在政治上上纲上线，折腾一番，学术意义是谈不上的，运动过后，事情也就忘了。没想到隔了近半个世纪，谢泳先生著文涉及旧日批判胡适一案，顺便说到我，说我当年所批"实用主义考据学"的大胆假设、小心求证，也就是我自己后来治学的门径。谢先生的中肯批评使我自感惭愧。

关于"五朵金花"一类课题的研究，当时搞得热闹，我也不甘寂寞，暗自跟进，只是尚无把握，不敢张扬。我把范围选定在阶级斗争（实指中国古代农民战争）在社会形态转变中的作用这个方面。这并非新鲜问题，要想出点新鲜见解并不容易，搞不好很有可能被指责为异端。所以我着重找马恩语录来作支撑，写成了几万字的草稿，尚未完成。正在此时，学校展开反右倾机会主义运动，我被列入北大全校所谓批判"党内专家"（这是北大某领导人自创之词，意指以专家自恃的党内资产阶级知识分子，并不是真正的什么专家）一案。那时风云骤起，被批者和批判者都不甚明白这一案是怎样搞起来的，反正是乱砍乱伐，上纲都是反党反社会主义反毛泽东思想，披着理论外衣的反革命修正主义。批判毫无理性，残酷无情。最让我吃惊的是，校领导在总结此案的大会上，竟说出如果党员中有谁再搞修正主义，就休怪下手更重的威吓语言。我预料还将在党员教师中找所谓披着理论外衣反毛泽东思想的修正主义靶子，而我手上那篇未完成的文稿正适合批判的需要，于是就此机会偷偷把它烧掉，避免后患，心想以后决不再涉此类课题。下决心一烧了之，还有一个较深层的思想背景，就是批斗并没有让我明白究竟什么是修正主义，什么是历史研究中的修正主义。北大领导在总结此案的大会上训斥我们，气势很足，只是也没有说出什么是修正主义的话来。后来有点明白，就是越"左"越好。

在等待发落的过程中，我为了汇报学习毛泽东思想的心得，取毛选中敢于斗争敢于胜利的思想，写成一篇歌颂农民战争的文章，调子很高，《新建设》杂志印成大样，准备刊出。稍后形势变化，大局调整，舆论随之降温，文章没有出炉。这一在被扭曲心态下写下的表白性的违心之言，既误人又伤己，如果发表出来，成为我自己学术档案中的一页，将会是我永远的内疚，比起当年由于无知而乱批"实用主义考据学"，性质就不一样了。

接下来，在全国"调整时期"，我在翦伯赞先生主编中国史教材这项上面抓得很紧的任务中，潜心编写古代史的两大段落，利用时机补读了一些早该阅读的书籍。这是难得拥有的平静思考而又感到充实的几个年头，翦先生是非常关切我的长者，理解我的处境，对我调适心态帮助很大，我很感激他。只是他无从理解他自己的处境，不久以后就陷入大灾难之中，令人悲愤不已。

这几个年头，是我对自己的学术人生的反思过程，也是认识深化过程。我从自己的经历中深深体会到，学术上不可能不受政治风向的制约，但也不能一刻放弃独立思考。求真务实毕竟是学术的首要条件。自己落笔为文，白纸黑字，要永远对之负责，不能只顾眼前。如果以务实求真为目标，真正做到以我手写我心，错了改正，这样的学术工作才能心安理得，才是为学正道。我按照独立思考、务实为学的信念，改变过去浮华的路数，设想沉潜做专题研究工作，逐步推出专题研究课程，酝酿写出研究文章和著作，重新开启自己为学之路，进入一个新的境界。没等到迈开脚步，"文革"一来，一切变样。不过有了这几年的沉思和历练，学术理念已较为明确。只是所设想的为学之路暂时受阻，等形势稳定后再说。

几年理性反思使我脱离了过去那种懵懵懂懂的状态，成熟了一些，懂得随波逐流的错误和危险。因此，我在十年"文革"中多少能理性地判断方向，谨慎从事，避开一些风浪，少栽一些跟头。这里我举与学术有关的两项事例。

正当外间盛传"劝君莫骂秦始皇"诗句的时候，军宣队带同出版社的人，找我写歌颂秦始皇的书，作为政治任务，要得很急。我知道此事有来头，不容说不。他们要的是政治，不允许两点论，学术水平不太在意。我处在困难中，只有拖延一法。拖到出书失了时效，才被允许改为写一篇论文，要在《北大学报》复刊号上刊登。文章写完了，虽然重在歌颂，但总体上还是没有脱离两点论。军宣队的干部会上放出话来说:"北大居然还有人坚持骂秦始皇是暴君!"言外之意大家懂得,好心人为我担心,让我家人考虑眼下利害关系,劝我不要再顶牛了。我当然非改不可。怎么改呢?我想到如果只图现在过关,时过境迁之后,有人以此责备我涂抹史实歌颂农民所反对的暴君,我能规避文责吗?所以我只有斟酌分寸,删除了部分内容,在文末另加小段文字,表明秦始皇历史贡献中人民付出了沉重的代价,本文对此不予评论。这样,妥协达成,《北大学报》登出了这篇艰难曲折中写成的平淡文章。风波过去了,我逃过一劫,避免了背负自责的包袱,舆论也能理解我的苦心。事后回思,我把那时能侥幸争得这种妥协视为自己坚守务实为学的小小的得意之笔。

务实为学,还有一个事例。在评法批儒高潮中,我被约为《历史研究》复刊号写文章。此时曹操作为法家皇帝正被热捧,我觉得对这个问题还有点话可说,于是写成《袁曹斗争和世家大族》一文。审稿过程中,风闻有较强烈的责难,我没有太在意。我猜想责难可能是在曹操兴于法而终归于儒这一见解上,这一学术见解如经恶意歪曲,可能触犯大忌。但我知道,按曹操情况,不崇法不能起家,不入儒不能治国,此见解既有史料根据,又有前人研究可供参考,所以我敢于坚持。此文刊出时用小字排印,附在一篇大字排印的工农兵群众歌颂曹操文后,可以被理解为一篇供批判用的反面文章。我当时对此有点懵懂。后来全国政治大局有了急速转移,舆论重心随之大变,此文居然躲过批判。多年以后,清华的刘桂生教授告诉我他所知审查此文的幕后情况,颇为详尽曲折,也算是我所知关于此文的一点小小掌故。曹操一文的论点、思路和方法,实际上都是受陈寅恪先生的影响,这在当时并不是自觉的,却对自己以后的学术工作长期起着作用。现在我把此文选入本卷书中。

一场"文革",连同其序幕和余波,对我说来,损失时间又不止十年。从生理上说这是读书人最能拼搏出成果的十年,我失去了。等我在学术上重新上路时,自觉还略有余热可用,只是一刻也不容耽误。

重新上路,从重新读书开始。旧史新读,有时能读出新义。学与思结合得紧一点,读书得间,能较快发现新问题,顺利进入研究过程。我秉持的理念,是求实创新。华而不实之作,无独立见解之作,无思想内容之作,趋俗猎奇之作,我都不去考虑。我知道能拼搏的时日毕竟有限,必须量力而为,心无旁骛,特别是在研究范围方面不容扩充。教师最主要的任务是教书,我是以教书为乐的,所以我把备课与科研结合起来,教学促科研,科研为教学。我觉得这是我发挥余热的合适而有效的途径,我循此走过十好几年。后来一场大病剥夺了健康,教课暂停,科研还勉力维持,只是节奏慢了下来,思维能力退化。八十之后,沉潜的研究是全无力气了。

勾勒自己的学术人生,觉得在学术上能发挥一点光和热,主要是"文革"以后的事情,为时已经不早了。1991年我在自己的一本书的前言中说:

> 十余年来每有所思所作,总不免晚学之憾。但是自知之明和学有所守的体会却日渐增长。一位博学多才的文学家在自己的一种著作付印后被问及此后写同类作品的设想(今按:这是指杨绛先生为《围城》出版事问钱锺书先生的话,当时为避攀附之嫌而未举名字),他回答说,要想写作而没有可能,那只会有遗憾;有条件写而写出来的不是东西,那就要后

悔了,而后悔的味道不好受。所以他强调说:"我宁恨毋悔。"对这几句话,我曾久久凝思。我知道学科有不同,学识有高下,不能一概而言,强比前人。不过"宁恨毋悔"的论学之语有如当代《世说》,读来浓郁沁心,极堪回味,我愿以为圭臬。

我用旧日写的这段话来结束新的自序。我想强调一下其中的关键字,首先当然是"宁恨毋悔"。此外,"晚学之憾"和"自知之明"也要强调,"晚学"所以少成,"自知"所以知足。至于"学有所守",是想避免曲学和滥作,守住科学良心,这是我的愿望。

《当代名家学术思想文库·田余庆卷》

(沈阳:万卷出版公司,2011 年)自序

在九十华诞庆寿会上的发言

衷心感谢今天各位朋友的光临。我自己理当说几句话,作为对大家爱意的反馈。套话不必说,新意又说不出什么,就把我八十岁时念过的《举杯歌》在这里做一点诠释,来阐述自己的思想,表达我的心意。

举杯歌　八十自寿并赠黑头人

感恩一

八十举一杯,感恩酬造化。

风烛庆余生,莫道酸甜辣。

环顾黑头人,相觑无多话。

有酒且须倾,莫待壶空乏。

"桃李春风一杯酒",是宋人的诗句。大家在一起,前前后后的同学,桃李芬芳。"桃李"带来了春风。"一杯酒"是虚拟,表示一点欢庆吧。所以我就来了一个《举杯歌》。称之为歌,因为歌不必有太严格的格律声韵的约束。这是一种藏拙护短的办法。《举杯歌》里第一是"感恩"。"感恩"没有新鲜的意思,但是有两点可以剖析之处。

第一点，我说"风烛庆余生，莫道酸甜辣"，这有一点点思想背景。我想到人生都有酸甜苦辣，我也有，但是自己的"苦"不值得说，我在这个时候想到的是好多比我苦得多的人。同道的人，甚至是一些精英，前辈、同辈和后辈都有，几十年同行过来，他们翻了船、丧了家、丢了前途，甚至送了命。我在写到"莫道酸甜辣"的时候，有意省掉了一个"苦"字，意思就在这个地方。对我来说，我不敢说有什么苦，一辈子毕竟还是平安过来了。这就要"感恩酹造化"。

底下的这几句话，我主要是给黑头人说的。黑头人主要指学生，他们是我一生相伴、相扶的对象，我的职业是面对他们的，对他们确实有特殊的感情。有人问及，"莫待壶空乏"是不是有点罗隐诗所说的"今朝有酒今朝醉"的思想。我今天回忆，当初没有这样想，只是自己与拥有蓬勃前程的黑头人相比，深感迟暮，流露出消极的思想也是很自然的。这是"感恩一"。

回眸二

八十看从来，无晴亦无雨。
一曲定风波，正是回眸处。
扪首视身心，非台亦非树。
尽在市尘中，岂信慧能句。

第二段叫作"回眸"。大家一读就知道，这是学苏轼的话，是从《定风波》来的，也琢磨了他的思想。三月份，还是早春天气，苏轼远行，雨具没有，忽然来了一场穿林打叶的风暴。风暴一来，同行的人很狼狈，苏轼却镇定自若，不躲雨。接下来就是叙述他在风雨中的感受，最后，苏轼的结语是这样两句话："回首向来萧瑟处,也无风雨也无晴。"我觉得最有意思是这两句话,在那么一个天气,他冒着风雨,带着酒意,边唱边行,竟然一点也不在意。过后,他回首一看,一切都没有了,风雨没有了,晴也没有了。淡定人生。我的结论就是淡定人生。这个"淡定人生",不只是在这场风雨中的一次考验。他的诗里头也有同样的句子,一字不改的十四个字,是"回首向来萧瑟处,也无风雨也无晴"。他这种达观、潇洒,我年轻的时候,中年的时候,体会不到,老年经历了风雨人生以后,才感觉到是一种高境界。

东坡居士是谈禅的,跟佛教谈禅比一比,有他的独到之处。宗教谈禅用《坛经》里面的话,菩提、明镜,什么都没有,说不上沾染尘埃。苏轼却说存在过风雨,也存在过晴,区别只是自己在意与否。所以我说"尽在市尘中,岂信慧能句"。从一生的尘埃之中走过来,却一尘不染,这是一种宗教的谈禅,思想、语言都是宗教的。这跟淡定自若的人生不是一回事。我觉得东坡居士的禅可能是处于更高境界的一种禅。这话是外行话,随便说说,说错了就算了。

虚中三

八十愧平生,晚学何言守。

守拙尽其年,但效泥中藕。

虚中以自持,知己乃知足。

知己识浅深,知足庶免辱。

第三段是"虚中"。"八十愧平生",为什么说这个话呢?因为我觉得人文社会科学的学者,达到高峰一般都是在五六十岁。五六十岁应该是"功德圆满"了,鲁迅到这个时候就走了,王国维也是这样,傅斯年跑到台湾去也是在这个年龄撒手了。他们一生的事业很辉煌。胡适五十岁的时候,也早把他该做的事做完了,躲在纽约公寓里,玩他的《水经注》。所以我们这一辈子做人文社会科学,要抓紧这一个时间。回头来看我的八十年,做过什么?"八十愧平生",这里面包含着自己的回顾、自己的评估。所以我叫作"晚学"。因为我真正坐上板凳、沉下心来做学问已经是五十好几的人了,从真正的学问家来看,好时光已经过去。以后补上一点,但是有限,感慨就在这个地方,所以我叫"守拙尽其年"。

我的愿望是"但效泥中藕"。为什么这样说呢?因为荷一生都是被歌唱,被诗人、被世人,诗里头、画里头有的是。《爱莲》不用提了,"亭亭玉立"是形容荷花的俊俏,"荷塘月色"、"荷叶田田"都是古诗里常常被用上的。连"残荷"也常被描绘。荷的一生被歌唱、被喜爱,但是荷也有埋在污泥里面的根,就是藕。藕一生藏身于污泥。说实在的,我们所走过的这个社会,污浊的东西实在太多。"但效泥中藕",为什么?因为藕"虚中",我看重"虚中"。外面很脏,切开来,中间是空的。这个"虚中",中间空出的地方,干干净净的地方,搁得下一个从学的人对学术的一片崇敬之心,搁得下自己想保留的一点学术良心。"虚中"给了我这样的一个空间。这是我自己的一点体会。"虚中"的好处在于自己能够认识自己,在于自己能够有自知之明。所以我用的是"虚中以自持,知己乃知足",因为"虚中",能知己,知道自己所短,知道自己实际的状况,知道学问的深浅。否则的话,不知深浅,走来走去也会是一场空。

"知足庶免辱。""知足不辱"是《老子》里的话,我把它作为自己的格言,知足不辱。可是后来我又留意到《庄子》里引用的"寿则多辱",让我有点惶惑。我现在居于有寿之年,该怎样理解"寿则多辱"呢？这是第三小段。

中　共进四

八十有所思，夕惕诉诸友。

翰音莫登天，登天哪得久。

少染耳边风，多听江涛吼。

后浪汇前波，众生皆不朽。

第四小段是"共进"，又回到我前面所说的，赠黑头人，在跟黑头人对话。八十岁时候对话的黑头，现在有很多也成白头了，或者将进入白头，十年了。对过去说过的话，我也有些今天的想法。

"八十有所思"，诚心诚意地跟比我年轻的朋友们共勉。头一个方面，说的是"翰音莫登天，登天哪得久"，这个话说的是"脚踏实地"。"翰音"是鸡，鸡在实地上面，要想登天的话，飞上去就会掉下来。陶诗里面有"鸡鸣桑树颠"，南方的桑树是很矮的，要摘叶子，所以鸡可以飞上去，再想高飞的话，可能要掉下来。这个跟黑头人共勉之语，就是我们大家都要立足现实，有自省的功夫，不好高骛远，要做到踏踏实实，恪尽职守地来做事情。

底下说"少染耳边风，多听江涛吼"，是抽象的话。"耳边风"用的是杜荀鹤的句子，他说"万般无染耳边风"，这个话说得绝，你千万别沾染耳边的风，"万般无染"。我觉得要做到这一点是脱离现实。当今的社会里，哪有那么干净的环境，哪有与世俗完全无染的清高的人？所以"万般无染"我就改成了"少染"，"少染耳边风"，要"多听江涛吼"。"少染耳边风"实际上是说不要去媚俗，不要随俗浮沉，尽可能保持独立思考，保持自由意志，自由自在一些。"多听江涛吼"，江涛是入诗入画的，听涛是入诗入画的，自古如此。江涛是天籁,是一种自然之声,是让你感觉到人生在不断向前涌进的。所以我就用了"多听江涛吼"这句抽象的词语,来补充我前面所说的"少染耳边风"。超凡脱俗,尽可能做到这一点。我们的环境是污染的环境,自然环境如此,社会环境如此,周围的学术环境也是如此,真要有一个自己把握自己的定力。

最后两句话是归结到"赠黑头人"上面来,也归结到"共进"这个意思上面来。我用的是"后浪汇前波,众生皆不朽"。这个话是从哪里来的呢?刘禹锡的诗中有"前波让后波"。刘禹锡在晚年的时候,他元和、长庆的时候同在一起的文士,一个一个过去了,他自己文集里积累了很多祭文、悼诗之类的东西,感触很深,因此想到前辈与后辈的问题,就有了"芳林新叶催陈叶,流水前波让后波"的句子。他想到自己是前波,"让"了之后,后波才能上来,立意很好,这是一个学者想到的学术顺当传承,一首很好的诗。我想改动一个字,就是"流水前波让后波"的"让"字。我觉得"前波"无须乎让,"后波"也无待乎让,因为水流自然,都是一波一波过去的。我把它改成一个"汇"字,"流水前波汇后波",前后波汇合在一起,后面还有波要来,自然而然地形成长流。我就是从这个意义上改了这个字。

《举杯歌》落实在"共进","共进"又落实在"赠黑头人",我用的是"众生皆不朽"。只有"前波汇后波",大家都会在这里面找到自己的位置。"众生"是兼指白头人和黑头人,兼指一代人又一代人。而且我想,实际上白头人朽了,黑头人也得朽,司马迁朽了,司马光也得朽。作为个人来说,没有不朽的。我说的"不朽",实际上是指每个人的学术追求,并且都做出了自己的学术贡献。大家的贡献汇合在一起就是我们民族的文化,就是我们大家共同享有的民族文化。"众生皆不朽","不朽"的是文化潮流,不是个人。

我要讲的就是这样一些,跟大家献献丑。我的话到此为止,谢谢大家!

2013 年 1 月 12 日

《九十华诞颂寿论文集》发布会讲话

感谢同行朋友们的深情厚意,组织这次聚会,促成我再一次反思,我也该给朋友们一点反馈才好。近十年来,我在业务工作上除了修订过一种旧稿外,没做什么像样的事情。现在辑存几件可以辨识十年踪迹的文字奉献给朋友们,作为回忆的材料。

一件是 2004 年我八十那年聚会上,我诌了几句韵语抒发感情,点缀气氛。此门道我毫无修养,自知俚俗无文,怕留笑话,不敢写出来给朋友们过目。过后在抽屉里偶尔看到,顺便做了点修饰,但仍是俚俗无文,不成样子。只是时过境迁,思想感情依旧,也就不在乎辞藻韵味,大家浏览一下,聊博一粲。这是一件。

再一件是 2009 年我八十五那年,北大一家校内刊物《教学促进通讯》约谈,谈的是本校教学的事,又不是公开刊物,不便拒绝。访谈者根据录音整理,加上《耄耋之年话教书》的标题,由我增补改定。原稿我未留存,最近想起,索要了一份复印件。这是几十年教学思想的反思。还有一件,2010 年写的,是傅璇琮先生策划、万卷公司出版的一套当代学者《学术思想文库》丛书中关于我的一卷的《自序》。该书所收文章是旧作,按傅先生要求,用五千字介绍自己的治学简历和成就。我写成的都是学术道路的反思,是一个简略的自我解剖。这两篇东西,一是话教书,一是说科研,见过的朋友恐怕不多,辑在一起算作八十五岁的一点踪迹。

现在快九十了,有什么可留作将来探寻的踪迹呢?不久前,学界人士对我旧作提到一些有深度的问题,我本应写点什么来回复,也算是留下九十的踪迹吧。动手有日,就是理不清,写不成能表达自己的文字,只有托付给比较年轻一点的朋友,如果有时间,有兴趣的话,给我写点什么。

2014 年 5 月

展望与思考

——访田余庆教授

1988 年 5 月 23 日，我们前来北京大学中关园宿舍访问田余庆教授。我们先向田先生说明来意，《史学史研究》杂志要加强对访问当代学者的报导，因为这是一项属于研究当代史学的工作，希望田先生就当前史学界关心的问题及自己的治学道路发表看法。

中国史学将取得世人瞩目的成就

田先生表示他支持《史学史研究》杂志的这一努力，并由此进入话题。他说：

我注意到报上登出的《史学史研究》今年第二期目录，上面有访问杨向奎先生的文章。我们一辈人跟杨先生他们一辈年龄相差十几岁，而经历和他们差别很大。杨先生一辈人，由于社会条件给了他们一个积累的过程，比较早就有成就，各专一方，在校教书或写出著作来，成绩都比较显著。我们这些人，是抗战末期的大学生，在解放前后进入历史学科的教学或研究领域。当然这批人的情况也不能一概而论，也有的人由于个人努力，或是机遇性原因，学问不错。但是一般说来，这十几年的差别，对于学问来说，影响可大。我们上大学的时间，或者是处在颠沛流离的状况，或者是后来学生运动兴起以后，不同程度地参加了，把时间和精力用在这个方面去了。在这样一个政治条件下上的学，所以论学问是差了一大截。我这个不是客气话，是说明历史学界的实际状况。我也不是抹杀同辈中有少数人学问很好，但一般说来，包括我自己在内，是在先天不足的状态下，后来一下子突然让你去充当历史学界的一个角色，从心理上来说处于很不相称的地位。我讲的实际上是说明对史学界总的估量问题。两代人培养过程中条件的差别，造成了学术状况的不同。

这里讲对史学界总的估量，不是说史学状况将一直这样下去，一代不如一代。并非如此。现在确已面临一个转机。这个转机，我想，是寄希望于三中全会以后，招生制度、培养条件改变以后新培养的这批研究生。当时招生以后就有这个感觉，因为接触了这些学生，感到我们的学术振兴有一个十年生聚、十年教训的过程。大体讲是到本世纪末、下世纪初，那时我们国家将实现一个大转折，各方面取得阶段性成就，我们培养历史学科的接班人到那个时候也要取得成就，会大大超过我们这一批人。我对我的研究生说，我希望你们四十岁时，达到我这个水平。这里，刨去其他一些社会的、政治的和个人的条件之外，可以说是个算术问题。我们这一辈耽误的时间太多了。除了读书时间的多少以外，还有现在给你们提供的其他条件。比如在读书的时候，心境就很不一样。我们这些人，解放前，是学生运动，那是蓬蓬勃勃的潮流，离开这个潮流，去上图书馆，心情是不自在的。解放后，按理说应该有条件让你做学问，但是政治条件却不让你这样做，在一些错误思想引导下，大家不敢做学问，有的人只能偷偷地读点书，那时候做学问挨批判。现在做学问受尊敬，心境大不一样了。最近十年，真正是做学问的黄金时代。这也是比较而言。我们这个年龄的人，从来没有遇到这样好的时代。说这些就是作为反面教训，反衬出今天年青人和中年人，应该珍惜这个机会。

对历史学科的现状，我的估价是不高的。这不是说对每一个人。对于许多人的成就，我很尊重。我是用自己这样的经历、状况，看周围情况类似的人而言，这一代人也许有自己的特点和长处，但很难反映出比上一代更高的水平。希望寄于下一代。对于下一代，我是非常有信心的，下一代肯定会出现一些人材，这些人中也许有少数可以称之为"大师"。现在称大师也不会犯错误了，过去大师这个词也不好用。现在可以称侯宝林是语言艺术大师，最近又表彰了一批工艺美术大师，大师一词已经被使用了。但是我们想一想，历史学科在解放后，是不是公认出现了一批大师？不好说。并不是说这些人都没有希望成为大师，他们有的是在解放前已经达到了相当的地位，具备相当的条件，假以时日，可以成为大师。但他们没有得到这种条件。从我们这个年龄层次的人，由于时代条件不许可，解放后几十年，没有培养出大师。历史学界没有把哪一个解放后成长的人称为大师，如称陈援庵先生、陈寅恪先生是大师那样。这是时代造成的一个错误。对此，大家现在正在努力弥补。近年来这种社会风气、学术风气，也能够慢慢弥补。年轻一辈中一定有人上得来，但是步子要扎实，时间需要一个过程。我估计到本世纪末、下世纪初我们会出现一些大师，这个比例是多少呢？七十年代末、八十年代以来培养的研究生中，他们大都应该有所成就，其中，如果涌现出 3%—5% 的人成就较大，1% 成为各种大师的话，这个数量就不小了。因为我们基数比较大。前几年硕士研究生培养数量的增加，比例相当大，以每年百分之几十的速度增加，现在当然刹车了，因为数量太多，质量下降，以及别的原因。总之基数相当大。在这么大的基数中，若按上述百分比，出现为各个学科的大师，包括我们历史学科中各个门类，到那个时候，我们也许可以说，史学界就会有一个新的局面，会达到很高的水平，受到世界承认和尊重的水平。

在历史里头，中国史情况特殊，是中国自己的了。包括中国史在内的历史各分支学科，我们更应该到那个时候取得与我们国家民族地位相称的成就。我们应有这个抱负，应看到有这个可能性。所以我是打心里跟年青的这一辈人很亲切的。

历史学的发展还有个国际性比较的问题。别的学科，我不说他。拿历史学科说，要振兴，让它放出异彩，我们大陆同行责任特别重大，大陆同行有可能在今后一二十年出大成绩。我确实有这样强烈的信念。十亿人口的基数，要出人才。台湾、香港，海外华裔，也是中国人，也会出了不起的人才，但毕竟人口少，尽管有各种比大陆优越的条件，能涉及的问题，能达到的深度，能形成的空气，可能不如大陆。我接触到的一些港、台和海外华裔学者，许多人一说到学术问题都是这样，从这个意义上尊重大陆。当然也觉得大陆这几十年耽误太多了，就现有成绩说，确实很不够。应该承认这一点，国家如此，学问如此，各方面如此。一说到今后，还是对大陆的信心非常强。中国人不笨，中国人勤奋，而中国人最多又在大陆，大陆又有现在让大家心安理得地读书的空气，这些都是好条件。中国历史学科搞出成绩，并不需要太多的条件，海内海外都一样。我接触港台或美国华裔学者时，我感到他们都很尊重我。我明白这不是尊重我个人，是因为我是大陆去的，北京大学的教师。当然，我也很尊重他们。他们在功力、思想、方法上很有特色,值得我们效法。海外学者很多是台湾大学出去的,台大相当程度上把自己作为北大在台湾的延续。台大第一任校长傅斯年,带去的台大台柱教授,都是北大清华去的。有这样的历史关系,这些人碰到一起都很尊重。更重要的是,看到学科发展的前途,大陆要担当主要任务。所以过去十年,人们对学术的发展,对国家各方面,意见不少,多半都是合理的意见。但是我对学科今后一二十年可能取得的成就是坚信不疑的。

"史学危机"与发展中国史学的优势

接着,田先生把话锋一转,评论了"史学危机"的问题:

几年以前,碰上叫做"史学危机",这样一个年青人提出来的呼吁。提得最盛的时候,是 1985 年,那一年刚好我在国外。回国后我了解了一下,其中也有自己的学生写的文章。当时我的看法有两方面。一方面,现在的青年人处在今天这样眼光比较开阔的情况下,对于学术有一个跨学科的比较,对过去的研究状况不满意,这是自然的。各种学科彼此渗透,包括自然科学对社会科学以及人文科学的渗透,这是个必然规律。几十年以来,一直是这样。北大即有这方面特殊的历史条件。几十年以前历史学科也处在被自然学科渗透的过程中间。拿老的一辈,如胡适他们对历史学科的发展起很大作用的一辈人说,他们所具备的条件之一,就是接受了自然科学的思想和方法。当时自然科学思想进入历史学科最主要的标志,是生物进化学说。它对历史学科的影响应历史地评价,有好有坏。一般来说,它扩大了历史学界研究的眼光,从进化、发展的观点来谈历史,而不局限于乾嘉学派那样,只是从功夫上、从具体的小问题上看,有了一个历史的眼光。这是积极的,也是主要的一面。但事物到了极端则成为消极的,把一部人类历史相当程度上与自然进化等同起来,这是用进化论解释历史走向极端出现的弊病。但当时北大历史学科的发展,是进化论思想起作用,我看到蔡元培先生当时在北大的一次讲话,他把学科作了分类,分得很怪,将理科文科打散,再重新排队,把生物学和历史学排在一起。这显然是从进化观点来排的,是自然科学对人文科学的渗透。我说这些的意思是,青年人从自然科学中找到一些东西来研究人文科学、社会科学,这种强烈的愿望应当得到支持,要承认这个东西。但另一方面,青年人当时谈"危机",却有两个问题他们可能想得不够。其一是,真正要从自然科学中找到有助于研究历史的一些思想和方法,得花功夫,得把自然科学中基本的含义、基本的内容,它与社会科学可以打通的一面究竟在哪里,要弄清楚。要有这样的素养。不能是偶然看到一本自然科学的书,这个论那个论,就以为找到研究历史的一种新奇的道路,这是不可能的。你不下功夫,就吸收不了。好比树大根深,最能够吸收营养,根不深,就不能充分吸收营养。年青同志当时的想法,我感到有点急功近利。但此事本身,我不反对,我是支持的,希望他们稳扎稳打,尽量花点功夫。老的一辈对这个问题看得比较严肃,不排斥吸收、启发,但是得用稳扎稳打的办法,把吸收看作一个并不简单的过程,要能从小见大。拿中国历史来说,一些拦路虎,都是些大问题,涉及几千年或几百年的大问题。有些同志很想见效快、见效大,搬过来一个新东西,动辄想解决上下五千年的问题,想用一篇文章打开一个突破口。这是年青人刚进入学术园地的一种不很实际的想法。如果有可借鉴的东西,也得从有能力把握的问题做起,眼光不要看得那么高。如果解决不了五千年，我解决了一百年的课题，不也是个大贡献吗？所以是扎实些为好。其二，我觉得年青人在追求新东西的同时，对怎样发挥我们历史学科固有的一些优势这一点，也可能重视不够。近代自然科学的昌明，当然是在西方，20世纪以来更如此，所有的"论"，无一是中国发明的，都是西方发明的，西方注意把这些东西广泛运用。我们现在注意这些东西，很好，但不能满足于跟在外国人后面走。在学的同时，还要有自己独有的、不同于外国人的做法，那就得有一个跨越。我觉得关键在于发挥自己的优势。我们这一套早已形成的关于研究中国历史，特别是古代史的方法，形成的一种风气等，这些是不能从国外找到的。这套东西，说得远，从两千年前我们就出现历史学科，而且是一门绵延不断的学科，这是世界上别人所无的。说得近一点，从清朝以来形成了一套处理史料的方法，也是非常可贵的东西。这些都是外国人研究历史、研究他们本国史所没有的，他们研究中国史也难于学到手。这是我们的优势，也是我们能对国际汉学界多作贡献的方面。我们的青年同志在向外国、向新的思想追求的时候，对这些注意不够，或者把中国的传统看作包袱。我想，如果丢掉中国的优势，去追求新东西，充其量也只能跟在外国人后面，走不到前头。研究别的学问我不知道效果如何，研究中国历史就只能如此。

当年胡适、顾颉刚受西方影响搞中国历史的时候，他们并不是只靠从西方学来的东西，他们有传统的强大的中国学问作基础，有他自己的优势，然后吸收新的东西。这同不重视自己的优势，只讲吸收的做法，是不同的。

我们后天要到广州参加纪念陈寅恪先生的会。陈先生思想之新，为他的同辈史家所不能比。实际上他从十几岁以后，在国外的时间很多，受西方思想影响很大。但对中国的优势所在，他发挥得很充分。对外国新的思想，他吸收也很自然。因为他优势发挥得充分，等于一棵树，根长得深，通过这个根系吸收的营养才多，更有选择，更有用，这样才形成自己的一套学问。陈先生学问的特点可以看得很清楚，没有外国东西对他的影响，或者没有把中国传统优势发挥到这样的高度，二者缺一，都不可能达到。他的思想相当新，但是他决不标榜是某家某派之说。他不大使用新名词，必须使用时他很慎重。我们年纪稍大一点的人，能够给青年学者提供一点经验教训，提示他们：这样走很可能会走得更好一些；那样走的话，很可能会曲折一些。我们历史学科培养人才，要出一些出类拔萃的、扎扎实实的，而不是昙花一现的人物。昙花一现的人物，历史上各个时代都曾出现。在一个时期，也许他很有作为，但是没有把学问作一辈子的追求，作长期的努力，一下子可能闪光耀眼，使人觉得这里出了一个新星。但这个新星寿命不长，很快就消失了。我希望我们年轻人中间，这种昙花一现的人少一点。完全避免是不可能的。而使懂得需要一辈子努力，需要持之以恒这个道理的人多一点。到那时，能出现一些既重视我们的传统、把握自己的优势，又能在新的思想领域里吸收营养的优秀人才。思想活跃起来以后，需要有选择。西方的思想本来就是在一个自由的环境里形成，要能够识别，不是所有新的东西，最后都证明有用。

有两句话可能对青年同志有点用处，即：思想不怕新，功夫不怕深。两个东西合在一起相得益彰，丢掉一个的话，都不符合潮流。有深的功夫，才能辨别一种思想的价值。光追求如何新，可能成为无根之木，无源之水，这种做法对建设中国历史学科积极作用可能不大。反之，你如缺乏思想，只局限在一些恓恓忉忉的范围里面，不注意眼界的开阔，你的成就也不能超过前人。两条加在一起，就可以相得益彰，而且可以保证马克思主义历史科学的发展，避免或减少走弯路的可能性。

历史学科的应用价值问题

田先生将"史学危机"的呼吁放到近代学术发展的长过程中加以剖析，使我们深受启发。然后，他又神情严肃地谈到历史学当前面临的困难：

上面讲的是过去一个阶段的情况。今年以来，我特别感觉到社会上形成的空气，对历史学科来说非常不利。要说真感受到压力的话，我现在是觉得有压力了，心里很不自在。过去说"危机"，到底是不是危机等等，可以分析。因为确实存在历史学科范围窄，眼界不开阔，课题选择比较单调等情况。要搞百花齐放，结果只是"五朵金花"，1957年讲的这种话，结果成为划右派的一个重要根据。方法陈旧，不仅思想方法，技术手段也是非常陈旧的，所以让年青人不满意，确实存在这些问题。对于这种不满意，有经验的人可以给以疏导，承认他这种不满意有理由，但是要达到满意，不能只依靠涉猎这个、涉猎那个新理论，试尝辄止，那也做不到。这些都好解决。我在前年烟台魏晋南北朝史学会开年会的发言，后来在《文史哲》登出来，即讲这个意思。同情青年的不满，但是青年人应看到自己的不足。年轻年老之间虽然在这个问题上有"代沟"，但是这个代沟是好填的，只要说得合情合理，年轻人的意见老年人不见得不同意。老年人这些持重的意见，虽然不新，但是青年人也感到合乎情理。现在新出现的问题，是学历史的研究生分配不出去，大学生更不用说。这可是大问题。过去十年中尽管碰到这样那样的问题,但我对历史学科发展的信心还比较强,现在却感到真有压力。

这种压力从何而来呢?原来年轻人也充满信心,自己选择了历史专业,选上了一门自己愿意为之献身的学问。可是近几年来,当研究生的人渐渐不安心了。一个博士生对我说:先生,我们博士生中有句话,叫自己是"失足青年"。意思是当博士生走错了路,没有出路,连求职、安家、住房、基本生活问题都解决不了。不如早工作,早解决。我听了后心里很难受。当然我对这句话也并不信以为真。这些人本来是有志之士,振兴历史学科,大陆上最可靠的不就是这一代人吗?他们在一个大学里并没有几个。今天他们却面临这样的实际问题,处于这样的心理状态,这是十分可悲的。就是这些青年人,早几年说起专业来,津津乐道,道理很多,味道很浓,而今情绪已经很不一样了。应当有一种舆论为这一代博士呼吁:为理工农医博士呼吁,也为文科博士呼吁;为"洋"博士呼吁,也为"土"博士呼吁。

从上层,我不知道上层到哪一级,总是不断强调,搞应用学科。应用学科应该有,理论物理和应用物理都是独立学科。文科中有应用性强的,如图书馆专业、管理专业等,有些学科应用性不强。文史哲,特别是史哲,作为基本学科,你无法过分强调其应用价值。让古代史向应用学科发展,我觉得要走歧路,令人担心的路。这个学科存在的价值,并不在三年五年,出多少利,多少社会效益。其价值,在于若干年后,发现它是一个涉及民族文化、民族精神、民族思想的因素,关系到民族素质。要讲它有用,真正的用是在这个地方。

当然,古代史也要改。怎么改呢?什么东西作为改革的根据?如今天历史系学生分不出去,是不是应作为历史学科改革的根据呢？这里存在两种可能。一种是它真正不需要了，搞古代史的人多了一点，因而加以控制。另一种可能是，一时以为不需要了。就像当时国家棉花丰收了，于是出现减少棉花种植的舆论。一个时候猪肉多了，号召老百姓多吃肉，叫吃爱国肉，越吃得多越爱国。也曾因为粮食多发愁，以为不得了了，提出减少粮食。当时也是有数字根据，要减少它，但那个根据是虚假的。我们今天改革历史学科，如果根据的不是实际的、长期起作用的真实情况来改，而是根据目前毕业生分配不出去这一点来改，我们又会像当年减少生猪，减少粮食、棉花那样，那是幼稚的思想状态。今天国家的全局是必须改革，否则我们民族面临绝境。但是历史学科怎么改？这应广泛讨论，但不应以应用为主要根据。强调应用，似乎是强调大学（包括研究生层次）的职业训练。这自然有道理。但考虑人才市场需要时，应兼顾目前和长远。而且人才培养还有学术本身发展问题，不能只看人才市场。

强调应用，近来又同"创收"挂上了钩，好像最不能"创收"的学科最无用。领导提倡创收，可能认为知识分子待遇低，又不能多给钱，就叫自己增加收入，"自谋出路"，这是出于一种简单的好心。我不反对高校搞创收。理科中有一批人员，目前在教学和科研上能抽得出来，他们有能力，信息灵通，把新的技术投到市场上，能赚大钱，也是好事，而且能解决一些技术问题。文科有些学科也可能有较好的创收门路。可是不区别专业的不同，让好多教师都去办班赚钱，年终每人分得几十元，是否得不偿失？至于有的地方发展到变相卖文凭，那问题就大了。中小学没多少知识和文凭可卖，就卖茶蛋，出租校舍，这叫什么教育！世界上古今中外没有一个国家，办教育是要赚钱的。至于私人开学店，是另一回事。国家办教育是投资，智力投资。

在当前这种风气之下，将来会是什么前景？我今年招博士生，在去年与我联系要报考的人，有的临报名前夕，还写信讲他做了什么准备。可是到最后，没有来报名。我知道他们改变决定最主要的原因，就是目前这种空气，认为读书没有出路。这是可忧虑的现象。我说不清楚其根源何在？我也不认为仅仅是钱的问题，待遇的问题。更根本的原因，我说不清楚。怎么办？我想，历史学科特别是古代史，目前处在很不利的地位。但这并非历史学真正没有用。既然分不出去，就少招一点，就要选择各种素质高一点的人进来，培养一种信念：我们从事的工作归根结底对社会有意义，值得坐冷板凳；实在不得已，也愿意生活改善的速度慢一点，比别人过得差一点，而还能自得其乐，认为自己的工作对于国家民族是有意义的，值得你安身立命。要有少量这样的人，渡过目前这样一个时期。至于国家有关领导，在考虑知识分子生活的时候，就不应当把政策放在知识分子能够忍受贫困的基础之上，要让知识分子在社会公平面前想得通，过得去。

要有功力，更要有思想

我们随着田先生内容深刻、条理清晰的谈话，思索史学界几十年的历程和未来发展，思索当前面临的转机和困难，思索培养一代学术人才的艰巨任务。最后，请他谈谈自己的治学经验。田先生显得更加谦逊，他说：

前面是讲务虚的，最后再讲点务实的。近十年来，比起一些成果多的同辈学者，我差得很远，写的东西少。无非是写了一本《东晋门阀政治》，年底才能印出来。也写过一些文章，偏重政治史方面。写一篇文章总得有点儿新意,否则就不写了。目前,未了任务还有不少。以后大的项目还处在酝酿的阶段。年来手头的论文有几篇。一篇是关于北府兵始末。北府兵,传统讲的都是谢玄招募、淝水之战,限于一个小框框。实际上,北府兵是东晋一百年政局决定性的因素。一直到南朝以后,局面才改变。

我写文章,都不是一口气写成。正在写,事情来了一搁,有时一两年,或几个月。这两天刚好又拿出一篇文章来,题目是《张楚平议》。历代对张楚,从训诂学角度有许多解释。马王堆帛书中也有"张楚",又热了一阵。凡写到秦汉之际的文章、著作中,都要提到张楚,赞扬农民起义敢于同秦对抗,建立自己的政权。我觉得有道理而又道理不够。这就是历史的复杂性。"张楚"的口号是农民起义在策略上的一种号召,用楚反秦,当时起了很大作用,一下子瓦解了秦。但是拿楚的名义跟秦对抗,接着赵、燕、齐、魏的势力也都起来了,所以在秦楚之间,又出现了一个战国局面的反复。用楚反秦,实际上也是用王业反对帝业。《史记》用的是《秦楚之际月表》,并不是秦汉之际,就是把楚作为一个历史时期。从当时人看来也把楚作为秦汉之间一个特定的阶段,马王堆帛书反映了文景时候尊的还是张楚,留在纪年中间。到了司马迁的时候,慢慢就变了,开始尊义帝、尊项羽,所以把项羽升入本纪,陈胜降为世家。本来反秦首事,派遣各路诸侯,建立名号,都是陈胜的功劳,却不列他为本纪,反映出从文景到武帝、司马迁时期观念有所变化。我是从这个线索重新评价。从这一点我又想到:历史上每一个大的前进都有摆动,中间可能出现一些反复。但既然前进的方向是必然的,那么摆动、重复都是暂时的,会有历史上的重要人物结束这种过渡的现象。秦始皇的十年统一战争,当然是决定性的,但还出现了所谓"秦楚之际",实际上是战国局面的重演,然后有一个楚汉战争，刘邦把它平息了。刘邦继承了统一的方向，但也没有把分裂的因素完全排除，所以还有异姓王、同姓王等问题。《张楚平议》一文想把这个过程串起来，希望对研究秦汉之际问题提供一个思考。

我还做了一篇文章，叫《〈隆中对〉的再认识》。诸葛亮这个历史人物当然是民族的一个优秀形象，但在他身上又有很浓的神话色彩。借东风一类神话比较好澄清，真正的历史学家也不说这些。另一种神话是把他的智慧说成超人的，神化了，认为他一切正确，失败是不应该的。分析诸葛亮的《隆中对》，每一点大致都可找出它的认识来源。他入蜀，入蜀以后要跨有荆益，这造成了他的失败。道理很简单，一个三峡，把巴蜀和荆州两头挑起来，等于是个哑铃，中间一根杠子。三峡一带崇山峻岭，人烟很少，挑不起来。诸葛亮入蜀是保据，不是开拓。进蜀以后，一边守住剑阁，一边守住夔门，他在里面干些事业，已经够了不起。到夷陵之战时，诸葛亮已经认识到跨有荆益是办不到的。诸葛亮跨有荆益的认识，主要是从公孙述来的。我的目的是借此说明：对历史人物应该真正按照历史实际来评价，研究他的认识来源及其合理程度，不能凭简单的逻辑推理，好则全好，坏则全坏。

人贵有自知之明。我对自己的估价，聪明才智属于中等状况。我愿意努力。我认为研究历史，既要看重动力，又得有思想。写论文涉及一些考据的内容是认真去做，但只作为零部件使用。文章选题，一般跨度都不十分大。大的时空中的问题，我解决不了。较高层次的历史问题，如社会形态问题，我觉得不是我力所能及。我选题时愿意把时空范围放到自己觉得能够掌握的范围内，力求做得扎实一些，能有点历史眼光。我所写《秦汉魏晋封建依附关系的发展历程》一文，跨度大一点。这里涉及一个大家都没有说到的历史观点，即：政权跟社会经济形态的发展不一定都是同步的，甚至也不一定都是同方向的。国家政权跟经济的关系不是简单地保护或反对，实际关系要复杂得多。

做研究工作，要考虑到自己的能力、功力状况、特点等，在适合发挥自己作用的范围内进行。写文章最好经过比较长的思考、积累过程，不是想到就写。发现一个问题，先放在脑子里头，开始时能说明的材料不多，对问题本身把握得还不好，但是脑子里有这个问题，以后读书时就会慢慢积累，到一定时候成熟一些，就可以写了。写的过程，也是进一步提高。一般急就章以少写为好。不仅积累材料，积累思想，甚至题目本身也应在积累中修改。我通常是愿意这样做，但这样做缺点是太慢。比不上年轻人思想敏锐，出手快。年轻人不要像我这样，要又好又多。年轻人脑子发达，精力旺盛，研究工作应该突破难点，攻关，攻几个碉堡，攻一个碉堡就进一大步。有人来找我，谈职称问题。我说对此我很同情，现在老化到这个程度，中国教授最低年龄比外国教授最低年龄高一倍。可是我又从另一方面讲，你最忧虑的不要放在职称上，要放在爬高的能力上。能爬高的只有青年人、中年人。年纪大了想爬高也无能为力了。郭老的学问最高点是什么时候形成的？绝不是他六七十的时候才形成的，正是他四五十岁时形成的，那时郭老的地位已经达到我们后来所承认的高度了，关键是《两周金文辞大系》一书的完成。年轻人应该不患当不了教授，患的是学问到不了高档次。学问到了，职称总会上去。万一你在这个问题上不顺利，你不要放弃学问上高档次的追求。学问上高档次的追求必须在四五十岁以前这个阶级。

文章要写，就必须认真当个事去做。我对学生说，若把文章作为卖钱的东西，要不是生活困难到那个程度，最好还是抑制一下这种念头。还是要把写文章作为文化事业来看待。如果我写文章从钱来考虑，就把自己看低了。应有那么一点书呆子习气才好。写什么东西，都应该本着一种"学术良心"去写，才对社会有好处，对个人有好处。写文章，还要在技术方面多下功夫。有了基本思想和材料之后，要把它组织成为一篇具有可读性的文章，还有相当长的一个过程。前面做的最多完成了三分之二的工作。文章写成之后的推敲功夫，要十分重视。历史文章当然是科学，但历史文章做得好，有水平的话，它应当成为艺术品。雕塑一个东西成型之后，还得有各种细部的加工，这是不可少的。这样才能把自己的好东西真正推销到社会去。文章要挤掉水分，力求紧凑通顺，减少疙瘩。不必刻意追求文字的华丽，要紧的是思路的通畅，章法的严密。这是关系到文章说服力的很紧要的问题。你的东西也许是原料很好的一块玉，还得雕琢得好，才受欢迎。当然这都是从道理上说应当如此，我自己未必都能做到。

采访者：陈其泰

耄耋之年话教书

——访历史学家田余庆教授

一、人生经历：心忧国家，弃医从文

记者：田老师，您是解放前就到北大的，可以说是北大历史的见证人。您自己又是研究历史的，今天想专门向您请教历史与教学方面的问题。您能先谈谈您早年的人生经历吗？

田老师：我早先在医学院念过一年，学过一点自然科学课程。抗战时期的学生，想的多半是国家民族存亡问题，追求救国之道，听说西南联大有浓厚的民主气氛，学术自由，关注中国现实，我就转了过去。当时一心就是要认识社会，认识当前中国，接着再认识历史的中国，想法简单幼稚，但很纯真。

记者：当时确实有很多有识之士都意识到民族存亡的根本在于思想，要开启民智。您为什么选择了学习历史呢？

田老师：进入西南联大，本不是学历史。我选择了政治系。我误以为政治学以现实中国为研究对象，进入这个系之后，才知道课程都是西洋内容，跟中国毫无关系。横向摸索中国不可能，我就转到了历史系，从这里纵向摸索。在选择志愿方面，我走的是一条弯路。

记者：您后来为什么会选择三国魏晋时期的历史作为您的研究领域呢？

田老师：上学时期我已转而专注于中国古代史。至于后来教学时的断代领域，那不是自己的选择，是工作任务安排。我在北大文科研究所当助教，做过一点中国近代史史料工作。院系调整后，先是教中国通史（古代）。那时教秦汉魏晋南北朝史的余逊先生突然过世，系里要我递补上去，就转了过来，教秦汉史、魏晋南北朝史，实际上是边学边教。

记者：您转到这个领域教课，当时有没有遇到什么困难？

田老师：那个时候要靠做研究逐步进入某个领域，是很难的，教课任务起很大推动作用。困难是准备不足。那时上课要先写出讲义，并且要印发给学生。年长教师帮我一起顶了一阵。讲义是要年年修改的，要补读很多书，要充电。那时经常有政治运动，一次运动要搞几个月。平时也有好些繁杂的事要做，天天开会。晚上十点多开完会后，才是我读书的时间，经常读到凌晨两三点。我把可用的时间和精力都放在备课上，慢慢积累。我觉得自己的教学每年都有所提高，内容、见解也不断成熟。前进的动力就是从教课任务、从学生那里获得的。

二、教学心得：师生互动，教学相长

记者：您能具体谈一下您多年教学工作的体会吗？

田老师：做了一辈子的教师，我最信守教学相长的原则。无论年轻还是年长的教师都适用。以教学相长原则为指导，从教学中充实自己，提高自己的教学能力和学术水平。这种前进过程，长期在专门研究机构（研究所）里工作的人似乎难于体会。

在学校里，如果不能从教学中汲取灵感、发现问题、促进思考、开阔视野，就只能做教书匠。教书不只是一个吃饭的职业，不只是给学生灌输一些具体知识，而是要跟学生进行思想交流。我教学生，学生进步了，提高了认识，又会提出新的问题，反馈给我，让我认识到自己的不足，促使我探索新的领域，获得新的认识。所以，上课是不能年年一个样的。

人生到老，都会觉得有很多很多东西是自己还没弄清楚的。这是一种毕生的追求。教书是一种不断追求的事业，我这一辈子都很安于、乐于做这项工作。对我来说，做学问的动力和启发多半来自课堂，来自跟师友的问学，来自与学生的接触。当然，更为根本的，还是要靠自己读书。

记者：教学相长的原则具体怎么体现在您的工作中呢？您能举个例子吗？

田老师：我曾经在不经意中从学生那里得到过一个受用终生的教益。早年从教时，我总是兢兢业业，很快就得到了学生的良好反映，我当然很受鼓舞。有一个学生跟我谈，提到了一个"深入浅出"和"浅入深出"的问题，他觉得我的课有时只是"浅出"，没有"深入"。这对我起了很大的警醒作用——我那时哪能深得起来呀，知识就那么一点。做研究首先需要有充足的、过硬的知识，从中提炼出经得起检验、具有创造性的见解，而不是一些人云亦云的东西硬撑出一个什么道理来，强为立说。后来懂得这叫作"厚积薄发"。在以后的教学、研究过程中，我经常用学生的这句话来反问自己、鞭策自己：我究竟积了多"厚"？该不该"发"点什么?"厚积"难,"薄发"要发得好更不容易。

我比较能够尊重学生,理解学生,也爱护学生,跟学生做朋友。对于高层次的学生,特别是能力较强的博士研究生,我一般是以商量的态度跟他们探讨,不把问题和我的意见说得很死,留有余地。我愿意多听学生的陈述,激发学生自己思考,让他们自己展开思路,我从中做必要的帮助。我只作建议,让他自行决断。这样的学生往往是能举一反三,只偶尔点拨一下,就学得很好。

记者:您经常跟学生交流吗?是在课堂上交流,还是课后专门找时间?

田老师:经常,这两种情况都有。教基础课时,我有时会到学生宿舍里去,听听学生的意见和看法,答问辅导。同学生交谈,有时能从学生那里得到意想不到的启发。我对学生要求也比较严格,一般都是在学风方面看到什么问题,我会说得重一些。但也会因人而异。有同学说,他们怕我。我还算一个比较随和的人,他们怎么会怕我呢? 大概是态度严肃了一点,不够亲切吧。我想,教师还是随和和严肃两方面都有比较好,问题是怎样才是适度。

记者:您通过跟学生交流能获得研究的灵感,甚至获得一些新的东西?

田老师:能得到启发。教师自己也要有领悟力,要敏于从学生的意见中发现思想的火花,抓住它,触类旁通,细致思考。要善于去粗取精,从他们比较粗糙的表述中体会其中的精微之处。这里有具体的例子,但是说来比较专业,比较繁琐,就不谈它了。

三、学术研究：从实做起，虚实结合

记者：能谈一下您在启发学生、引导学生方面的体会吗？

田老师：南宋人吴曾说："大匠能诲人以规矩，不能使人巧"，这是用孟子的话，加以引申。老师教学内容一般是中规中矩，学生当然要认真学。但是领悟学问还要有细微的"巧思"，却不是"大匠"可能教给你的。这个"巧"要靠自己学会，也就是要有悟性，要多思，要独立思考。"独立思考"这四个字对教书人、对读书人都十分重要，太重要了。要经常对学生讲句老话："师父领进门，修行在个人。"

记者：您说"大匠诲人必以规矩"，但不同的"规矩"效果肯定不一样。您能否讲一下您在教学方面的"规矩"是什么？

田老师：你这个问题让我又想到了前人的话。朱熹用"文"和"实"来谈做学问的道理。他认为，做学问十之七八是"实"，剩下的十之二三是"文"。这个"文"不光是文采的意思，它更是指你的思想、你的见解。你要把问题提升到比较高的位置，具有比较广阔的视野，升华之后来把握它、认识它。也就是说，站得高一点，看得远一点。我们今天把这个称之为思辨能力，理论功夫。这既要深邃，又要严密。

我对学生说，做人文科学的研究不要凌空蹈虚，做历史更要"实"一些，要"从实做起"。离开实证的研究就很难说是历史研究了，必须要踏踏实实地读书，最好读一手资料。再看别人怎么写，怎么研究。以此起步，慢慢懂得入门上路的方法，有了自己的初步判断和点滴见解，最后是独立思考，对一个问题构成自己的认识。不具备必要的知识，只靠独立思考，也是要不得的，可能养成浮夸。

对人文学科的研究讲究"虚"、"实"两个方面。"实"就是对资料的搜集、占有、考实，"虚"则是你的分析能力和综合能力，你的悟性和灵气。虚实结合，是人文学者一辈子追求的工夫。如果没有百分之七八十的"实"，就没法进入历史研究的领域；如果思考能力欠缺，百分之七八十的工夫等于构筑了一个原料库房。那当然也很有用，但毕竟还不能算是研究的完成。

记者：怎么提高读书的质量呢？有的人可能看过很多书，但只能鹦鹉学舌，甚至断章取义地重复一下别人的观点。怎么才能由实到虚呢？怎么才能产生独到的、有价值的思想？

田老师：我跟你讲个有启发性的例子。我看到一个医学信息。有种巨蜥，尾部特别肥大，每年只进食三次，每次食量惊人。巨蜥怎么能储存那么多的能量呢？按照常理，过多的养分分解后会进入血液，造成高血糖，危害躯体。一位科学家观察到这一现象，他设想，巨蜥的体内一定有某些特别的血糖调节机制。他联想到人的糖尿病，病因是人体的代谢功能缺失，导致血液含糖量过高，引发一些严重病症。于是他由实到虚，把巨蜥和人这两种东西联系起来进行思考，得到启发，合成了类似巨蜥体内调节血糖的激素，制出了一种新的医治糖尿病的药物。这种研究的医学价值究竟如何，我不清楚。我只是从此受到启发，觉得研究人文科学也有类似的过程，都要有悟性，由此及彼，由表到里，只是比自然科学可能要更长期、反复的考察和检验，才能获得独到的成果。

记者：就是说，人的头脑如果始终处于思维状态，就变得非常敏锐，很容易被外界事物启发，能够联系到自己正在思考的问题上来。

　　田老师：正是这样，脑子里要有问题才好。而且，还要考虑到，在研究工作中，没有直接拿来就能用的东西。巨蜥跟人的问题，要经过具体实验，也要经过抽象思维，比较研究才能把握住两者之间的微妙关系。历史研究，如果随便找点材料，拿来就用，而不经过实证检验，这样做研究没有价值，还败坏了历史学的科学性。尤其是要慎重看待历史与现实相比附的问题。历史跟现实有一些可比之处，但也有很多不可比的地方，因为两者具有根本不同的条件。这两者是一种相互借鉴相互启发的关系，要把握适度，不能乱来。

四、历史研究：历史与现实相通

　　记者：您能不能讲一下应如何对待历史？我们对历史的认识总会受到各种现实因素的干扰，很难把握历史的真面目，比如近代的义和团运动、太平天国这些历史事件。

　　田老师：这个问题很伤脑筋，但这主要是由于人为的干扰，政治的干扰，不是由于科学概念的混淆不清而产生的。一方面研究历史对于认识现实有很大启发，很多历史的东西也能影响人们对现实的认知；另一方面人们有时也不免会带着现实的问题去研究历史，硬削历史之足去适现实之履。不懂现实确也难于理解历史，但只限于启发，绝非雷同。从社会现实出发，你可能发现历史和现实相通之处和可比之处，从而得到一些启发，增进认识能力。但这要适度，不能凭某种类似现象而信口比附，把蚯蚓比作蛇，把巨蜥等同人类。

根据现实的某种需要去歪曲历史，拿历史与现实妄加比附，这肯定是错误的。就是说，你从你的立场来借用历史，我从我的立场来借用历史。这样一来，历史就失去了时代性、客观性和真实性。胡适把这种现象讽刺为"历史是任人打扮的小姑娘"。说到底，历史与现实是两码事，只供借鉴，不能比附。拿两者随心比附，让历史人物跟现实人物对号入座，让历史事件与现实事件等量齐观，这至少是浮浅庸俗，低级趣味，甚至是别有用心。也有相反的情况，就是不凭实在证据，任意认定某文以古非今，认定其为影射现实。各朝各代的文字狱，有许多都是从此下手的，太可悲了！

谈到这里，我觉得值得从另一方面强调一下，历史是一门科学，而不是政治的奴仆。科学有它的独立性，有它特有的价值。历史学对人类千百年智慧的积累，对民族精神的形成、延续和发展所具有的独特作用，远非跟眼前一点政治效益可以相提并论。我们重视历史，首先就要从长远来关怀爱护，而不要去糟蹋它。糟蹋历史也就是糟蹋祖先和他们的精神和文化。

记者：是否应该站在古人的角度去看待历史问题？

田老师：没有必要纯粹站在古人立场上看待历史。事实上也没有这种可能，因为不能复制出古人社会的物质背景和人文条件。你使用一个历史材料时，应当尽可能准确把握它的真实意义和它在当时的价值，但是只能说"尽可能"。这是一种理性思维。把一本历史书写得特别确定，让历史问题都有定论，使人人都有同样的看法，这是没有必要的，也是做不到的。人们看历史，总会有自己的角度，总会有偏差之处，"定论"本身就包含着对历史的某种矫饰。由于我们对历史还存在某些误读，所以才需反复研究。今天谈儒学，把孔子的《论语》拿出来，能找出多种解释，谁也不可能把它定于一尊。对儒学可褒可贬,有高有低,只要持之有故,都是理性范围的事。过去搞全民批孔,把儒学糟蹋成那种样子,简直是一种历史罪过。今天都是说儒就信,见孔就拜,又走向另一极端了。

记者:我们总是强调历史对现在和将来的意义。那么这种意义究竟在什么地方,能否谈谈您的感受?

田老师:这个问题有多方面的解答,我这里只就一个方面来谈谈感受。人类的知识无非来源于几个方面:自然、社会和历史。没有对历史的认识,就不可能把握现在和未来。成年人如果得了失忆症,忘了自己的过去,生活就很成问题,像老年痴呆一样,存活不了多久。忘记历史,人为割裂历史,歪曲历史,只能是民族的灾难。还有,历史是有尊严的,可以讨论历史,不可以瞎编历史。历史是人类智慧的一个不可缺少的资源,中国历史资料丰富,是中国民族之福。问题在于如何开发和运用这些资源。开明的民族都会从传统中汲取营养,也不故意遮掩传统的消极面,并努力消除它,这也是民族智慧的表现。

五、教学建议:加强交流

记者:您对现在的教学状况有什么意见和建议吗?

田老师:我觉得我们的大学教学中缺乏商量和讨论,可能仍然重在灌输,讨论搞不好,交流不充分。学生在教师面前总是不大敢说自己的见解。比较新鲜的见解,不成熟的也好,错误的也好,应当敢于提出来跟老师商量,跟同学商量。曾有国外的同行教授把我邀到他的课堂上共同教一堂课。其实那就是个讨论课,学生一般不会只安于听讲而不说话。学生和老师在一起，有问有答，没有顾忌和禁忌，气氛很活跃，也让我脑子里增添了一些国内听不到的问题。

再一个就是教师之间的交流问题。我建议，教师提出研究课题，定期在师生中间做学术讲演。这是教师的义务，要纳入各单位学期或学年的学术活动计划。这其实也是对教师和研究人员的一个很体面的考察，而且是互相考察。你要告诉你的单位和你的同事们，也告诉学生，这段时间你都做了什么研究，出了什么与你的教师职务相称的成果。同时也是对教研领导的考察，考察你是否尽到了促进教研的领导责任。

北大教师不能只做知识贩子，这话是蔡元培先生说的。教师要以教学和科研作示范，教学生做学问的方法，特别是要鼓励求实的创新精神。创新必须独立思考。独立思考，求实创新，在日积月累中实现超越。后辈超越前辈，就是延续了前辈的学术生命。让更多的学生超越自己，使一代超越一代，这是北大教师应有的襟怀，也是北大学术水平应有的进步。

原载北京大学《教学促进通讯》(2009 年 9 月 24 日)
采访时间为 2009 年 6 月 16 日，采访者郭九苓。

田余庆先生访谈

问：在最新版的《东晋门阀政治》后题记中，田先生您说本来还要写一章"温峤与江州"。按照田先生的归类，温峤似乎不是第一流的东晋门阀士族，为什么要加入这一章呢？

答：关于温峤，我初探东晋门阀政治时已有较深印象。以他平庸的条件，过江不久就得到执政诸高门的接纳和信任，平苏峻后立即获取东晋地缘政治中配置给他的江州地盘，这中间必有特殊的理由。只是他在江左生存只有十二年时间，其间居江州之位不过三年，既无众多的宗族部曲相随，更无出色的子嗣继承，所以江州局面未因他的开辟而稳定下来。我留意温峤与江州一事，主要是探究温峤能在江左走红的缘故和在江州留下的影响，填补东晋门阀政治和东晋地缘政治的一点空缺。

问：原来您是从东晋权力格局中的荆扬对立、荆扬平衡的角度来看位处中游的江州，因而关注温峤历史作用的。

答：十年前，我得见"代王猗卢之碑"残拓及柯昌泗题记二则，推断碑为刘琨立于316年3—11月之间。此碑对于两晋政权嬗变极具象征意义。立碑年份也很关键。一，316年，拓跋部败于石勒后一蹶不起，长期龟缩代北，未豫北方纷争，刘琨则逃奔冀州段部，西晋在中原的旗号不复存在；二，苟安于长安的晋愍帝，同年降于匈奴刘聪，西晋更是名实俱亡，胡、羯完全占有长江以北；三，建康与长安原本是分陕而治的状态，此时司马氏政权在建康独存，为西晋遗臣瞩目，但缺晋朝法统与帝号。由于这样的历史背景，刘琨以他所具西晋所授大将军、司空、都督并幽冀诸州军事的旧日名分，与他在冀州所靠的鲜卑段部段匹磾共同领衔，派遣温峤出使建康劝进，使司马睿称帝获得重要的推动力，温峤从而进入东晋历史舞台。

问：温峤并非一般的避难南渡人士，他是代表西晋末年的重要人物刘琨的，而刘琨的支持与建康朝廷的顺利建立有密切关系。可是，刘琨为什么自己不去建康而要派温峤南行呢？

答：据传刘琨少无令誉，好游权贵之门，习性浮夸，史称"俋巧之徒"。八王之乱之末，他受东海王越之命出督并州，历经艰辛，获得声望。但他观望于长安与建康之间，曾有"苟能隆二伯，安问党与仇"的寓志之句，与琅邪王并无近谊。而建康自永嘉以来，北士逐渐充斥，各据要津，未必看重刘琨。刘琨一心报晋，死前犹有"何意百炼钢，化为绕指柔"的《赠卢谌诗》，卢谌回答"百炼或致屈，绕指所以伸"，所伸自然是指伸向建康。刘琨屈居段部只有一年，就在段部内斗中被缢死。

问：《晋书》记段氏杀刘琨可能与王敦密使有关，卢谌《理刘琨表》也反复替刘琨表白对建康并无二心，也许说明刘琨在琅邪王睿与南阳王保之间的观望的确造成了政治波澜。敦煌出邓粲《晋纪》残卷有温峤《理刘琨表》，同样能说明这个问题。

答：太原温氏本属二流门第，温峤本人又"姿形甚陋"，但以劝进言辞获得称许。他盛赞王导为江左管夷吾，亦是谦卑而无所觊觎。他应对进退有度，江左胜流留有一些赠答诗篇可参。他带来的劝进表文由"河朔征镇华夷"一百八十人联署，刘琨、段匹磾领衔,具有广泛的代表性,凸显北方多种势力对建康法统的一致认同。后来,东晋一朝对北政策始终是不与刘、石通使而与鲜卑拓跋、段部等亲近。可以说刘琨、温峤所亲所仇,奠定了东晋一朝对北方各部族的基本政策。

问:温峤能够迅速融入南渡群士的上层集团,既有刘琨的背景,也是靠了他自己的才具。在江左的各大政治势力间,他本是一个孤客,但他周旋于各势力间,不仅能够自存,还颇有成就。

答:温峤与太子(后来的明帝)结深交,对王敦坚决抵抗。王敦叛平后又为受株连的众多党敦朝士吁请宽免,做得周到适度。他反王敦而亲王导,使自己在纷纭的朝局中居于稳定地位,不随朝局而起伏变化。他更显著的功绩是与荆州强人陶侃周旋应对,既不助长陶侃,又能借重陶侃实力,一举歼灭苏峻叛军,挽回东晋大局。朝廷命他都督江州,驻守于扬、荆之间,显然是期望他起上下游的缓冲作用,使江左内部不再重启重大纠纷。他安定了被建康视为异己势力的陶侃,使他终身与建康和平相处。

问:具有重要战略地位的江州,就是从温峤开始展露其六朝史意义的吧?

答:以长江一线基地为主导的东晋地缘政治布局,中枢扬州长期在王导之手。下游徐州侨郡县具有拱卫建康的特殊作用,由郗鉴长期稳定经营。温峤刺江州,与郗鉴刺徐州同时,二人处身行事和所起政治作用大有可比之处。只是温不永年,死后江州成为扬、荆两强争夺之地,未能独立发挥作用。稍后,下游扬州之西出现了豫州,扬、豫一体;上游荆州之北出现了雍州,荆、雍一体。可以看出,江州是上下游必争之地,把温峤配置在江州,是东晋有远见的决策。温峤明白此意,不负所托。他曾有迁都江州之议,而江东豪杰则主迁会稽。迁都不符王氏利益,未得王导认可。温死葬豫章，表明温峤原拟以江州为其家族在南植根之地。后嗣视形势已变，乃迁葬建康今郭家山之地。温峤江州之业无合适的后人继承，自择北来入幕之人，后转手入"驰驱戎马之辈"，与诸门阀不能合辙，这是门阀政治格局所不能容纳的。再后陶侃以荆州之重进占江州，陶侃有谦退之志而无非分之求，死后江州重回门阀政治轨辙。

问：您关注江州，是因为在东晋门阀政治的地缘政治格局中，江州是一个新因素。

答：门阀政治，主导者自然是高层门第，是他们与司马皇权共治。门第高下，一般地说靠社会舆论认同，高门则以婚宦壁垒自我保障，但其身份却没有法律的硬性界定，没有按门第高下分配政治权力的正式机制。少数臣僚虽非寒素，但门第却不甚高者，由于特殊机遇，攀升至举足轻重的位置，如温峤、郗鉴。不过他们也不可能入主中枢，因为得不到高门的广泛支持。我从这种现象感知，建康政权像是一间股份公司，东晋皇帝是名义上的业主，轮流执政的门阀则拥有最大的股权。门第是入股的必要条件，虽非股权大小的唯一依据。陶侃有较强实力，立有大功，但以"望非世族"、"俗异诸华"，是无从入股的。王导门第最高，与司马氏关系亲近，自然有最大的股份。而温峤、郗鉴门第二流，是靠政治机遇获取股份。他们难得在中枢获利，却能分割地盘，形成东晋的地缘政治格局。他们在地缘政治中各自经营，郗鉴非常成功，温峤具有经营成功的能力，却因不永年而未竟其业。

问：在这个地缘政治格局中，江州具有什么特殊地位呢？

答：东晋一朝，对付北敌窥伺，守在长江一线及淮、汉地区，以政区分，则是徐、扬、豫、江、荆、雍等州，地缘政治在此区域展开。其中扬、荆二州形成长江流域上游下游两大中心，斗争复杂，现象纷纭。南方腹地诸州,不涉大局,无多可述。温峤所属江州,辖今赣、闽全境及湘境东南隅,地域辽阔。境内流民颇多,有货殖之利。江州土地开发显著,运漕不止供应江州驻军,也供长江沿线尤其是荆、雍军需。闽境粮食循水路输贮江州仓储。荆、江及于交、广,往返及物资运输多循赣水一线,而少经由湘水。江州腹地发展状况,记载不多,何德章教授论梁陈之际江州土豪势力的兴起,有的可追溯到东晋时期,可资参考。唐、宋时期,旧日江州地区经济增长,人才辈出,堪与扬州比肩。回首前尘,温峤的奠基作用值得关注。

问:温峤建议迁都江州,是一时权斗需要,还是别有深虑?

答:江州都督军府置于长江沿线,多在寻阳左近,刺史驻在豫章,既重在军事上链接扬、荆,又关注江州内地发展潜力。这当是温峤请求迁都豫章的理由。只是温峤猝死,江州发展没有由他经营。江州居扬、荆两大之间,先是"驰驱戎马之辈"争夺不已,入陶侃手后经过几年安定局面,转归庾亮。庾氏坐大荆、江,建康的王氏则派出王允之与庾氏相抗衡,争夺江州,引发不少次或明或暗的冲突。谢氏以西府之重曾经插手江州,然后就轮到桓氏一揽荆、江之重了。几十年江州的矛盾斗争,求其嚆矢,还得从温峤算起。

问:从这个角度看,在《东晋门阀政治》中加入温峤一章,就可以理解了。

答:温峤在古史中已有赞颂。《晋书》列传人物以类相从,置温峤与郗鉴于同卷,为作佳传。郗比温晚死十年,这十年间经营京口,外抗胡羯,内卫京都,对门阀政治的稳定起了很大作用。其人虽不持中枢政柄,但史实钩稽,可见其功勋所在,较早为今日史界认同。温峤其人其事,与郗鉴大同,只是未能在江州营造出如同京口那样的事业，因而在东晋门阀政治中默然无闻。只有仔细审读史籍，着眼于大局分析，才能得出像王鸣盛在《十七史商榷》"元无远图，明年短促"条中那样的判断："诸臣中亦惟温峤有英略而峤又不永年，有以知晋祚之不长。"

问：最近一些魏晋史学者在一些场合谈到，日本的中国六朝史研究的核心思想是贵族制理论，而中国学术界在实证研究与理论总结两个层面所作出的唯一回应，迄今为止只有《东晋门阀政治》，从这个意义上说，《东晋门阀政治》是中国魏晋史学界在重大理论问题上与日本学术传统的一次对话。可是，仅仅从字面上看，《东晋门阀政治》一书并没有提到贵族制问题，也没有摆出理论探讨的姿态，因此史学界对此书与日本学术传统对话的性质似乎理解不足。请问先生，这一描述是否准确？

答：《东晋门阀政治》中的论述，与日本学界关于中国中古的贵族政治理论，确实是各说各话，避开正面交锋。另有一位美国学者姜士彬（David Johnson）称中国中古政治为寡头政治（Oligarchy），出有专著。我与姜当面讨论过他的观点，也未多评论。我以为各人写书自有其精到之处，我知之不深，未必能准确品味，还是不多插嘴为好。但是上列观点也确有我所不能认同之处，靠口水之争未必能辨识清楚，不如独自表述，听由读者判断。我觉得迄今所知国外学者关于贵族政治的论说，一般不曾从原始资料发掘入手，一步一步推敲，求其演进之迹，而是用中国古史套用西欧历史框架，因而难于使历史上通下串，左右关联。

问：先生强调门阀政治是汉唐皇权政治之间的一个变态，一个短暂的插曲，而且本质上并不是对皇权政治的否定，显然是为了回应贵族制社会的学说。先生对东晋政治的分析，是不是基于这种对汉唐社会与政治的连续性的理解呢？如果魏晋以降的社会与政治并没有真正偏离皇权政治传统,那么,是不是说,汉晋之际的变局,尚不足以使中国社会走向一个新方向?甚至可以说,皇权政治与制度仍然富有生机?

答:中外学者论中国贵族政治观点的可酌之处,在我看来,关键是在对专制皇权作用的观察角度不同。古时候,在大国规模、统一制度的中国国家中,政治纷纭,必需专制皇权驾驭。专制皇权可能一时式微,可能一时旁落,但是不能须臾缺失。在没有被一种更有效率、更符合人性的制度根本取代之前,千百年相沿的专制皇权思想和制度可能更换表现形式,却会在不同的外壳下继续存在,或者是继续被利用。把皇权这个因素过度淡化,看重几家门阀、几个人物在舞台上的活动,而抹煞其与皇权的互动,抹煞其假皇权以行事的实际,这样就出现了中西无别的所谓贵族政治。

问:陈寅恪先生分析汉晋之际的政治,从代表不同文化传统和不同利益集团的社会阶级着手,比如曹氏与司马氏。您似乎很早就扬弃了这一思路,比如《袁曹斗争和世家大族》一文。到了《东晋门阀政治》,就有了全新的方法。想请先生谈谈该如何理解陈先生那个思路的局限性。

答:陈寅恪先生学识渊博,思虑深密,我跟陈先生学术档次隔得太远,想学学不到手。他的创新见解和方法,开辟新路,对他所论述的问题,后来人只是站在他的肩上,才有可能拓展视野,补苴罅漏,难得跳出如来掌心。我写袁曹斗争之文,实际上是承袭了陈先生的思路而有所发挥,只是那时不敢提陈先生之名,后来才在补注中说出原委。关陇本位之说是一个大学说,贯通北朝隋唐,读过的人都受启发,终身受益。我觉得陈先生未甚留意之处,是在运用其创见解释后代史实时,未尽充分考虑到历史条件的变迁,因而有时显得准确度欠缺一点。如袁曹出身行事的差别,涉及阶级和文化,对三国历史形成影响很大,是创见,很高明。但当曹氏已居皇位,并且已历数世之后,陈先生仍以曹袁出身差异为主要理由,来解释魏晋易代的缘故,就显得隔得远了一点。陈先生以其关陇本位的卓识解释几百年之后的牛李党争,也让人感到其间历史虚线长,缺乏实感,难得丝丝入扣。

细品陈先生的学说,要说歧见,只是觉得陈先生未甚关注之点,是中国古史中始终是皇权至上,皇权专制制度是运转历史的枢纽。尽管朝代变了,制度的外观有异,甚至后来皇帝居位制度也被推倒了,但皇权统治思想和某些机制实际上是保存在社会躯体的骨髓里面,可以说形成历史的遗传基因。对这方面的认识,近年读阎步克教授的论著,觉得他比我有深度,我很赞赏。

问:《东晋门阀政治》出版二十多年来,虽不曾洛阳纸贵,但专业人士的评价却持续走高,在当世算得一个罕见的现象。您在《拓跋史探》里考证崔浩史案时,对史学发展与时代政治的关系感慨良深。这是不是基于先生的个人经验与观察?

答:对于古史的理论思维,越入老年越能领会宋儒所说"善未易明,理未易察"的道理,未敢轻信,未敢多言,因而也越难于做到学者所好的论难争持、择善固执。我不常用"研究"字眼,而好用"探索"来表述自己的工作,这是对历史考察的一种内心感悟,而不只是谦退姿态。谦退自然也是必要的,只有自己最明白自己底气不足之处和藏拙所在,认准自己的智慧不足以全面看清历史,不得不留有余地。

学术是公器,个中人都要留有余地才好。过去当作口号倡导的所谓鸣放,鼓动尖锐争论,不过是一种政治要求,造成可利用的气氛而已。对大破大立之说,我原来还有点相信,后来逐渐看透了,有点懂得学术只能独立思考,走自己的路,但还不太敢坚持这种认识,有时还会由于自保而跟风说话。中年以后,才逐渐滋生了一种学术上的定力,找到一点不惑的感觉,言语写作尽可能多作理性思维,错误也就少了一些,知道错了也能心安理得地认识和改正。

人到这岁数了,新书新论读不进去,实际上是脱离了学术前进的潮流。咀嚼往事,伤时之思多了起来,不过也是随想随忘,要清楚记住是困难的。年轻人问起我的治学经验和对史学的瞻望,我只能瞎聊几句,没多少新鲜话语。其实读史越久,越多有看不懂的问题,靠后面的人接着思考。好在一代胜过一代,新资料新眼界总会产生新认识。

原载《东方早报》之周刊《上海书评》(2013年1月6日)

第四部分

———— * ————

师友杂忆

序

朋友来，多次提及，"文革"后我所写怀念已逝师友短文，倾注了情意，也可能留存了一些旧闻，当时多未公开发表，想找来整理付印。此前，已有出版社提过此事。朋友搜集这类文字，几经反复，不厌其烦。好在篇数、字数不多，我过目稍改，凑成了这个小册子。

我手懒，从无写日记或札记的习惯，也不爱写应用文章，写过的多半未存手稿，偶存的也未必能找到。所以杂忆所及多是感情上留有某种印象的事物，而且多是各种纪念会上被推所作的发言稿，或是编纂纪念册时写成的短文，感情是有的，深意却说不上。有几位常在念中的老师，向达先生，张政烺先生，邵循正先生，总想有点表示，由于一时未想到新鲜资料，终未成文。汪篯先生谊兼师友，相交本深，后来同遭厄运，成为"异类"，不敢再多有接触。他后来的事，更是令人伤痛无已。我至今未有文字表达哀伤之情，藉此机会留下一笔，永志不忘。杂忆所及北大师友，多是受过苦难的，尤其是翦伯赞先生，是大苦大难。我至今不明白为什么容不下这样一批有过辉煌但已年迈的文化人？

杂忆有的篇目是出版物索序之作。为书写序，深觉不易，我所不敢。婉辞不成，说好只当前言、附志来用。纪念陈寅恪、汤用彤等顶级大师,我写了学术论文,寄托崇敬之情。这些与杂忆不同,附志于此。

田余庆
2014 年 4 月 20 日　时年九十出头

历史主义无罪

翦伯赞教授，史学界的又一棵青松，在严寒中凋谢，已经十五年了。

我初次见到伯赞先生，是在抗日战争后期的 1944 年。那时我是一名医学院的学生，流亡到了重庆，有机会听到许多著名进步学者的学术讲演，伯赞先生是其中的一位。建国后，我对伯赞先生谈及此事，他回忆是陶行知先生邀他去讲的。他说："你们是经过颠沛流离的学生，我很愿意同你们见面。讲历史，目的是为了抗战，为革命争取青年。至于讲了什么，已没印象，得鱼忘筌嘛！"我说只记得言外之意是骂重庆政府抗战不力，他连声道："你是得其意而忘其言，得意忘言。"

就是在重庆的那一年，我放弃学医，想转学历史。伯赞先生和其他先辈的讲演对我的启迪，是促成转变的一个重要原因。先辈们使我深信，医生诊断不了社会的病症，而历史学家可以知古鉴今。

那时候，我对伯赞先生的突出印象，是热情奔放，文采风流。我读了他的一些著作，对他非常景仰。我佩服他出于对国家命运的深切关心而研究历史的精神，佩服他渊博的历史知识和深厚的理论修养。他总是结合抗日战争的需要，选定写作题目，深入浅出，说古论今，以生动的文笔，严密的逻辑，把读者带进他的思路，使他们不得不接受他的影响。我在历史学方面最早受到的熏陶，主要来自伯赞先生和当时在重庆的其他先辈。

伯赞先生等先辈的历史著作除了以精湛的古史研究成果启迪读者以外，更重要的是传播唯物史观，开拓历史学的新道路。伯赞先生发表于 1938 年的《历史哲学教程》，1943 年的《中国史纲》第一卷，1947 年的《中国史纲》第二卷，都是极有影响，使史学界为之鼓舞，使一代青年深受教益。伯赞先生和其他先辈们在困难条件下对中国马克思主义历史科学的开创之功，永远值得我们追念。

过去我同伯赞先生只有一面之缘，但是印象十分深刻。

建国后，伯赞先生到了北京，我有机会较多地得到他的教诲。我听到他自豪地谈及过去在史学领域的战斗生活。他谈到在建国后的新条件下，历史科学处在新的起点，人们须要对过去的斗争有所回顾，总结得失，迎接新的斗争，而不能完全与过去一样。那时候，有一些著名的马克思主义哲学家、史学家、文学家已经这样做了。伯赞先生同他们一样，以科学态度对待过去，在学术界起了巨大的教育作用。伯赞先生说，过去，写历史文章就像制造炮弹，总想使它具有尽可能大的打击敌人的威力，总要千方百计地把历史同政治斗争的需要直接联系起来。这在当时是必要的。因此，有时候就以古喻今。当时政治压力很大，斗争很激烈，条件也很艰苦，没有充分的时间来思考问题，也没有必要的图书资料可用。他说，那时写出的东西，现在检查起来，史料显得贫乏，有些还免不了有强加于历史的见解和不恰当的比附。他认为现在社会条件起了根本变化，马克思主义成为指导思想，因此，可以也应当对历史科学提出更严格的要求，坚持斗争精神而又避免出现过去的毛病，这样才能使历史科学繁荣起来。1952年伯赞先生《关于历史人物评论中的若干问题》一文，就是为此而写的。文章说："我在解放前，也常用以古喻今的方法去影射当时的反动派。其实这样以古喻今的方法，不但不能帮助人们对现实政治的理解，而是相反的模糊了人们对现实政治的认识。"他认为过去出现这些现象是情有可原的；现在史学界出现类似的现象，混淆古今，而且形成一种倾向，就值得注意了。所以伯赞先生列举了当时所见的这种倾向的许多例证，一一加以分析。

伯赞先生很注意运用自己的经验来观察史学界的各种问题，并努力发挥自己的影响。他反复宣传，要使历史科学具有战斗力，首要条件是严格按照历史实际来分析和研究历史，切忌削足适履。这可以说是建国后若干年来伯赞先生评论历史研究状况时的基本主张。他在上述论文中提到，而在六十年代详加论证的"历史主义"，也是从这个基本主张概括出来的。

伯赞先生对北京大学历史系的学生讲话时，多次勉励他们说："你们学习历史，既要学会使用显微镜，又要学会使用望远镜。前者培养过细功夫，使你们认识历史事实，洞察幽微；后者练就远大眼光，使你们能纵览全局，把握要害。两者必须结合使用，缺一不可。"他还说，用显微镜观察，是研究历史的出发点；用望远镜观察，是研究历史的向导。他后来常常使用史论结合的提法，也是显微镜、望远镜并用的意思。当然，所谓并用，有各种各样的用法。伯赞先生建国后的文章，有的偏重于阐发理论，有的偏重于探讨具体问题，不论是哪一类，他都力求在文章中做到言之有物，物中见理。在我看来，伯赞先生研究历史，在史论结合方面，同解放前比，达到了新的高度。1954年，他写了《关于两汉的官私奴婢问题》；1955年，他写了《论十八世纪上半期中国社会经济的性质》。以后还写了不少其他的历史论文。这些文章在史和论两方面都下过大功夫，都是经过深思熟虑的佳作。

伯赞先生非常重视史料整理工作。建国之初，他参加发起《中国近代史资料丛刊》的编纂，并主编其中《戊戌变法》、《义和团》两种。后来，他还主持了《历代各族传记会编》的编辑工作。他有一个比较完整的汇集秦汉时期考古资料和文献资料的计划，大概由于政治形势的变化，没有落实下来。他重视工具书的编辑。他把上述这些工作都视为历史科学的基本建设，主张大规模展开。他为北京大学古典文献专业的创办写了文章，提倡要在马克思主义的指导下积极开展古籍整理工作。

伯赞先生常常教育后进在科学上要有强烈的革命事业心。他自己心在学术，总想为历史科学多出力气，多做建树。他领导下的北京大学历史系学术气氛较浓，教学很有成效，师生们都非常敬佩他。

五十年代中期以来，随着不断开展的政治运动，理论战线出现了混乱，极"左"思潮开始泛滥。据我回忆，伯赞先生面对这种混乱状况，越来越不理解，越来越感到不安。学校里反复兴起的学术批判，所坚持的并非都是马克思主义。学术问题与政治问题往往被混淆在一起。面对这种状况，伯赞先生疑团越来越大。科学良心使他不得已于言。他顾不得开顶风船可能给他带来的麻烦，在六十年代开头的几年里，写了几篇理论探讨的文章，主要的有《对处理若干历史问题的初步意见》、《目前史学研究中存在的几个问题》等等。他想作一次努力，试试看能否对纠正史学领域中的某些不良风气产生积极效果。

《初步意见》一文的见解，是他在主编《中国史纲要》一书时同执笔者讨论如何写历史的过程中逐步形成的。文章经过他长期的酝酿，反复的修改。《几个问题》一文，实际上是前一篇文章的续篇。这两篇文章针对当时出现的一些极"左"观点而发，其中许多观点，就是北大历史系师生在教学科研中反映出来的。为了维护辩证唯物主义和历史唯物主义的基本原则，为了使北大历史系的教学科研不至于离开轨道，伯赞先生甘冒风险，据理建言。

在"文化浩劫"开始以前的几年中，伯赞先生对历史科学的贡献，主要集中在提倡、论证历史主义和探索民族史研究中的一些理论问题方面。

伯赞先生认为宣传历史主义，在当时是一种补偏救弊的迫切需要。他所说的历史主义，是与无产阶级的阶级观点相结合的历史主义。如果说理论战线一切正常，没有极"左"思潮的严重干扰，人们按照无产阶级的阶级观点观察社会和历史问题时自然会考虑到各种必须注意的条件，那么也就没有必要把历史主义当作一个重大的理论问题单独提出来。但事实并非如此。当阶级观点没有被正确运用，而是被严重歪曲，以至于使社会历史失去本来面目的时候，提出历史主义的问题就是可以理解的了。关于历史主义问题，伯赞先生做过那么多解释，我想核心之点就是要人们实事求是，尊重历史的客观性质，考察历史问题时不离开具体的历史条件。有人问过伯赞先生：当全国高唱"千万不要忘记阶级斗争"的时候，在历史研究中提倡历史主义是否会引起误解。他听后沉吟不语。他也许想到了个人可能遇到的风险，但他看得更重的是科学良心。既然自己认为这是历史科学中的一个亟待解决的问题，就应当把自己的见解公之于世。历史主义何罪？伯赞先生绝对不会想到，他个人的灾难果真从宣传历史主义开始。

伯赞先生在民族史理论方面的强烈兴趣，可以说有些个人的原因。他是维吾尔族人，他的家族从明初以来定居湖南桃源。他曾以自己的民族身份跟国民党进行过斗争。1943年，发表了由蒋介石署名的《中国之命运》一书，其中断定中国人自古以来就没有种族和民族的差别，因此把汉族以外的中国各民族一律称为"宗族"，这样就完全否定了少数民族在中国的存在。伯赞先生翻检翦氏族谱，写成《我的氏姓，我的故乡》一文，借一支维族群体几百年的经历，批驳此书在民族问题上的错误理论。这篇寓庄于谐之作，反映伯赞先生在阶级斗争尖锐复杂的条件下善于捕捉战机，而且战术巧妙。今天重读此文，还不得不对伯赞先生油然起敬，佩服他的勇敢和智慧。

伯赞先生常常接触民族史方面的工作，看到民族史研究中一些不符合历史实际的问题，颇有感触。他主张实事求是地写民族史。中国各民族经过千百年的交互影响，逐步结成了相似的命运，缔造了多民族国家，共同走向民族解放，走向社会主义。但是，历史道路是非常曲折的。他认为写清楚这个曲折过程，就能够从中发现历史的辩证法，而历史的辩证法比今人的主观愿望要有力量得多。这就是民族史研究中的历史主义。历史上确实存在过民族的不平等、民族的矛盾和斗争，这是不容否认也无须回避的客观事实。在剥削阶级统治之下，各族人民为此做出了重大的牺牲。但是矛盾和斗争的结局并不是各民族你死我活，也不是各民族分道扬镳，而是共存于一个统一国家之中。这种历史进程，是无论哪一个民族的统治者都阻挡不了的。通过科学分析，写清楚这种必然的历史进程，比人为地涂抹历史以证明中国各民族从来都是和睦兄弟，不是更富有理论意义和现实意义吗？伯赞先生作为少数民族的一员，认为由他提出这个问题以供研究，更易为人理解。这层意思，他曾多次谈到。

我觉得，过去，我国历史科学在民族史问题上还没有达到过这种认知水平。从历史条件来说，在抗日战争时期，国内民族问题，特别是民族史问题，史学界还来不及深思熟虑，没有广泛地加以研究。与此相比，伯赞先生建国后的见解，就突出地显示百尺竿头更进一步，把历史科学推向新的水平。至于伯赞先生提出过的民族史研究中的一些专门问题，例如民族同化与民族融合问题，历史上的民族英雄问题等，史学界虽然见仁见智，尚未取得一致认识，但通过讨论，丰富了思想，促进了研究，也是重要的贡献。

伯赞先生在历史理论方面的探索，引起了史学界的反响，出现了热烈的讨论。这本来是自然的事。对于学术问题，只有通过自由讨论，才有可能求得统一的认识。但是，在历史主义问题的讨论过程中，无端出现了批判所谓"让步政策"论的问题，硬说伯赞先生是宣扬让步政策论的罪魁祸首。伯赞先生被置于不容分辩的地位，学术讨论变成了一场灾难性的批判斗争。

硬说伯赞先生宣扬让步政策，并给他扣上反马克思主义、修正主义等罪名，这纯粹是莫须有。因为第一，让步政策的有无，是个可以讨论的学术问题；第二，这本来就是为了探索农民战争的历史作用而提出来的一种浅薄见解，动机和效果都沾不上修正主义的边；第三，让步政策一词是陈伯达在延安时提出而为进步史学家所引用的，当时陈伯达还被尊为理论权威，具有假象，他被查明是反革命，是七十年代的事，这时伯赞先生已谢世了；第四，伯赞先生只是在建国初期一篇文章中偶尔提及这个词，没有专门论证过，而在《初步意见》中只是为了批评把让步政策当公式乱套才再次使用这个词。伯赞先生反对把让步政策当公式使用的观点，当年参加编写《中国史纲要》的人都多次听他讲过。伯赞先生同让步政策这种说法的关系，就只有这一点点，说他"鼓吹"让步政策，是不符合事实的。本来，所谓让步政策问题，在理论上并没有什么深刻的内涵,批判此论也讲不出多少道理。硬给伯赞先生栽上宣扬让步政策的罪名,然后又推衍成反马克思主义,实际上是对伯赞先生抵制极"左"思潮而作出的恶意惩罚。伯赞先生竟以反马克思主义之词获谴,含恨以死,这实在是太不幸了。

伯赞先生毕生学习和宣传马克思主义,可说是至死不渝。刊登在《翦伯赞历史论文选集》中的最后一篇理论文章,还在谆谆告诫大家刻苦学习马克思主义。这篇文章是 1963 年伯赞先生在北京大学党的代表大会上的发言,也许是一篇反映伯赞先生史学思想的盖棺论定之作。文章以伯赞先生特有的文笔,引人入胜的逻辑分析,疏导了几种不勤于学习理论的思想。他说:"研究科学要占有资料,但是资料不等于科学。要从资料中提炼出科学的论断,那就要依靠抽象的力量,依靠理论的逻辑工作,而这种抽象力量与理论的逻辑工作,没有马克思列宁主义的修养是不行的。"他认为学习马克思主义是无止境的,不能满足于读过一些经典著作。对于经典著作,他认为记得不等于懂得,懂得不等于用得上来。伯赞先生这些宝贵的思想,是我们史学工作者应当身体力行的。

作为教育家的伯赞先生,对青年学生非常爱护。他曾说过,他一生所做的历史科学方面的工作,都是为青年一代铺路,青年一代在历史科学方面所能取得的成就,必然会大大超过老一代人。他的理论文章,常常从北大历史系师生中取材。他的观点,也多半是先在历史系师生中讲演,听取意见,反复修改,然后再公开发表。他十分关心青年学生健康成长,告诫他们要尊重历史的客观性质,认真地在史论结合方面下工夫,自觉地养成扎扎实实的学风。伯赞先生不主张学习历史只是记诵史料、积累史料这样的观点。他认为大学生同时要努力培养分析问题的能力。他对学生说:"你们上大学,当然要勤于采集知识的黄金。但短短的几年中能采集到的黄金终归是有限的。更重要的是要把点金术学到手,这种点金术就是辩证唯物主义和历史唯物主义。"他认为勤学理论是为了善用理论。用,有用得好不好、用得正确不正确的分别。简单搬用马克思主义语录以代替深入的研究,是不善于运用理论的表现。他借用家乡土话说:"'戏不足,神仙凑。'这样的戏水平不高。写文章如果不是用理论来指导构思,而是在写不下去的地方搬用语录来搪塞,这只能证明理论上的浅薄和学术上的无能。"

伯赞先生给我们留下了丰富的历史研究成果,留下了宝贵的史学思想。伯赞先生的学术成就,并不限于史学领域。他对历史剧的评论,兼有史家、作家、文艺评论家精湛的修养,篇篇都是佳品。《内蒙访古》一文,被公认是散文名篇。这些备见于《翦伯赞历史论文选集》中,就用不着多说了。

《翦伯赞历史论文选集》只是伯赞先生的最后一本著作,据统计,他公开发表的著作共有十七部,文章约四百篇,字数总计有四百万之多。

作为当代史学史上的一位重要人物,伯赞先生的贡献是多方面的,我们都要学习。今天,我觉得尤其要学习的,是他的科学精神,这表现在:为历史科学战斗,在风浪中不失准绳;实事求是,保持理论战士的高尚操守;坚持真理,老而弥笃,无畏无私。

先贤遗泽,惠在后人。伯赞先生把他的科学精神和学术遗产留给我们,我们只有使之发扬光大,才能告慰伯赞先生,才是对他最好的纪念。

在北大历史系翦伯赞教授百年诞辰
纪念会上的发言

在迎接北京大学建校百周年前夕，我们在这里聚会纪念翦伯赞教授百年诞辰。两个百年纪念在时间上是巧合。但是伯赞先生一生中停驻最久、奉献最多的地方就是北京大学。他的生命和精神融入了北大，融入了北大历史系。他1952年以后在北大历史系主任任内，所做的大量工作，奠定了历史系的规模，形成了历史系教学科研风格。他提倡的学术风气，今天已成为北大历史系的传统。这些成绩在当时是排除许多困难才能取得的，有时甚至是逆风而行，所以得来不易。长期在他主持的历史系服务的教工，对他感念极深。

1952年新组成的北大历史系，教授分别来自原来的北大、清华、燕京等校。教授们大多是一流学者，他们各有师承，各有学风特点，各有事业成就。这使历史系具有较雄厚的师资力量和学术底气。可是，它也容易带来一些不尽相同的习惯，甚至带来一些门户之见。作为一系之主，伯赞先生很重视这一特点。他不仅使大家得以相安无事，而且还求同化异，各展所长，共创新业。伯赞先生做得很出色，赢得大家的爱护，工作是顺利的。今天回顾起来，在新的历史系的草创阶段，如果三校教授形成疙瘩，各立门户,貌合神离,甚至影响到青年教师,如果是这样,历史系就很难办好。因此,我们不能不怀念伯赞先生领导有方。从此以后,历史系同人团结共事,凝聚力强,虽经多种反复,基本上还是这样。这种风气,就是在伯赞先生主事的年代开始形成的。

伯赞先生是卓越的马克思主义史学家,却从不以此傲视学术经历与学术见解与他不尽相同的教授们。他理解大家都有学习马克思主义的愿望,也理解把学习成果用于教学必须有一个消化过程。他尊重知识,尊重实践,不持教条主义。他常常说,现在的条件不同于建国以前,对历史研究应当有更高的科学要求,应当树立更严格的标准,这只有靠扎扎实实的研究才能做到。伯赞先生的倡导很起作用。北大历史系教师至今在科研方面比较实事求是,比较少浮华习气,有原来三校传统学风影响,也有伯赞先生引导之功。这一点,我们现在还要牢牢记在心里,让这个传统发扬光大。

伯赞先生素来主张踏实的历史研究必须先从资料工作做起,所以非常重视史料的整理与编纂。建国之初,史学界群策群力,编纂《中国近代史资料丛刊》,很快就陆续出版,使半个世纪以来中外史家大受其益。伯赞先生当时任中国史学会秘书长,对这件大事起了重要的号召、筹划和组织作用。后来,伯赞先生又大力组织编纂中国古代史资料。此外,还有《历代各族传记会编》和未完成的《秦汉考古资料汇编》。建国以后,中国第一个古籍整理出版计划,也是伯赞先生参与拟定的。由此可以看到,伯赞先生是如何重视史学基本建设工作的。他那时还有一个自己研究中国历史的宏愿,只是由于干扰不断,没有条件实现。

历史系的专业设置,是全系师生反复考虑的大问题。随着国家基本建设的扩大,重要文物不断出土,使培养考古人才、开展出野考古,成为刻不容缓的事。伯赞先生力主北大历史系开设考古专业。旧北大文科研究所本有考古研究室,文学院里还设有博物馆专修科,这是北大开办考古专业的有利条件。从1952年开始,北大历史系参加举办全国性的考古训练班,接着正式成立全国第一个考古专业。从此,北大不断向全国输送考古人才,他们迄今还是中国考古事业的中坚力量。伯赞先生为此制定计划,聘任教授,倾注了不少心血。今天,北大考古专业已扩大为系,全国考古事业也有了长足进步,其中有伯赞先生一份重大的功绩。

在旧大学里,世界史教学比中国史要薄弱得多,这不适应历史科学发展的需要。五十年代末,不少从当时的苏联和东欧各国学习历史的留学生归国,伯赞先生敏锐地抓住这个机会,力主把他们集中留在北大历史系,同时还发挥受聘的外国历史专家的力量,与本系的世界史专家一起,在北大开办世界历史专业。这在中国又是一个创举。

北大古典文献专业的筹建,伯赞先生的倡导与支持也是功不可没。古典文献专业这个名称,就是伯赞先生拟定而被大家赞同的。这个专业后来设在中文系内,在全国发挥了很大的作用。

伯赞先生校外兼职很多,但系内大事却都在他的思虑之中,都在他召集的会议(多数是教研室主任会议)上做出决定。他最关心的事是不断提高教学质量,提倡以长年不懈的科学研究来充实教学。那时,教师们多陷在写讲稿、改讲稿的忙碌之中,年年都有进步,年年无大进步。他针对这种被动状况,提出讲稿要有个相对稳定的时间,譬如说三年不动,腾出手来,三年以后在科研基础上再作大动,争取上大台阶。他创办史学刊物供同人发表研究心得,热心邀请校外学者来校作讲演。范文澜先生"板凳宁坐十年冷,文章不写一字空"的名言,就是在北大讲演时首先提出的。

他自己也常给学生讲治学经验。有些求知的道理经他点拨，学生非常受益，终生不忘。例如他说，上大学不只是为了采拾知识黄金，更重要的是要学会点金之术。又如他说，学历史一定要会用显微镜，也要会用望远镜，两者缺一不可，等等。他对青年特别热情，特别爱护，忧青年之所忧，乐青年之所乐。有人还记得，他在年轻人的一次聚会上，还情不自禁地唱起"正月十五月儿圆，我也曾经是青年"的歌谣。教师以爱护学生为天职，这种高尚思想在伯赞先生身上得到完美的反映。

伯赞先生主编了《中国史纲要》，是他对历史系的一大贡献。我作为一个参加者，想多说几句话。编写通史教材，现在看来并非难事，全国可能已有数十种之多。可是在三四十年前，状况并非如此。那时大家不清楚新编大学历史教材应当是什么模样。《中国史纲要》是受中宣部、教育部委托作为全国推荐教材而编写的，能不能编出一个被大家接受的教材，是难有把握的。伯赞先生受命为主编，决定组织北大历史系原来的中国通史教学班子来承担写作任务。据我回忆，他的指导思想是：一，写入教材的一定要是成熟的或比较成熟的内容，执笔者个人当然应有自己的见解，但更重要的是要尽可能反映迄今为止的国内外研究水平。二，有史有论，寓论于史，也就是说，无需做理论字句的引证，读者自然能领悟论点。这在研究工作中是一个高规格的追求，正是这一追求，在"文化大革命"中招致了无端的政治攻击。三，要能把握历史脉络，尽可能规整系统，又要有弹性，为各家争鸣留有余地。四，文字明畅洗练，切忌过多地铺叙历史过程，也不多烦琐的史料引证，要使教材保持纲要形式，起指路作用，引导学生阅读适量的史料和论文，以利培养他们独立思考能力和自学能力。

我们执笔人原来各自的讲稿，由于伯赞先生历来的倡导，大体上就是根据以上的原则编写的，正可以利用这些讲稿作为底稿，充实提高，而不需完全另起炉灶。我们完成这一任务，尽管还有相当大的难度，尽管费力费时不小，但在伯赞先生主持之下，各位执笔人就内容、系统、结构、体例、文风等方面取得共识，却不特别困难。伯赞先生说，集体写书先要做到志同道合。执笔人其所以能够志同道合，主要也是由于伯赞先生的主张早已为大家所理解、所接受。把成于众手的多份中国历史讲义合成一部完整的教材，居然没有特别大的反复，这不能不首先归功于伯赞先生在历史系的有形无形影响，不能不归功于他精湛的学识和领导能力。伯赞先生为了探求集体编书的方法，准确地统一思想认识，研究过司马光编纂《资治通鉴》的经验，还写出了《对处理若干历史问题的初步意见》等著名论文，其核心是提倡历史主义。这是我们大家所认同的思想，是历史研究中反对极"左"思潮的一个重要贡献，在现代史学史上应占有自己的地位。

以《中国史纲要》命名的这本教材，毕竟是一个历史时代的产物，不能没有那个时代的烙印。而且，《纲要》也不可能没有执笔者本人学术水平不足和错误之处，特别是三十年后来看更是如此。只不过在当时没有教材模式可作参考，而政治空气又是那么浑浊的年代，由于伯赞同志的支撑、擘画和具体指导，才能完成这样一部为史学界所认可的具有较大的较长时间的影响力的教材，是值得纪念的事。

回忆伯赞先生往事，不能忘记，他的许多成就都是在各种名目的政治运动的间歇期完成的。政治运动占去了时间和精力，干扰正常工作秩序，更重要的是搅乱了思想，使人不辨是非。六十年代中期，极"左"思潮还常常触及伯赞先生个人，先是学术批判，然后发展成政治批判，而且无端捏造出一个所谓"让步政策"问题,陷害伯赞先生。这实际上是对伯赞先生抵制极"左"思潮而作的恶意惩罚,伯赞先生终于饮恨以死。

回顾伯赞先生主持下的北大历史系,在教学、科研、培养师资这几个方面的成绩,是有目共睹的。我个人觉得还有一个方面,就是北大历史系虽然不能置身当时的潮流之外而不犯错误,但由于有伯赞先生的掌握和影响,北大历史系同人在极"左"思潮泛滥的年代,还保留了一点点清醒的头脑,没有为全国学术界极"左"思潮推波助澜,甚至成为极"左"思潮的策源地,这实在也是不幸中的大幸。不然的话,以北大历史系在史学界所处的位置而言,如果在这方面起"带头"作用,后果是不堪设想的。在伯赞先生百年诞辰的今天,我作为一个在他主持下长期工作过的后辈史学工作者,可以说是百感交集。其中最深切之点是,从事科学工作的人应当像伯赞先生那样,在任何条件下都保持独立思考、实事求是的科学精神。只有这样,才能有高尚的学术操守、学术准绳,为真理而不懈追求。中国先辈学者讲究学有所守,伯赞先生作为历史学家而坚守的是历史主义信条,是实事求是的学风,不随波逐流,也正是我们应当学习的最核心之点。

以上是我作为在伯赞先生主持下的历史系服务并且受到伯赞先生提携的教师,对伯赞先生的感念之情。伯赞先生在史学上方方面面的贡献,影响及于全国的史学界,这些有别的先生的深刻发言,我就不说及了。

谢谢。

1998 年 4 月 15 日

清明何处祭孤魂

——在翦伯赞先生诞辰一百一十周年纪念会上的讲话

今天，在清明时节，我们聚集在这里，纪念北大前副校长、历史系主任，我国杰出的马克思主义史学家翦伯赞先生诞辰一百一十周年，我的心情是复杂的。翦先生一生的光辉业绩，他为中国新史学做出的贡献，他为北大史学系付出的心血，我们永志不忘。但是想起他晚年经历过如此的苦难，以致于骨灰无存，魂无所守，又不得不令人万分痛心。清明何处祭孤魂，这不仅是翦先生亲人的痛，也是翦先生的朋友、学生和所有景仰者共同的痛，永远的痛。

我，作为翦先生一名私淑弟子，受过他的指点教导，后来又长期在他的领导下工作，备受他温馨殷切的关怀。而且我早年与翦先生还有过一段永不忘怀的缘分。抗战晚期，日寇进逼，贵阳吃紧，我作为一名流亡的大学生，随学校到了重庆，住进了基督教青年会安排的地方，有不少左派文化名人来作演讲，还与我们有长时间的交流。名人之中就有翦先生。他们的演讲内容，对我这种未见过世面，却有流亡经历，不满社会黑暗的青年，真是起到振聋发聩的作用。解放后我跟翦先生提到这事，他还记得起来。他说，那时所说的话，总不外乎骂国民党抗战不力，讲国家民族兴衰的道理,讲认清社会的过去、现在与未来,鼓励青年为一种理想而追求。那时,这些话我听起来都特别动心。从那时开始,我就把专业志向一步一步地从医学转移到人文社会科学方面,终于走上了历史学这条不归之路,其间翦先生是一位重要的启蒙人。今天在这里纪念翦先生,我要向翦先生再次表达感激之情。

翦先生一生,服务最久的地方是北大历史系,北大师生怀念翦先生的方方面面。我只就几个视点来作发言。

1952年院系大调整以后,北大历史系相当长时间内的中心工作,是学习苏联搞教育改革。我们拿着一份莫斯科大学历史系的教学计划,反复讨论、跟进、修改,又讨论、跟进、修改,目的是要办出一个中国的莫斯科大学历史系来。虽然也说要注意联系中国实际,但该怎么联系,谁也说不清楚。我们态度是认真的,但就是搞不出名堂来。这种工作翦先生虽也参与讨论,但毫不感到兴趣。他对系里的事情另有关注之点。

第一是关注教授的团结合作。三校的历史系,原来都是强系,名教授较多,各有自己的传承和风气。合并之前在政治运动中,有的教授受过损伤,心存观望。有的教授则比较在意安排使用问题。三校合并基本上是按上面决定办事,并未有什么酝酿。合并后应当使教授们各尽所能,各得其所,而且公平合理,有问题能及时调整。这个方面不摆好,会引起新的人事纠纷,造成阻力,严重影响团结合作。翦先生自己由于其马克思主义史学名家的特殊身份,也易于成为聚焦之点。但是翦先生以他的睿智谦和,凭他丰富的阅历和工作经验,年复一年地把隔阂加以调适,把缺陷加以修补。那一段时间中,历史系内部关系虽然不是一点失误也没有,一点问题也未出现,但总体上说三校教授相处,友善平和,互尊互信,没有文人相轻的毛病,风气是良好的。老教授如此,上行下效,青年教师也能相安相得。一直到"文革"中各校搞内斗时,历史系也不曾出现过太严重的分裂斗争,"文革"后两派修补也较容易完成。这是很不容易做到的事,翦先生以身作则,领导有方,形成了良好传统,起了重大的作用。邓广铭先生在台湾《传记文学》中撰文介绍翦先生,在这点上也特别推崇翦先生的风范。这可算是翦先生在北大历史系留下的一份珍贵的精神财富,今天还起着作用。这是第一点。

第二,翦先生被视为全国高校历史系马克思主义的巨擘,他领导的北大历史系的学术动态很受史学界的关注,直接影响各校历史系的教学与科研。五十年代后期以后,在当时条件下,北大历史系只能是随着"左"倾学术潮流而动,不可能例外。但是在"文革"以前,北大却没有起过引领"左"倾学术潮流的作用。这一点,我们从系内动向看得比较清楚。当"左"倾思潮最为激荡的时候,北大大批教师却在翦先生领导下老老实实地编写教材。系内师生中一旦出现某种花样翻新的观点,明显地背离了历史实际,翦先生知道了,总会想方设法敲敲打打,批评这类观点,使之尽快纠正,不至于扩大影响。翦先生稍后写成的一些对史学的纠风文章,其事例多数都取材于系内师生之中。这样做需要敏锐眼光和求实精神,更需要理论勇气,甚至还要甘冒政治风险。翦先生对维持系内学术风气所起的作用,同他力求团结三校教授一样,我们都是在事后才能看得更为清楚。翦先生为北大历史系树立的这种良好风气,我们是要继承下去的。

近年来出现过一个传闻,说是北京解放之初,翦先生为了与北大史学家接触,接受邀请,参加了北大史学系教师座谈会。会上没等翦先生说话,就由一位青年教师抢先侃侃而谈,把一些社会发展、古史分期问题说了个够,翦先生只好默默而退,认为这是北大教授特为操办的一次鸿门宴。这个故事把北大教授说成不明事理、咄咄逼人,对此我颇为怀疑。经过打听,知道此事可能是被讹传了。那时的北大教授急于想了解共产党的政策,力求学点马列,能有机会与翦先生沟通更是他们的愿望,不可能有预设的鸿门宴出现。当时北大史学系也似乎没有这样一位不识深浅的青年教师。翦先生具有谦谨的史家风范,也不会认为我姓马,你们都姓资,对北大教授傲慢相待。正因如此,才有三校合并后翦先生团结三校教授,齐心合力,办好新北大历史系的成果。

在今天的纪念会上,我作为翦老的学生和一名历史系教师,对翦先生的光辉建树感到振奋,另一方面对于一棵青松被寒风恶雪摧折,消除不了心底的沉痛。不过有一点死者生者同感骄傲的,是翦先生留下了最后一笔文化遗产,他坚持了发扬了历史主义思想。历史主义思想是历史科学中推翻不了的基石。先生如此坚持历史主义,是那个时候历史学中补偏救弊的迫切需要。如果说文化理论战线运转正常,没有极"左"思潮的严重干扰,人们按常规观察历史问题,自然会考虑当时历史中各种必须注意的条件,那么就没有必要强调历史主义,呼唤大家注意。可是那时史学界却有人不是这样,他们利用被严重歪曲的阶级观点,使历史失掉本来面目,供一些人任意利用,这样,提出历史主义来加以纠正就是必要的了。其实,历史主义的核心之点,无非就是实事求是,尊重历史的客观性质,不容篡改历史。翦先生也许想到过开顶风船可能遇到险情,但他看得更重的是科学良心。科学良心是任何学人不能失去的本性。翦先生的学术生涯在呼唤历史主义之中被迫划上了休止号,不论他当时受到了什么对待,他都是一个拥有纯正的良心的人，一个与科学同在的人，因而他永远受到后人的崇敬。

我就在这里结束我的发言。谢谢。

2008 年清明日

忆郑师

郑师(天挺先生)百年诞辰将要到来,我收到南开来函,知道纪念活动正在筹备之中。近些时来,郑师的高大形象,常在脑中浮现。过去有过几次纪念郑师的活动,想写点纪念文字,都没有成功,始终感到遗憾和愧疚。岁月不居,当年郑师的学生也都趋老,往事的印象越来越模糊。所以这次一定要就记得起的有关郑师的事情,哪怕是一些琐事,也要写下来,以志我对郑师的怀念之情。

我同郑师,个人接触并不多,但有的接触对我影响较大。1946年,学校刚从昆明迁回北平,当时郑师是北大秘书长。史学系主任陈受颐先生不在国内,郑师还代理系主任职。我头一回跨进秘书长办公室,是为了请求同意我转入史学系的事。我陈述了自己的请求,心里有点紧张。因为此前我已在大学读过两个系,而且各在不同的学院,很怕郑师责怪我心猿意马,见异思迁,不是真正"钟情"于史学。我作了碰钉子的准备。但是出乎我的意料,郑师对我并没有什么怀疑。他注视我,听取我的陈述,问我读过什么历史书,然后看了看我以往修过的学分,就签字同意了。郑师须臾间定下了我的"终身大事",我的感激之情,自然是不言而喻。

早听说郑师是北大挑重担的领导人。近来我从郑师《滇行记》一文得知，"七七事变"骤发之时，郑师已是北大秘书长，那时蒋梦麟校长、胡适院长都不在北平，而且联系不上，学校一切应急措施，都要郑师拿主意，苦撑了数月之久。那时郑师还不到四十岁。但是我以前并不知道这些具体事情，又不曾有机会与郑师接触，无从获得直接印象。这次在郑师办公室里可能只有短短十来分钟的停留，却让我对郑师挑重担有了一点理解。郑师办公桌上有几部电话，容不得我把一句话说完，电话铃就响了。他刚拿起话筒，另一个铃声又起。从郑师回复的话语中，好像谈的都是棘手的事。那时胡适校长对具体校务管的不多，繁难事务都是郑师处理，而集中在子民堂的各部门，总共并没有多少办事人手，郑师负担之重，我算是有了一点直接印象。郑师对学生，哪怕在百忙中也不拒绝求见。他既使你感到师长的尊严，又使你感到父亲般的亲切，这种印象，也是我一辈子不会忘怀的。

郑师的教学工作，并没有由于行政负担太重而有所减免。他的明清断代史课程年年照开。有一年，向达师休假赴南京做研究工作，向师的隋唐史课程又不能停，我们猜不着谁来讲隋唐史。结果到开学时课程表公布出来，代替向师课程的竟是最忙的郑师。郑师用卡片讲隋唐史，与讲明清史办法一样。那时学生们只知道郑师是清史名家，而对郑师以前发表在《史语所集刊》和北大《国学季刊》上有关《三国志》杭赵二人《补注》和《注补》研究论文（注：《杭世骏〈三国志补注〉与赵一清〈三国志注补〉》）以及有关隋唐古地理研究论文都没有读过，更不知道郑师曾长期讲授隋唐五代史，到昆明后为了完成孟森先生未竟之业，转而钻研清史这一事实。郑师由于知识渊博，学养深厚，研究面广，所以不但在校务工作上挑重担，在史学系教书工作中也挑重担。五十年代初，系里缺中国近代史教授,好像郑师又不得不顶起中国近代史教学的事,后来院系调整,情况才有改变。

郑师由于学识、品德与才干,从青年时就是工作负担沉重,用后来的术语说,是"双肩挑"。比起同辈教授来,他要付出双倍精力才行,个人研究工作自然要大受影响。郑师八十寿辰之时出版《探微集》,在"后记"中说:"我五十岁以前,忙于生活,没有认真读书。"我读了,感慨很深。"没有认真读书"当然是自谦之词。但把为公务操劳而付出巨大精力说成是"忙于生活",无居功的意思,无追悔情绪,这种高尚情操,特别令人敬佩。郑师为人处世的一贯态度都是这样,"忙于生活"四个字掩盖了郑师的多少奉献。

郑师以他自己谦虚为学的言行,为学生们树立了楷模。郑师在明清史课堂上常常提及孟森先生的见解和成就,特别推崇《明元清系通纪》,让我们读一读。他还推荐美国近出的《清代名人传记》,说是有不少著名学者参加了编写工作。但是郑师对他自己的著作《清史探微》却不曾提及,我也未见到过。我趁给郑师拜年机会,问到此书,并贸然向郑师索求,郑师果然赐给我一本,我都细细拜读了。郑师的精微创获之处,我不具备完全领会的水平,但我多少习染到一点探微的方法。郑师后来编定论集,仍以"探微"为名。以"探微"称,古人有之,但是以此作为一种研究历史的方法进入我自己的思想之中,都是从郑师学来的。多年以后我把自己的论文集冠以"探微"之名,确实是郑师给我在脑子里留下的烙印。郑师所赐著作,我珍藏了十年,五十年代人人缺书,为了物尽其用,我把郑师的书郑重地转送给教明清史的一位同人,他从此书汲取的养分,一定比我大得多。

我在北大文科研究所作助教时,郑师兼所内明清史料整理室主任,有时能见得到。郑师调南开后,见面就少而又少。"文革"

前一个冬天,我在南开拜望郑师,他下乡去了。我见到克晟,得知郑师所住楼房不供暖气,原因是住户普遍贫困,宁愿领一点烤火费自己生炉取暖。那时郑师已是望七之年,生活竟是如此。后来,"文革"中,我听到郑师受到折磨,非常愤慨,非常难过。郑师谦谦君子,一生宽厚,自处恬淡,就我所知,对人从不说一句重话。五十年代初,在思想改造运动中,郑师由于他在老北大的地位,是受重视的人物。但据回忆,郑师作思想检查时诚恳从容,给人以坦荡荡的印象,在压力下不乱方寸。对同人提意见,也是平和务实,没有留下一句过火的言辞。郑师这种炉火纯青的人格修养,至今还是学生们谈及的话题,影响既深且久。

在郑师百年诞辰纪念时草成此文,作为我献上的心香一瓣,让郑师知道,他的遗泽将永远留在学生心中。

邓师周年祭

邓(广铭)先生走了。在师辈中,邓先生是老寿星,走得不算早。一年以前,先生九十华诞,友朋弟子著文为寿,同声赞颂先生五美备具:年高,德劭,学富,体健,业勤。没过多久,先生还是走了。毕竟是老健不足恃,岁月不饶人。友朋学生哀痛之余,得知先生病中和病前的一些情况,都说先生真有福分。

先生走得没有痛苦,走得平静,走得尊严,是不幸中难得的幸事,是最大的福分。

先生素来坚信自己健康,耄耋之年,屡次体检,居然没查出过什么大毛病。他能吃能睡,从不忌嘴,从不失眠。他不进滋补品,很少吃药,每天还坚持到系办公室走一趟,当作散步。他老态并不显著,除了雪地以外,不用拐杖。可是细细观察,还是一年一个样,不变中有变。在外面开会时,我曾有几次与先生同住一室,最近的一次是1988年初夏在广州参加纪念陈寅恪先生学术会议。邓先生会上发言,谈笑风生,不时道出一些鲜为人知的掌故,座间为之咨嗟。可是一回到房间里,就打瞌睡,显得疲惫不堪,力不从心。近几年在家里,瞌睡更多了。尽管如此,他还是很逞强,坚持生活自理,不要人照料。总之,邓先生对自己的健康很达观,从没听他说过担心的话,心理状态一直很好。

前几年，我病后，邓先生不时给我送点茶叶。他说，他的健康可能是得益于喝茶，所以有了好茶，与我分享，对我的健康会有好处。我还保存了先生的一纸"赠茶帖"，说是"两天前，有人送来绿茶两盒，盒上标明是特级，今特请林宗成同志转送给你们……"老人提笔不稳，字迹歪扭，更见心意。还有一次赠茶，先生交待："茶好，自己喝，别给别人喝。"先生自香港开会回来，给我带来西洋参片剂，据随行的小南说，先生一路自携，说是怕挤碎了，情谊实在感人。还要说及，先生赠茶情谊无形中传给了可蕴，常有新茶见赠。我的健康状况超过预期，说不定真有喝茶的作用。

从这里，我想到最后一次与邓先生见面的情景。那是去年十二月，我们到友谊医院探病，邓先生一见面就说："我的病不要紧，你那个病才算病，要多注意自己，何必来看我！"他还说到想出院的事。我们看他精神很好，病容不显，像是爱谈话的样子，感到高兴，想找个他感兴趣的轻松话题聊聊。于是我扯到《胡适书信集》中涉及的闲事。没想到他话匣子一开，就像平日在他书房里那样健谈，原原本本，一五一十，叙事很有"史法"，丝毫不像是在病榻上的样子。克珍提醒我，让病人散散心就行，不能让他太兴奋。我想找个岔打断他的思路，恰好另有人来，结束了这个话题。

我当然知道邓先生有膏肓之疾，据说他自己是在知与不知之间，没有人跟他明说，但可猜测的迹象很多。尽管如此，看到他精神这样好，绝想不到他近期内会有险情。可是不到一个月，邓先生就走了。走前有短时间的昏迷。但是没有呻吟，没有牵挂，保持自己的常态，保持一贯的尊严，潇洒而去，这是难得的完满。

邓先生住院好几个月，他一定感到是生命的浪费。但是他把书房搬到了病房，让书卷气冲淡了病房特有的气味，这又是失之东隅，收之桑榆。他静卧病床，但思想中的兴奋点却始终在学问上，让人觉得他除了熟睡时间之外，考虑的都是文稿著作，思念的都是他神交已久的古人，此刻他驱之不走的古人是王安石。据小南说，新版《王安石》的大样，是别人一页一页地举着让他看完的，那时他平卧输液，自己不能举手。新版《王安石》有他逐字口授的卷后"附志"，说："我从今年七月初至今一直在医院内，本书得以顺利面世，实有赖于多方帮助"，以下列举三项致谢内容，合共百余字，表现出他病中心境平和，思虑细密，对学术一往情深。"附志"所署日期是 1997 年 9 月 18 日，离辞世不到百日；但样书印成在年底，他亲眼见到了，他会感到对得起自己神交已久的古人，他完成了引为欣慰的大事。

邓先生卧病不废著述，正如后来的讣文所说，他心之所思，情之所系，全在学术，与一般人在老病之际常所萦怀的不同。带着这种为学术奉献的高尚情操走完自己一生的道路，心无旁骛，这当然也是福分。

邓先生卧病之前的一两年中，已对自己一生心血之所积，亲自做了总结，出版了《邓广铭学术论著自选集》和《邓广铭治史丛稿》，又商定了出版全集之事。这几件事都是出版社促成的，邓先生并无结束此后研究工作之意，但时机凑巧，邓先生恰恰在此时为自己一辈子学术生涯圆满地画上句号。著作结集出版，是邓先生最为关注的事，既然办得妥妥帖帖，邓先生就没有什么遗憾的事了。

邓先生在《治史丛稿》自序里特意提到章实斋所说文史通家"高明者多独断之学，沉潜者尚考索之功"。近来所见纪念邓先生的文章多引据此语，赞扬邓先生的学术成就，是非常恰当的。邓先生兼有独断之学与考索之功，两者无所偏废，这正是古人之所难。但邓先生也认为两者毕竟有别，治史必先要有选择处理史料的能力,才谈得上独断的创获。在学风浮华的时候,更要不废考索之学的基本功。我年轻时,邓先生关注我的学术成长,但并没有给我口头指点,只是送我一部《四库全书总目提要》,是线装殿本,"文革"以前我一直放在手头使用。现在回想,邓先生是为了怕我走浮华不实的道路,才寓指点于赠书,送给我他所看重的"四把钥匙"中的一把,启迪我举一反三。既然说是"钥匙",就是为了用以开启历史科学殿堂之门的意思。用这把钥匙登史学的堂奥,才可能有独断创获,达到史学研究的目的。这是邓先生治史的一贯思想,一贯方法。想当年批"四把钥匙"之说真是无事生非。

"文革"以前,邓先生曾领着我们几个人编《光明日报》"史学"专刊,常聚在一起看稿子。邓先生说,他选稿的标准是:有史有论才是上乘之作,要细心对待;其次是有史无论,这种稿子有些有用,其中有些可能还有大用;再次是有论无史,其中不少是不花本钱的空洞文章,最不足取。史,是考察之功;论,是独断之学。有史有论,就是指在考索之功基础上获致创见的文章,这才是史学成就的主要方面。当然,文章要细致分析,才能准确判断其实质内容和具体价值。邓先生的话只是几条粗杠杠,但是我们都能理解,都很同意。"史学"选登的稿子虽然质量上不整齐,但选稿标准大体就是这样。我们选稿标准有时与报馆有关方面在某个特定时间的需求不尽一致,不免形成意见分歧。在那个风云诡谲的年代,由几个书生办报纸专刊,越来越不适应,才由大家商定,邓先生做主,辞掉了"史学"编辑工作。今天看来,这件事说到底,就是大家心目中有个不愿改变的独断之说和考索之功的史学标准之故。

邓先生在做学问上如此投入,无分工作日与休息日,无分在职与退休,甚至无分家居与住医院,真可谓是"恒兀兀以穷年"。

正是由于有这一辈宗师把学术融入生命,把生命融入学术,由于他们的表率作用,中国的学术赖以传承,文化赖以发扬光大,人才赖以熏陶培养。我劝过邓先生,耄耋之年,要自找闲散,晚间尤其不宜工作。我见过他在溽暑夜晚在强光灯下奋笔,书桌前面地下放着电扇排风,才有此劝。他说,自己兴趣有限,电视节目不爱看,只有读和写。白天免不了有客人来访,有电话,有杂事,难得专心致志,夜晚工作,图个安静。我想,这就是古人所说的"三余"。邓先生活得这样充实,这样有价值,真叫人歆羡,真叫人佩服。但是,几十年如一日,从青年到老年,邓先生毕竟太疲倦了。他已经安息了,就不要再打搅他,就让他永远地安息吧!

周一良先生周年祭

周一良先生辞世已经近一年了。我早要写点东西寄托哀思，几经动笔辍笔，现在重又开头。原来构思中想说的一些事，在周先生陆续出版的书中多有提及，这篇短文也许可以与之照应。

《毕竟是书生》、《郊叟曝言》、《钻石婚杂忆》这三部书，与此前汇集在《周一良集》中各种沉甸甸的历史论著虽说是两类不同作品，但同样是历史。有人评说周先生随笔性的作品都有很高的学术含量，都是名家史笔，我是很同意的。这三部自传性的书以叙事为主，间有议论，寓论于史。他取《毕竟是书生》为头一部自传体著作的书名，凝重中隐含沉痛，表明了他的史法特点。顺便提及，"毕竟是书生"是我与周先生在魏建功先生悼念会场中参读众多挽联时发现的辞句，当时我们同时称好，还议论了一阵。他大概从那时就萌生了取此定位的想法。

《毕竟是书生》写得较早，其中除了个人学案部分以外，最具特色的是记下了自己的坎坷，在反思中抒发了久积的郁闷。以后周先生得病，行动不便，不能自由阅读，似乎增添了寂寞感，沉思更多，不断酝酿出深带感情的文章。《郊叟曝言》和《钻石婚杂忆》所思所录，转向怀念青年时期的师友和追忆建德周氏自周馥以来的家世。其中除了表露最为深切的对邓懿先生的鹣鲽情深之外,最突出的感情迸发是《向陈先生请罪》的发言稿,人们从行文的痛切处可以感觉到,周先生是和着泪写成的。《追忆胡适之先生》同样是"表达自己诚恳的请罪心情"。只是在对胡适、傅斯年先生的某些学术观点再评价时,我觉得有过头之处。例如傅的"史料即史学"之说过去被不切实际地批判过,现在与其无条件对此说加以颂扬,毋宁从傅文写作时古史新资料大量涌现亟待整理的需要,或者从传统的中国史学与欧洲史学(特别是与傅所提倡的兰克史学)接轨的需要来理解傅的用意,说服力可能要强一些。这个意思我在探视周先生时当面说过。那次探视谈及对陈、胡请罪之文,我脱口说出周先生的心情很像是古时道家上章首过,他浅笑点头。事后我深悔失言,但怎么也没想到一语成谶,周先生竟在一个多月后与世长辞。

《毕竟是书生》一书很受社会重视,反映各不一样。曾有人说,在那个年代,政治找上了书生,谁轮着谁倒霉,没什么说头。我则认为,作为自传的重要资料,冷静地记录下来也好,但可能还有认识不到之处,有因违碍而无法说透之处,最好不忙发表,等等再说。但是周先生很认真,自信襟怀坦荡,还是先在日本发表了。这倒真使他在相当程度上驱散了心头阴影。随后在周先生思想感情上泛起的师友情结,其点睛之笔《向陈先生请罪》一文,理当入《郊叟曝言》怀念师友的一组文章中,只是由于周先生记起此事较晚,所以不得不收入《钻石婚杂忆》。向陈、胡请罪,是书生自我调适的有效办法,对周先生的心境很有好处,等于又卸下一个包袱。关于家世,过去周先生做过太多的过头批判,晚年还是有所回归,使人感到书生对家世门第毕竟刻骨铭心,不曾忘怀。周先生辞世前以族中长者身份,邀约在京三十余族人子弟餐叙留影,事后只有几天,周先生就仙逝了。这真像是周先生自知来日苦少而做出的急切安排，使他在家世门第情结方面获得一次最后的慰藉。

周先生秉性书生，终于历尽劫数，抖落灰尘，回复书生本色，是他的"塞翁"之福。周先生为人极有修养，慎言而又含蓄，陆续刊出的三部沉思之作，于叙事中表达了感情，不过多也不过分，符合他的文风，也符合他的性格。看来还是周先生自我定位准确，他"毕竟是书生"。

我个人和周先生接触和交往，经历了半个世纪。周先生战后刚从美国回来，在北大兼过课，名气很大，听说他学识渊博，兼具世家公子和洋博士风范，只是我一直无缘见到他。1952年院校调整后我是他所领导的教研室成员。学校里风风火火学苏联，搞教学改革，搞思想改造，说是中心工作，实际上是瞎折腾。在那种政治气氛中，学校领导和系里干部对周先生的认识主要不在于他的学问，而在于他诚心诚意靠拢党组织，是贯彻各项工作的"依靠对象"。当时他只有四十来岁，但却是有身份的老教授。他在三校历史系合并后颇为复杂的人事情况下，处事公道，看问题顾大局，责任心强，办事讲求效率。他对同辈能忍让，人缘好，威望高，很受师生敬重。

周先生学风务实，不唱高调。我记得他到我的课堂上作过检查性听课，事后说意见，主要的一条是我念错了一个字。我当时认了错，可是并不理解这有多么要紧。周先生治史重视小学功底，讲究正字审音，有家学传承，也有陈寅恪先生的影响。后来他在《说宛》一文中说到"读书必先识字，遗训秉诸先生"。这使我一下子联想到几十年前对我一字误读的意见，是一个关乎国学修养的指点，只是他当时并未明说。院系调整后，虽经过"三反""五反"思想改造运动的冲击，大家都还是尊重传统史学的。对传统史学的否定,是稍后几次政治运动特别是"大跃进"运动造成的。周先生曾自告奋勇给系内青年教师教日文,我也参加学习。他教学极认真,进度抓得紧,我没有时间预习,当了逃兵,给周先生留下一个坏印象。

周先生在《毕竟是书生》中记下了他离开中国古代史教研室,创建亚非史教研室的具体情节,并且说:"巧的是当时奉支部之命来动员我改行的书记田余庆教授,后来也专治这段历史……"这确是一种巧合。事情是由于余逊先生突发重病,很难恢复,系里临时决定先由借调在外的汪篯先生暂代,让我准备一年,接替余逊先生的秦汉魏晋南北朝史课程。那时我只是一名讲师,接手系里的重头课,资格并不充足,最好是由周先生接手。只是让周先生"转业"的事,在当时以学苏联为国策的政治条件下,关系到按莫斯科大学历史系模式完成北大历史系三个"专业"、七个"专门化"建设的"大局",上下都很关注。至于此事对周先生这位早已成名的中国史专家的个人损失,当时没有人考虑到。以后若干年在周先生困难的时候,有人向我打听他的思想状况。此时我已悟出1954年周先生"转业"毫无犹豫、毫不保留之不易,以此证明周先生思想中最本质之处就是听党的话,而周先生"文革"中的表现,其思想根源也在这里。周先生自己说过,解放以后有些政策他跟不上,但他认定政策来自党中央,所以他总是从自己的出身、教养进行反省,不是政策"左"了,是自己的认识右了,只有改造自己才能跟上。这就是说,他应是党驯服的工具,党说什么他就信什么。我相信周先生当时的信念是单纯而又真诚的。古人说:"披心腹,见情愫。"周先生的这种情愫是他的可敬之处,也是他的可悲之处。其实知识分子好多人都有过这种感受,只是周先生更为显著而已。

五十年代中期以后,政治运动接二连三,课堂上也是政治挂帅,学校里完全没有学术气氛。这时周先生对我仍然关怀。他把他过去所有论文的抽印本都检送一份给我,这差不多就是他头一个论文集的全部文章,我才获得细读他全部文章的机会,这对我很有教益。可惜我那时没有搞科研的奢求,所以也没有产生向周先生多多请教专业问题的意愿。

这个阶段,周先生入党,当副系主任,成为"当权派"了。我与周先生有关的两件事,令我铭感不已。一件事是1959年秋冬我在反右倾机会主义运动中被网罗进所谓"党内专家"一案受到重点批评,大小批斗总有一二十次,持续一两个月。最后一次扫尾会上,系里有分量的人一一发言,预定主题是批世界观。周先生发言从自己出身富有家庭、一生顺利谈起,反衬我青少年时家境贫寒,个人奋斗求出路,后来不注意改造思想,忘了本,像刘裕幼时原是伐荻耕田的人,有了本事就当皇帝一样,等等。我当时感到这个发言构思煞费苦心,是批判我,又尽量不伤害我,客观上还似包庇我,以至于露出了把柄。周先生毕竟是书生,搞政治批判并不练达,露出把柄被人当场抓住,系里一个领导人指责周先生"严重丧失立场",周先生只好低头不语。

还有一件是借书的事。六十年代初的"调整时期",政治运动的恶风停息了一阵,我处在被批斗之后的暂时"安全"期,虽然教书和编写教科书的任务重,但还有时间,能读点书。周先生知道我正在读一些丛书,主动对我说,他藏的丛书多年未动了,我可以拿来用。于是我雇三轮车搬回了十余种数十函,装了满满一车。"文革"初起,红卫兵到处抄家毁书,我很为借自周先生的书担心。"破四旧"风潮过去后,我立刻把这批书运回周宅,函套上还留下一些红卫兵封书的封条残迹难于尽除。我还记得《墨海金壶》(或《岱南阁丛书》)中的一函,阅读时被桌上红墨水倾倒浸坏,我非常过意不去,周先生却连说没关系。我想,藏书人帮助缺书人,也算是一种功德,而留下红墨渍就当作是一点纪念吧。藏书人惜书,我轻易不开口借,而周先生却是如此慷慨豁达,实在令人难忘。周先生还送过我几种古籍复本,其中《封氏闻见记》二册是他亲手校勘过的,从书尾所记干支看,是他二十出头所读。这样的读书方法跟我们今天的"短平快"的读书相比,可以看出不同年辈的人其国学根底的差异。

周先生青年时已是魏晋史名家,在我与他交往中他却从不以师道自居,也不多谈论专业学术问题。他对我的影响毋宁说是在不知不觉中形成的。去年周先生曾让我用他准备的"色纸"写点什么,我写的话有两句是"蜗行龟步自成趣,为有前头引路人"。周先生实际上对我起着引路作用,但又没有多少言论可以记述。周先生在《毕竟是书生》中说到八十年代以来他在历史系与祝总斌先生和我三人"形成系内魏晋南北朝史方面松散而亲密的联盟"。此事是我与祝先生出于对周先生的敬重,希望他能领着我们开展研究而向周先生提出的,多少有拜师的意味。周先生当时用"松散的联盟"五个字一锤定音。至于"亲密"一词,是他根据后来十余年中我们在科研方面的联系而加上的,准确地反映了实际情况,表达了他自己的感受,对我来说,也是荣幸。

九十年代以后,周先生已入老境,魏晋史方面的工作做得少了一些。他曾对我说过要写两篇比较宏观的文章,题为《梁武帝及其时代》和《孝文帝及其时代》。前一篇写成了,发表在《历史研究》上,后一篇似乎放弃未写。他还有其他方面的工作要赶着做,如敦煌学方面、日本史方面,以及自传性的著述,等等。我体察周先生身体和工作情况,与他的学术联系少了一点,但重要文章多半还是在发表前请他过目。周先生的文章我一般能先睹为快,我的文章也能得到周先生的指点。

回顾半世纪以来,我真正认识周先生功底深厚,学问渊博,是"文革"以后的事。个人学术接触加多是最主要的原因。改革开放后也更多地知道他的师友对他早年的评价。周先生姓名常出现在四十年代胡适、傅斯年、赵元任、杨联陞等人的信札中,几乎都是对周先生的称赞。以后还看到过其他一些域外史家对周先生的推许。且举较早的赵元任致傅斯年函为例,赵提到战后招致人才之事,说:"史语所要 new blood,周一良是第一个要紧的人,万万不可放去。"这样的舆论周先生自己是知道的,但是从未听他说起过。八十年代后期的某年,周先生同我聊起台湾竞选院士的事,说到在美国的邓嗣禹教授曾致函台湾"中研院"院长吴大猷先生,推荐周先生为院士。吴覆邓函说,周先生是"中研院"旧人,大家对他的学问都很熟悉。只是碍于海峡两岸关系的现状,不便在台湾提出此事。邓把此事告诉周先生,周先生把材料交给北大党委,以示坦荡。

周先生是极其珍惜时间、勤于著述的大史学家。五十年代以前是他的青年时期,以其后来辑成的《魏晋南北朝史论集》为代表作,属于史学界同辈中最年轻的佼佼名家之一。"文革"结束之前的二十多年是周先生的壮年时期,这段时间有很多是糟蹋了,但还是有《世界通史》这样亮眼的成果。周先生毕竟底子深,潜力大,从七十年代中撰写《魏晋南北朝史札记》到稍后刊出论文续集,以至到最近连出新作,内容精湛,数量也相当大。这已是周先生的老年时期。如果壮年时期的时间不被浪费,周先生总体学术成果就更辉煌了。周先生著作加起来看,从青年以至高龄,洋洋洒洒,中外古今,取精用宏,否泰不移其志,老病不辍其业,周先生可谓不朽矣!

《周一良批校〈世说新语〉》影印本前言

　　据悉《周一良批注文献系列》正在筹划编辑，其中《周一良批校〈世说新语〉》一书将于近期影印出版。这是中国古史学界甚所期盼的事。一良先生辞世已届十年，同仁及后学时时追思过往，回味先生在这方面作为先行者的贡献。先生许多散在述作，内容广博精湛，不尽为人所知。感谢周师哲嗣启锐先生从藏书中细心整理，祝总斌教授校录标点，国家图书馆出版社总揽编印，使这些散在述作得免沧海遗珠之憾。启锐先生索序于我，我多年来在学术上受惠于一良先生，对此义不容辞。只是后学对于先贤，作序有所不敢，所以勉为前言，聊表北大历史系后学共同心意。

　　学界都知道，一良先生出自名门望族，家学渊源深厚，家教严格规整，自幼在家塾中受文史之学熏陶。他天资高而且极其勤奋，在启蒙阶段就走上中国传统的读书轨道。他九岁那年，其尊人叔弢先生手写如下一份《一良日课》的课程表：

　　　　读生书《礼记》《左传》
　　　　温熟书《孝经》《诗经》《论语》《孟子》
　　　　讲书《仪礼》(每星期二次)
　　　　看书《资治通鉴》(每星期二四六点十页)

《朱子小学》(每星期一三五点五页)

同用红笔点句读,如有不懂解处可问先生

写字《汉碑额》十字(每日写)

《说文》五十字(每星期一三五)须请先生略为讲音训

《黄庭经》(每星期二四六)先用油纸景写二月

一良先生说课程表基本上是执行了的。他这样由塾师严格培育出来,其国学根基之厚是不言而喻的。读书,是"校读",不像今天"短平快"的浏览。年岁略长,则是独立读书,凡是文字、训诂、音韵、版本、校勘之学,每读一书,都要处处兼及。这是属于中国自古以来严格的"小学"的训练。周先生晚年在所写纪念陈寅恪先生的《说宛》一文中曾说:"读书必先识字,遗训秉诸先生。"在我看来,一良先生如果没有从启蒙开始极其严格的庭训,如果缺乏扎扎实实的童子功,也难于获得寅恪先生传授的真谛。

一良先生自幼所奉的不是旧学冬烘之师,而是专精之士,甚至是驰名全国的大家学者。他素所染习的不仅是乾嘉旧学,而且是现代化的新学,是新式的塾师教育。他自幼就习读几种外语,尤其是日语、英语,逐步到达精通水平。后来他在哈佛大学学习期间,又掌握了梵文,为同辈学人称许。在我看来,一良先生是把几种外语纳入像中国传统的"小学",即与汉文文字之属相关的学习类目来苦学。所以以后他从家庭塾师教育转轨到正规大学,进入专业史学学习,不要太久,就能脱颖而出,进入纯熟广博、既"中"又"西"的境界,写出高水平的史学论文,成为广为学界注目的青年史学家。

一良先生批校的《世说新语》,在中国人文学术典籍中是一部极耐读的奇书,是一部极难读的奇书,也是一部极富智慧而有情趣的奇书。现在出版的线装《周一良批校〈世说新语〉》，是表现一良先生史学功底的一种很好的标本。他烂熟《世说》，五十年来把玩细思，勤加校考，以蝇头楷字三次分别用朱笔、黑笔和铅笔记录。据统计，批注用书除大量的史籍外，还广及子部、集部、各种类书和佛道文献近百种之多，推敲文字，比较异同，精到之处迭见。周先生精通古今日文，对日本学者近来研究《世说》的成果非常熟悉，多有参考及商榷之处。周先生晚年还校读美国学者马瑞志（Richard B. Mather）的《世说》英译本，与王伊同合写商兑之文，修正种种误译之处。一良先生以深厚的中西合璧的"小学"功底研究《世说》，是他特有的贡献。

周先生是以乾嘉之学与西方史学方法相结合培养出的史学专家中成名较早、成就显著的一员，当年曾被广泛赞誉为最有条件继承陈寅恪先生衣钵。可惜的是，周先生最擅长的魏晋南北朝史研究工作，在大陆院校调整后他奉命转入其他学科建设而完全停顿，先生研读《世说》，在朱笔、墨笔札记之后，相隔几近三十年，直到"文革"以后，始有铅笔笔记之续作。这对一良先生是一件憾事，对国内魏晋诸史研究，更是憾事。几十年之内，此等历史学科在北大的发展和传承，所受损失太明显了。直到一良先生八十年代恢复招收硕士、博士研究生和1985年《魏晋南北朝史札记》出版，北大这方面元气复振，在培养人才和展开科研方面重新受到学界关注。一良先生所醉心的《世说》研究成果，也时常在他的课堂上被道及。回首前尘，学术损失虽有所弥补，但几十年的时光已经逝去，周先生垂垂老矣，虽力求多多挽回壮年力盛时期之失，毕竟是力不从心了。

一良先生晚年回归国史问题研究以后，关注的方面仍然很广，在我看来，主要还是醉心魏晋南北朝史。他除了魏晋南北朝史方面的论文受赞誉之外,《魏晋南北朝史札记》一书被一些读者誉为"微雕精品",史学研究的"高端材料工程"。他自己谦称札记之类未能构筑巍峨大厦,只是加瓦添砖。其实有识之士都明白,用随手拾得的材料去发展精密工程,是不行的。

回忆 1994 年唐长孺先生在重病中,一良先生有去国之行,行前与我商酌预为唐先生准备挽联。他建议由他和我共同发出。我明白一良先生的用意是挽辞除代表一良先生自己,还代表北大后学诸人。先生拟辞,上联是"论魏晋隋唐,义宁而后,我公当仁居祭酒"。我赞同此意,长孺先生辞世后挽联即由我由北京发出,据说当时颇有影响。一良先生故后得读美国史学家汪荣祖先生的悼念文字,说:"以今观之,陈门诸公之中也只有他(指一良先生)最有潜力继承义宁衣钵。他的两本魏晋南北朝史论文集以及札记,绝非仅仅为乾嘉殿军,实是与唐长孺先生并称为义宁之后的祭酒。"据知汪荣祖先生(现在台湾中正大学)与唐、周二公均有交谊,他的评论我认为是公平公正的。唐公自称是寅老私淑弟子,周公则及门于寅老。唐、周二公于中古之史各有所擅,各有风格和特点,称周、唐为义宁之后的祭酒,正所谓双峰并峙,蔚为大观。

值此一良先生辞世十周年之际,先生校读批注诸书陆续影印出版,睹物思人,深感史学界薪传有继。勉作刍言,以申纪念。

接替陈寅恪，树立了一个新的路标

——《唐长孺文集》首发式上的发言

　　我多年没有参加过这类学术会议，自然淘汰，在史学方面我属于"出局"的人了。这次愿意来参加，是因为自己在学术方面受惠于唐先生很多。唐先生的《魏晋南北朝史论丛》（以下简称《论丛》）刚出来的时候，我正在北大讲秦汉魏晋南北朝的课程，边教边学，在这个领域摸索前进。读了唐著，震动很大，受惠至深。所以我愿意参加这样一个盛会，表示对唐先生的感谢之情。

　　首先从《唐长孺文集》这部书说起。这部书我用三个词来概括，一个是精致，再一个是典雅，第三个是厚重。这样一部重量级的学术著作，在开本、版式上并没有特别的讲究，和唐先生的文章很匹配，和唐先生的为人也非常一致。

　　我跟唐先生个人交往不多，主要是学术关系。唐先生去世的时候，我从北大发出挽联，那是周一良先生倡议的。周先生要去美国，估计会在纽约住一些时间，行前听到唐先生病比较严重，就商量说如果有事发生，要发一个挽联，不只是一般的表示哀悼，而应该有学术上的评价，以示尊敬。挽联的立意和文字推敲，是周先生的主意，我们一起商量定了。上联是"论魏晋隋唐，义宁而后，我公当仁居祭酒"；下联是表示哀思。这不但表达我们自己，而且也确实表达了北大历史系同行对唐先生学术成就的敬重,以及史学界对失去了唐先生这样一位重量级人物的哀思。

唐先生是十分谦虚的人。1984年,我随周先生一起到成都参加魏晋南北朝史学会成立大会,回程特意到武汉,借此机会拜见唐先生。在武大,周先生做了学术报告,我也跟着做了发言。我说我这次是朝山来了,刚刚朝了峨眉,现在朝珞珈,来拜见唐先生。我说的是真情,是实话。唐先生当时在座,听了之后表示不安,立刻从座位上站起来,说了好些谦退之词。唐先生的为人为学,是大家公认的,他这种谦退的态度,更增加了我们对他的敬仰。

唐先生早年的学术活动主要在南方,北方学术界知之不多;抗日战争时各地隔绝,学术信息更少。上世纪五十年代唐先生的《论丛》刚出的时候,大家并不太熟悉他。我读了之后,感觉到异军突起,怎么忽然出来一个那么高水平的学者!中国古代史研究,很久没有出现这么高水平的著作了!魏晋南北朝这个断代,长久以来,并不被研究中国古史的人重视。这段历史处在汉唐两个辉煌盛世之间,就像欧洲中世纪史早期被当作黑暗时代看待一样,是夹在中间的一段,在古史上被视为闰位。陈寅恪先生对魏晋南北朝的重大问题进行概括和研究,起先也是作为隋唐制度渊源的追溯,上溯到魏晋南北朝的。但是从此以后,很多问题陆续被发掘出来,引起大家关注。中国唐史学会成立的时候,据说不少人还认为涵盖了魏晋南北朝史的研究。后来到处抢着建立学会,每个断代,每个方面,每个地域,都建立了学会。魏晋南北朝史学会就是在这个风气下建立的。我记得魏晋南北朝史学会成立,唐先生没去。但是,将魏晋南北朝和唐史结合在一起,接续陈寅恪先生,在陈先生树立的丰碑之后树立了一个新路标的,是唐先生。

唐先生的重大贡献,在冻国栋先生写的前言里面概括得很到位,我再说也不会超出这个范围。经过唐先生之手,几乎把所有魏晋南北朝史研究的制高点一个一个都攻占了。也就是说,他对魏晋南北朝史的所有重大问题都做过研究,发表了许多独到的见解。研究魏晋南北朝必须看这本书,重要题目在这本书里面都可以找到线索,看到唐先生的见解。

为什么唐先生有这样的学问?唐先生在《论丛》的跋语中说到自己的学术经历,引郭沫若的话说,我们就像一个个旅行家,每到一站,行李箱就贴上这个码头的旅馆标签。唐先生赞同这个说法。我想,唐先生的学术经历不是一般的旅游者沿途看看风光,捡拾现成的样品而已,而是有他自己的选择,有他自己在这个过程中间的积累和融会贯通。

唐先生接受了中国传统学术的训练,有家学,有师承。传统学术的深厚见识和对资料的精密处理,所谓考据之学,他很擅长。后来,他通过史学界前辈先驱者的教育,接受了西方史学的学理和方法,讲究实证而有新的思维。唐先生眼界开阔,能够通观社会全局来抓问题。唐先生对所经历的各个学术阶段的方方面面,经过独立思考,经过取舍,去其烦琐和空疏,得其精到和深广,形成自己的学术风格,所以面貌很新。

唐先生治学思辨能力很强,有自己的巧思。我过去读傅斯年的《周东封与殷遗民》,他把《论语》中"先进于礼乐,野人也;后进于礼乐,君子也。如用之,则吾从先进"这个两千多年都说不透的问题抓住了、说透了。现在人读《论语》,也都想不出一个更新的解释来。这样的具有巧思的作品,读起来非常过瘾。上世纪四十年代,陈寅恪先生当选为英国科学院通讯院士,英方举了他的三篇代表作,篇篇都具有巧思,一篇是《支愍度学说考》,一篇是《东晋南朝之吴语》,一篇是《天师道与滨海地域之关系》。读唐先生文章,能够得到这种感觉的也不少,如《〈晋书·赵至传〉中所见的曹魏士家制度》,看起来是一篇小文章,却带出一个大题目。这不光是学术素养和理论水平,还要很高的悟性和很丰富的灵感。就这方面来说,唐先生有很多可学的地方,常常让人回味无穷。古人说大匠诲人以规矩,不能使人巧。前辈学者并没有教我们如何把他们治学的"巧思"学到手,只有靠我们自己深深地去体会。

清淳勤勉老书生

——商鸿逵先生十周年祭

鸿逵先生十周年忌辰,友朋生徒群集,追思先生勤学精研,教书育人,以及坎坷经历,方方面面,意深情笃。听后回家议论,歔歔不能已。

鸿逵先生年辈在长,我是后学。1952年秋北大迁校燕园以后,我与先生久为紧邻,几乎天天能在家门口见面闲谈几句。先生治清史有年,承孟森先生之学,尤精清初历史。我在北大学习时常听郑天挺先生谈到孟先生的学问,曾读过几种孟先生的主要著作。后来在文科研究所整理编纂太平天国史料,与晚清历史也沾过一点边。不过院系调整后由于教学需要,我转入中国古史的中段,不再留意清史,在专业研习上与鸿逵先生的段落隔远了。记得那时先生已着手整理孟森先生遗著,深夜伏案。我自己读书备课也只有深夜才有点时间。两家一墙之隔,常常是半夜灯影相映,各自潜思。不过那时政治运动越来越多,探讨学问的空气越来越稀薄,教师常被践踏,教师之间一般也少谈学问。我与先生接触虽多,问学求益缺少。

我家与先生一家过从甚密,多在生活的照顾上,说起来琐碎,但情谊难忘。迁校那年,我家刚有了婴孩,一时保姆难找。妻子兼任系秘书工作,整天不是泡在会议之中,就是颠颠跑跑,难得顾家。我自己暂时还在城里,只有周末回来。妻子事忙,有时只好把婴孩绑在童车上,请隔壁的商夫人随时来照看一下。从此商夫人就成了我家的"育婴顾问",后来,孩子们也都把商夫人称为商妈妈。其实商夫人不只是顾问而已,凡是我们不会做的家事,她都代劳,或者把着手教。我们来北京虽已多年,但是从集体宿舍生活改变成小家小户自起炉灶,却还是刚刚开始。我们不会生煤炉,不会烧饭做菜,不会量入为出精打细算过穷日子,特别是不会带孩子。这些都多亏了商夫人的指点和帮助。

鸿逵先生那时不过四十多岁,但是政治遭遇使他精神负担很重。我对他直觉的印象是,他本不是搞政治的人,由于过去偶然的事情,解放后背上历史包袱。他本质上是朴实、聪慧的书生,志趣在于读书而不是其他,这只要看七十年代末期政治环境改善以后他所迸发出的科研与写作热情就可证明。可是在此之前的长时段里,他一直只能"夹着尾巴做人",还逃不了动辄挨批。记得他在课堂上说过"读书最乐,无病是福"的闲话,本来是无所谓的老生常谈,有益无害,却被好事者"检举"出来,政治运动和学术批判中拿来上纲上线,当做批判材料。在这种处境下,哪有做学问的心思?

关于鸿逵先生,我了解得比较近切的一面,是由于政治上的不公待遇,造成他家经济上的困难。那时教师生活都困难,但中老年教师毕竟比青年教师强一些。商先生情况特殊,工资比同龄教师低。他一人工资所得,除一家五口家用外,还有他们夫妇两家亲属需要赡养。我的工资虽低,但毕竟是双职工,两人收入比他一人收入还是要略多一些。我们在抚养子女以外的其他开销,也比他家轻。可贵的是,鸿逵先生安贫乐道,无怨无尤。在先生十周年忌辰追思会上我曾默默思索,想找几个字概括他的特点。我终于觉得,用"清苦勤勉老书生"来品题鸿逵先生,也许是合适的。

鸿逵先生对清苦生活能怡然自得而少有戚容,很大程度上是商夫人的辛苦照料,勤俭持家的结果。鸿逵先生似乎从来不理家务,紧日子全靠夫人对付,而夫人操持井然有序。为了鸿逵先生和子女的生活,商夫人付出了许多心血,但是却很少听她诉说这种艰辛。我们交往多年,深知商夫人气性平和,助人为乐,对我家子女尤甚。1959年冬,我受批斗数月,身心交瘁,妻子又被派到农村,留下三个孩子由我一人照管,实在为难。于是妻子把上小学的孩子寄食在商夫人家,我得以度过一个十分困难的时期,一家人都感激不尽。有一次得知地震消息,居民紧张,和衣而寝。两家同住一幢楼的不同单元,我家在三层,真要有事,跑下楼来诸多不便。商家住一层,较为方便安全。商夫人怕我一人管不了三个孩子,就帮我照顾一个过夜,以防万一。事隔多年,我和妻子还常常说起这类琐事,感激无私帮助我们的好大姐。

"文革"风起,我们两家都落难,鸿逵先生一家受难更甚,从中关园住宅被撵走,两家来往少了。他家被挤到一间房子里住,日子艰难更甚于昔。风暴过去后,鸿逵先生有了重新握笔做文章的条件,不断发表新作,培养研究生,为清史学界做了许多贡献。鸿逵先生可说是失之东隅,收之桑榆。他的成果,凝结了一对老年夫妇共同的心血。这一点,鸿逵先生同行的友朋生徒所知,恐怕不如我们作为老街坊亲眼所见真切感人。

鸿逵先生逝世,我们深感不幸,深为伤痛。差堪安慰的是,鸿逵先生子女立业,各有所专,夫人晚年生活安恬平适,天伦娱老。鸿逵先生有知,当心宽意遂,含笑九泉。是为祭。

睹书伤逝

——纪念逯耀东先生

三联书店的朋友来家叙谈，提到三联正在印制逯耀东先生《抑郁与超越——司马迁与汉武帝时代》一书。我们由此谈论到逯先生的为学与为人，随便聊天，没拘束也没目的。我与逯先生交往较久，常存怀念，多说了一些话。事后，朋友把我聊到的话追记下来，交给我看，还带来了逯著的清样，说是想把谈话作为逯著序言。这是我未曾预料的。经过一番焦心，我知道不便再作婉拒，只好把追记文字编联一下，顺了一顺，把交谈语气改成叙述语气，还给三联朋友听由处理。我说，这不是对逯著的序跋，而是对逝者的追忆，如果要放在书里，也只能当个小摆设，表示睹书伤逝之情。

我结识逯先生，已经二十多年了，是在一次学术会议中间。他是从香港来的。那天他邀约年辈差不太多的同行朋友晚间到外面喝酒，后来因故改聚在饭店房间里，记得有蔡美彪兄在内。房间不大，有点挤。寒暄让座之际，逯先生忽然拿起沙发软垫扔到墙根，自己先坐下去，说声"好，都有座了"。一个不假思索的小动作，一句随便的开场白，两秒钟的事，立刻拉拢了新朋友之间的距离，也无意中表露了他不拘小节、豪爽豁达的性情。这个初次印象很有特点，长久留存在我的记忆之中。那时台湾还未开禁，两岸中国史学同行直接交往还不够多，所以都想了解一些情况。逯先生健谈，自然成为沟通的主角。其实他那时对大陆史界的了解也还不像以后那么深广，自然也有不少话题要提出来。他的态度始终是亲近恳切的。限于初识，那晚只是泛泛交谈，没有涉及深度的学术内容。

约会由逯先生发起，酒自然是少不了的。那晚只用了一点本地酒，是色酒，淡淡的，点缀点缀，没起助兴作用。逯先生的文章里，曾多次提到在台北下酒馆，一瓶大曲两人对酌，酣畅之极。这次我们晚叙，可没有机会体察逯先生在"名士与酒"场景下的率性表现。以后再见，我已基本忌酒，与逯先生虽同餐而不能共饮。不过，每当听刘欢高唱《好汉歌》，总会幻现一碗酒的场景，泛起一个风风火火闯九州的好汉形象，那不是绿林好汉，而是学林好汉，逯耀东。

说到好汉，我也只有泛泛的直观感受，与逯先生自己写的《那汉子》相比，就显得浮浅多了。《那汉子》是逯先生最真切的自我画像，是素描，是漫画。虽说写得虚虚实实，并非全真，但虚是实的升华，比实还实，只是经过他自己的艺术加工，有意把形象模糊化了。

逯先生的吃，更是有名，他写吃的作品，有论文，有纪行纪事之作，后者居多，读来颇有味道。有同行朋友称说逯是美食家，我看不全对。我周围所见的美食家，有的是尊显家庭的前辈人物，他们原本有养成美食的经济条件和社会环境；有的是世家子弟，从小得到这方面的熏陶，时代和家庭状况变了，素养犹在。他们都有美食文化的长期实践。像我自己这个年龄层次和经历的人，果腹之余，但有一张馋嘴，却不理解美食文化，养不成那种好尚。

逯先生比我年岁略小,据他自己说,青壮年时生活也是比较艰难的,何从得到这种文化熏陶呢？也许这样提问题是由于我们对美食文化所知太少。逯先生写过一些关于美食佳肴的文章,有谱系,有特色,有调法,甚至亲手操作,得其口验。这当然是可以写进饮食学教科书去的好资料,只不过阳春白雪,能领略的读者可能不多。倒是他从街头巷尾循风问俗得来的"吃",应当也是,甚至可以说更是真正有文化涵义的吃。譬如看画、听乐,受众得到愉悦,得到修养,但是否能够体会到作者审音辨色的真功夫,却是难说。逯先生在街头巷尾觅"吃",认真品尝,我看不是为了饱口福,而真是在细辨土风土味,同音乐家审音、画家辨色一样。神农尝百草,逯氏品百味,意蕴有点近似。逯先生的吃,更多的是舐,舐其味而弃其余。他在辨味中思考知识。他的味蕾大概特别发达,吃得出知识来。"绘事以众色成文,蜜蜂以兼采为味。"逯先生兼采成味,一定会以这种知识充实他的中国饮食史,说不定这类美味知识比烹调知识有同样的甚至更可贵的价值。总之,逯先生的吃,主要不是馋嘴的吃,吃得另有门道。我猜如此,对不对不知道。

说到这里,不由得不想起逯夫人李戎子。有这样一幅画面:一个汉子蹲在街边,只顾用筷子向嘴里送东西,神情专注。卖食的摊主问那汉子还想要点什么,那汉子站起来说,这碗剩下的,不要了,那边那种,给我来一碟。汉子身旁跟着李戎子,一直没动,一脸的无可奈何,只是提醒那汉子,尝尝味就够了,把嘴里的吐掉。她还打开手提包,看看止泻药带够了没有。这是一幅读逯文时构想的画,如果还能传神,可当作逯文配图来看。

戎子夫人,我见过,在北京我家,得知她原本是岳阳人,那里是我小时居处的邻县,方言、土俗、河山,我都知道一点。她说他们本考虑到岳阳置产，想以后常来住住。后来变了主意，另有安排。我读过逯兄伉俪偕访岳阳的文章，内容一般，大概是岳阳的吸引力并不足够。我也去过台北兴隆路他们家里，那次只有逯先生"留守"，戎子去加拿大了。想来戎子要照顾一个生来任性执着、喜爱闯荡的汉子，不是容易的事，够她费心费力的。逯先生在他的书序里说，戎子是他学术写作最好的听众和助手，帮他誊抄、制表、校正古籍引文和操作电脑。我还知道戎子工于篆刻，《结网编》封面印章和诸书所钤"糊涂斋史学论稿"等刻，都出于戎子之手。如今戎子夫人独处台北，孤单的日子已过了两年多了。她为人贤淑，逯先生人缘也好，想必随时都会有亲友眷顾关切。逯先生的遗著也是戎子自娱的丰富精神资源。逯氏门下亲近甚多，多在台北近处，他们都是戎子夫人随时可以呼应的子弟。

逯兄教导学生的方法高明，不主张他们死守一家，而是各自"结网"。两部《结网编》所列篇目，显示各有所专，范围较广，不是泛泛之作。这与大陆近年所见，弟子一般只是跟着导师做题目，怯于独辟蹊径，少见新题新意，是有所不同的。逯兄对学生有时也很严厉。我亲见他责备一名学生，这自然易伤面子。但他们亲如家人，没有听说影响长远的感情。

逯门弟子我见过一些。他们来大陆访学时逯兄有时介绍与我晤谈。最后见过的一位是陈识仁君，是逯门新进。我与识仁君有过一点学术因缘。我写《〈代歌〉、〈代记〉和北魏国史——国史之狱的史学史考察》一文时，正好逯先生把《结网编》寄赠给我，其中有识仁君《北魏修史略论》一文，我受到一些启发，引用了此文，并特意标出"青年史家陈识仁"，以示尊重。后来王汎森先生来京，座中偶然谈及，他在台北"国科会"工作时见到识仁君一份关于学术申请的论证书，引述我对他前述文章的评论之词。看来识仁君对自己的论文及时得到大陆同行的反响,是在意的,高兴的。识仁君2006年来京访学,与我晤谈逯兄近况。万万想不到,第二天一大早识仁从寓处给我电话,说半夜得台北告知,逯先生刚刚在高雄逝世,识仁自己停止在京活动,已购妥立即返台的机票,马上动身。真是晴天霹雳。我想到刚从台北与逯先生餐叙后返京的葛兆光先生,商请他发出我们共署的给戎子夫人的唁电,以志哀悼。一条汉子忽然间走了。识仁匆匆告别,我觉得他的心情极似亲子奔丧。师生关系密切到这种程度,对毕生从教的逯兄说来,应该足可慰藉。这样的学生,对戎子夫人也自然会敬奉如母。

前面拉杂叙谈,已经涉及许多逯先生为学的事了。逯先生为学,文史均长,但主要成就还是表现在史学著作方面。我们认识以后,每有新作,几乎都会互赠,只是他多我少,他丰我瘠,他博我馁。他的史学研究领域,先是在魏晋的社会、民族、政治诸方面,后来由史料、名著、名家的研究逐渐进入史学史,重在秦汉魏晋。其间,他做过中国现代当代史学发展的研究,发表过著作和不少史论文字。总之,他是一位业精于勤、思想敏锐、手不释笔的学者。以国史中的魏晋南北朝来说,从大陆看,老一代的大手笔多已迈过鼎盛之年,我这一代则多长期陷身混乱而难得正常发育。这个阶段,逯先生不误青春,沉潜翰墨,展示才华,奉献学界,是大可珍贵的。

大陆同行获悉逯兄成就,已是上世纪八十年代以后的事了。逯先生留意与大陆同行学术联系,广有交游,所以他在台、港所出著作也较快流传大陆,甚至在大陆出版。眼下所见的这本《抑郁与超越——司马迁与汉武帝时代》,是他亲手辑集、尚未杀青的一部重要的史学作品,是他在其长期酝酿的史学史研究思路中,关于汉代史学的最后成果。逯先生的书,较早到手的,我都过细拜读过,深得启发之益。不过时间久了,体衰脑钝,只留隐约印象,可以说是得其意而忘其言。较晚到手的书,更是阅读困难,勉力过目,即读即忘。虽然如此,逯先生的思路文风,总还是留在我脑子里,不会丢失。

斯人逝矣,斯文长在。学林中人,不止是我,都知道糊涂斋主人是位极聪明的人,"糊涂斋"的糊涂,只能视之为使用"难得糊涂"的旧典。读糊涂斋主的书文,都会细品那种醇厚的味道,都会长久地记住学林中自成一格的这条潇洒的汉子。

二〇〇八年八月